유식사상으로 보는
원효의 번뇌론

고은진 高恩眞

제주 출생. 제주대학교에서 국어국문학, 중어중문학, 철학을 전공했다. 제주대학교 철학과 대학원에서 《노자》 연구로 석사 학위를, 이화여자대학교 철학과에서 《불교 유식 연구》로 박사 학위를 받았다. 주요 논문으로는 〈노자의 자연에 대한 해석〉, 〈원효 '이장의' 번뇌론에 대한 유식학적 연구〉, 〈원효의 대승 사상과 말나식 고찰〉, 〈원효 '이장의' 소지장에 대한 유식적 고찰〉 등이 있다. 스무 살부터 시 창작에 몰두하여 초승문학동인 활동을 시작, 이십 대 중반 제주문인협회 신인문학상을 수상하였으며 현재까지도 동인 모임을 이어오고 있다. 제주대학교에서 학생들을 가르치고 있다.

유식사상으로 보는 원효의 번뇌론

2021년 4월 23일 초판 1쇄 발행

지은이 고은진 | **펴낸이** 김영훈 | **편집장** 김지희 | **디자인** 나무늘보, 부건영, 이지은 | **펴낸곳** 한그루
출판등록 제651-2008-000003호 | **주소** 63220 제주도 제주시 복지로1길 21(도남동)
전화 064 723 7580 | **전송** 064 753 7580 | **전자우편** onetreebook@daum.net | **누리방** onetreebook.com

ISBN 979-11-90482-59-2(93150)

값 16,500원

유식사상으로 보는

원효의 번뇌론

고은진 著

한그루

머리말

 이 글은 원효의 《이장의》를 중심으로 번뇌의 생성과 소멸에 대해 유식적으로 고찰하는 것을 목적으로 하고 있다. 이 글의 목적을 밝히는 이한 문장 안에는 원효, 번뇌, 생성, 소멸, 유식이라는 만만치 않은 단어가 나열되어 있다. 일단 원효 스님은 한국 사상의 새벽이라 불리울 만큼 사상적으로나 실천적으로 큰 자취를 남기신 분이다. 한국 사상가 중에 승려이면서 사상가, 저술가, 사회실천가인 원효와 비견될 만한 사람은 흔치 않다. 그처럼 위대한 족적을 남기신 분인 만큼 저술 또한 깊이뿐만 아니라 양적으로도 방대하다. 그러나 다른 한편으로 보면 번뇌, 생성, 소멸, 유식은 다른 단어이기는 하지만 한 카테고리 안에서 하나로 꿰어질 수 있는 단어들이다. 원효의 저술을 읽다보면 이 단어들이 왜 하나이면서 여럿이고, 여럿이면서 하나로 꿰어지는지를 이해할 수 있다. 존재와 인식에 대한 원효의 깊은 성찰은 결국 일심으로 귀결되며 우리가 익히 알고 있는 해골물의 설화는 원효의 성찰을 단적으로 보여주는 일화라 하겠다.

나 또한 원효를 만나게 되기까지 나름 삶의 모습과 존재에 대해 고민하고 방황했다. 내 기억으로는 남들처럼 중2를 거치면서 생에 대한 의문과 번뇌가 나를 덮쳐 삶이 공포스러워지고 점차 웃음도 잃어가고 우울한 노래를 들으며 지낸 기억이 난다. 그러다 우연히 대학교 다니던 오빠 책꽂이에 있었던 《대학별곡》이라는 소설을 읽고 막연히 철학과를 동경하고 삼십이라는 나이에 학부에 편입해서는 철학을 공부하기 시작했다.

팔십년대에 대학 시절을 거치면서 나도 남들처럼 정의와 사회 변혁을 꿈꾸었지만 기독교 집안에서 어릴 때부터 교회를 다닌 나는 영원에 대한 갈망과 인간 구원에 대한 소명의식이 있었다. 결국 숱한 시행착오와 부딪힘 속에서 내가 찾은 진리는 모든 것은 변한다는 것이었고, 그것을 받아들이기 힘들었다. 나는 괴로웠고 무너지기 싫었다. 내가 진리로 붙잡았던 것들이 진리가 아닐 수 있다는 것을 인정하는 것이 고통스러웠다.

그러한 고통 속에서 불교를 만났고 삶을 고苦로 여기는 불교의 현실 인식이 나를 사로잡았다. 나는 마르크스 유물론 대신 유식사상으로, 세상 대신 내 마음을 바꾸기로 결심했다. 내 안에 끓어오르는 번뇌를 끊기 위해서는 번뇌의 실상을 바로 보고 번뇌의 생멸을 알아야 했다. 그리고는 번뇌 속에 존재가 있고 존재 속에 번뇌가 있음을 알았다.

이 책은 나의 박사 학위 논문 '《원효 이장의》의 번뇌론에 대한 유식학적 연구'를 약간 수정 보완한 것이다. 무슨 인연의 사슬이 나를 여기까지 오게 했는지는 모르지만 여기까지 오는 데 많은 도움들이 있었음을 고백하지 않을 수 없다. 하나의 존재가 있기까지 삼라만상 온 우주의 도움이 있었음은 이루 다 말할 수 없지만 특히 논문을 지도해 주신 한자경 교수님, 그리고 응원을 아끼지 않으셨던 사부님이신 팽철호 교수님, 늘 어짊으로 대해주셨던 정재현 교수님, 독설로 채찍질을 마다하지 않으셨던 이서규 교수님, 아버지처럼 따뜻하게 격려해주셨던 양영웅 교수님의 은혜는 결코 잊을 수 없을 것 같다.

그리고 먼 데서 온 객이라고 두말없이 방 한 칸을 내주었던 윤미란, 윤수민 두 윤씨 언니가 없었다면 나는 훨씬 더 퍽퍽한 삶을 살았는지도 모르겠다. 이 언니들 덕으로 나는 세상이 살 만하다고 느꼈고, 그들처럼 좋은 사람이 되고 싶었던 밤들을 잊을 수 없다.

나를 철학으로, 불교로 이끌었던 번뇌는 인간 심식에 의해 발생한다. 따라서 번뇌에 대한 고찰을 수행하기 위해서는 마음의 구조와 작용에 대해 알아야 한다. 이처럼 마음의 구조와 작용에 대해 관심을 기울이는 사상이 바로 유식唯識사상이다. 유식에서 인식과 존재는 식의 전변을 통해 성립한다. 유식vijñapti은 스스로 이원화한다는 말로 인식 주체인 식識이 인식 대상인 경境으로 나누어지는 것을 의미한다. 이러한 이원화 활동으로 인해 식은 의식, 말나식, 아뢰야식으로 전변한다.

아뢰야식은 업으로부터 발생한 모든 잡염법을 종자로 저장, 보존한 채 함장되어 있다가 끊임없이 변화 생장하여 전변한다. 이러한 아뢰야식의 전변으로 우리는 인식과 존재가 하나임을 알 수 있다. 그래서 부처는 부처의 세계를, 중생은 중생의 세계를 그린다. 박쥐는 박쥐의 세계를, 지렁이는 지렁이의 세계를 그린다. 아뢰야식의 이러한 전변은 크게 인식론적 전변과 존재론적 전변으로 나눌 수 있다.

아뢰야식이 현상세계로 변현하는 것은 존재론적 전변이다. 그러나 의식과 말나식이 분별을 통해 명언종자를 형성하는 것은 인식론적 전변이다. 존재론적 전변을 통해 우리는 이 세계가 아뢰야식의 현현이고, 옳고 그름, 좋아함과 싫어함이 나의 분별에서 나온 아집임을 알 수 있다. 이처럼 아뢰야식의 전변에 대한 유식적 고찰을 통해 우리는 아집과 법집을 일으키는 마음의 구조와 작용을 알아 이집을 벗고, 이공을 증득하는 길을 모색할 수 있는 것이다.

원효는 《대승기신론 소》·《별기》를 통해 아뢰야식의 유식적 의미를 드러냈다. 그는 법장과 달리 3세를 아뢰야식으로 해석하였다. 또한 6염심과 3세 6추의 심식설을 유식의 8식설로 해석하였다. 원효의 이러한 해석은 무명의 작용이 없이는 진여가 드러나는 것이 불가능하다는 의미를 지닌다. 왜냐하면 진여가 현상으로 드러나는 한 무명은 존재하기 때문이다. 그렇기 때문에 진여의 세계와 생멸의 세계는 둘이 아니라는 현상계의 긍정을 내포한다.

3세 6추에 대한 원효의 해석은 자성청정심을 강조하는 여래장 사상과는 달리 아뢰야식의 진망 화합적 특성을 강조한다고 볼 수 있다. 즉 자아에 대한 집착을 끊고 아공을 증득하고 현상에 대한 집착을 끊고 법공을 증득하는 것은 현상을 부정하는 것이 아니라 상을 상으로, 아뢰야식이 그려낸 식소변인 현상을 아뢰야식의 작용으로 아는 것이다. 이를 유식의 삼성설과 연결 지어 논하면 의타기를 의타기로 아는 것 자체가 변계소집을 극복하고 원성실성을 회복한다는 유식의 깨달음과 연결된다.

원효는 번뇌에 대한 당시의 논의들을 집대성하여 《이장의》를 저술하였다. 《이장의》에서 원효는 번뇌에 대해 번뇌장과 소지장을 쌍으로 하여 현료문이라 명명하였다. 그리고 번뇌애와 지애를 쌍으로 하여 은밀문이라 하였다. 번뇌장은 아공을 모르는 데서 오는 집착인 아집의 번뇌이다. 소지장은 주와 객, 아는 지혜의 성품과 알려지는 대상의 성품이 가려져 법공을 모르는 데서 오는 법집의 번뇌이다. 그러므로 아공을 깨달아 아집을 끊으면 번뇌장을 벗어나고, 법공을 깨달아 법집을 끊으면 소지장을 벗어난다.

유식 사상은 공空인 제법을 식소변으로 설명하면서 번뇌장보다 더 깊은 차원의 장애인 소지장을 논한다. 소지장은 보살 8지에서 불지에 이르는 과정에서 극복되는 것으로 제법이 아뢰야식의 식소변이라는 사실을 모르는 것이다. 반면 기신론계의 여래장 사상은 일체번뇌를 근본무명에서 비롯되는 것으로 보고, 이 근본무명인 지애가 근본이 되어 번뇌애를 일으킨다. 따라서 불지에 이르기 위해서는 근본무명인 지애를 단절해야 한다.

여래장 사상의 이 같은 구도는 현상계에 대한 긍정, 곧 중생에 대한 무한 긍정으로 이어지지만 그 자체가 곧 부처는 아니라는 엄격한 윤리적 기준을 제시하고 있다. 왜냐하면 불지에 도달하기 위해서는 가장 심층적 번뇌인 근본무명에 대한 전회가 필요하기 때문이다. 지애의 무명주지와 애취 습기를 치단하는 것은 비록 모든 중생의 성불 가능성을 전제로 하지만 그것이 가능하기 위해서는 세세생생 수행이 필요함을 역설한다고 하겠다.

원효는 《이장의》에서 당시 복잡한 번뇌론을 현료문과 은밀문으로 나누어 하나의 체계로 화쟁시키려 하였다. 즉 유식계를 현료문으로서, 기신론계를 은밀문으로서 융합, 포섭하여 회통을 시도하였다. 이러한 그의 화쟁의 방법은 8식의 법집 유무에 대한 호법과 안혜의 주장에도 적용되었다.

그러나 《대승기신론소》·《별기》를 통해 아뢰야식의 지위를 3세에 배대한 점, 소지장의 의미를 적극적으로 해석하여 유식의 틀 안에서 번뇌를 해석한 점, 소지장의 체성을 다룬 8종 망상을 번뇌의 한 항목으로 넣은 점, 특히 이장의 체성을 5법으로 해석하였다는 점은 원효를 해석함에 있어 유식의 중요성을 보여주는 부분이라 하겠다.

원효가 이러한 유식적 접근 방법을 통해 주장하려는 바는 인식과 존재, 현상과 본질, 생멸과 진여, 진과 속, 염과 정이 하나라는 것이다. 그것을 드러내기 위해 그는 《이장의》 마지막 문제제기 부분에서 인과 법의 유무, 즉 아와 법의 유무는 모두 있지도 않고 없지도 않은 궁극적 평등의 이치라고 유식의 5법으로 해석한다.

원효는 유식을 근간으로 번뇌의 생성과 소멸에 대해 해법을 제시하였다. 그것은 이공을 증득하여 열반과 보리로 나아가는 대승 불교의 적극적 실천의 길이다. 대승 불교가 추구하고자 하는 길은 번뇌를 번뇌로 아는 보리의 길이다. 또한 중생구제를 위하여 부처가 아닌 보살로 남는 자비의 길이다. 그 길은 하나의 길이며, 그 하나는 바로 일체 유심의 길임을 원효는 《이장의》에서 제시하고 있다.

Ⅲ 번뇌의 구조와 종류

I

—

서론

문제제기

연구 동향과 연구 방법

문제제기

　생명을 지닌 모든 존재는 많은 한계에 놓이게 된다. 특히 인간은 생로병사라는 필연적 한계 상황뿐만 아니라, 서로 다른 인간관계 속에서 가치관의 혼란을 겪거나 좌절과 무의미를 경험한다. 또한 인간은 누구나 겪게 되는 이러한 한계 상황을 망각하고 쾌락에 빠지기도 한다. 이처럼 우리를 둘러싸고 있는 고통과 좌절을 자각하는 것도 번뇌요, 마땅히 괴로워해야 할 것을 괴로워하지 않는 무지와 망각 또한 번뇌이다.[1]

　일찍이 인도의 석가는 인간이라면 벗어날 수 없는 이러한 필연적인

---

[1]　번뇌는 빨리어로는 āsavā라고 한다. āsavā로 번역되는 번뇌에는 네 종류가 있다. ① 감각적인 쾌락의 욕망에 의한 번뇌(kāmāsava) ② 존재에 의한 번뇌(bhavāsava) ③ 견해에 의한 번뇌(diṭṭhāsava) ④ 무명에 의한 번뇌(avijjāsava)가 그것이다. 이 논문에서 논하고자 하는 번뇌는 이 네 가지의 의미를 모두 포함하고 있다. 따라서 욕망으로 인한 심적 고통뿐만 아니라 존재와 인식에 대한 잘못된 견해에서 오는 무지 또한 번뇌의 범위에 포함된다. 전재성, 《맛지마 니까야》, 한국빠알리성전협회, 2009. 참조.

번뇌 속에서 수행을 통해 번뇌의 실상을 자각하고 깨달음을 설파했으며, 이를 통해서 불교가 성립되기 시작했다.[2] 이처럼 번뇌에 대한 자각과 관심은 불교 철학의 가장 핵심적인 주제라 할 수 있다. 번뇌의 자각과 소멸이 불교의 핵심 주제인 만큼 이에 대한 논의는 초기 불교에서부터 대승에 이르기까지 상당히 방대하고 복잡하다. 한국 불교의 대표적 사상가인 원효元曉는 불교에서 다루어지는 번뇌에 대한 논의들을 모아 번뇌의 종류 및 발생과 소멸에 대해 체계적으로 정리하여 《이장의二障義》를 저술하였다. 이 책에서는 번뇌에 대한 원효의 대표적 저작인 《이장의》를 중심으로 불교 번뇌론을 살펴보고자 한다.

번뇌가 발생하는 원인은 다양하다. 대개는 외부에서 오는 환경적 요인에서 그 원인을 찾지만 번뇌는 필수적으로 내적인 마음의 상태와 관련되어 있다. 그러므로 번뇌煩惱로 인한 고苦를 이해하기 위해서는 번뇌와 고苦뿐만 아니라 번뇌를 일으키는 대상인 마음에 대한 논의가 함께해야 한다. 이처럼 번뇌로 인한 고苦의 상태뿐만 아니라 번뇌를 일으키는

2　석가가 깨달은 바에 의하면 번뇌는 무명無明에서 시작한다. 무명은 일체가 인연에 의한 연기緣起 속에 놓여 있다는 것을 모르는 것이다. 어리석은 중생의 업業에 의해 생기는 무명은 그 어리석음으로 말미암아 욕망하고, 인식하여 존재를 형성하고, 애착하고, 늙고, 죽는다. 이러한 일련의 과정 속에서 중생은 타자와 구별되는 자아라는 관념을 만들어내고 이러한 자아가 실재한다고 여긴다. 그러나 석가의 깨달음에 의하면 우리가 일상에서 당연히 존재한다고 여기는 자아는 상일주재常一主宰하지 않으며 상일常一한 자아라는 관념 자체가 오온에 따라 생겨난 허구적 관념임을 강조한다. 상일주재적 자아란 오온화합물을 가리키는 이름이자 언어인 하나의 가명假名일 뿐이다. 석가는 단지 생각이고 말일 뿐인 관념에 매여 실재로 존재한다고 집착하는 바로 그 아집我執이 일체 고통의 근원이라 보고 무아無我를 설하였다. 한자경, 《불교철학의 전개》, 29~54쪽 참조.

마음에 대해 깊이 있는 분석을 행한 것이 대승 유식사상이다.[3] 유식은 우리의 번뇌가 집착에서 온다고 보며 그 집착을 아집과 법집으로 구분한다. 즉 자아가 상일주재하는 개별적 실체로 존재한다고 여기는 것이 아집이고, 세계가 식을 떠난 객관적 실재로 존재한다고 여기는 것이 법집이다. 반면 유식은 우리가 실재라고 간주하는 자아와 세계는 마음을 떠난 객관적 실재가 아니라 우리의 마음이 생성하고 구성한 것이라고 논한다. 이를 위해 유식은 마음이 어떻게 자아를 만들어내고 세상을 구성하는지, 그 마음의 구조와 원리에 대해 설명한다.

불교에서 개체로 여기는 유정有情(sativa) 대부분은 존재의 실상을 여실하게 인식하지 못한다. 그들은 유정 안에 저장되어 있는 업 또는 경험을 통해 존재를 인식하고 집착한다. 이때 유정 안에 저장되어 있는 업력이나 분별적 언어들은 모두 번뇌를 일으키는 인因이다. 이러한 인들은 여러 조건인 연緣을 만나게 되면 그 결과로써 번뇌가 일어나게 된다. 이러한 인연의 메커니즘이 연기緣起이다.

일체는 한순간도 고정되지 않고 업의 인연에 따라 연기한다. 그럼에도 중생들은 인因과 연緣에 의한 존재의 실상을 깨닫지 못하고 순간에 지나지

---

3   유식학파는 《해심밀경》, 《입능가경》 등 유식계 대승경전을 소의경전으로 삼아 인도에서 4~5세기에 본격적으로 형성되었다. 대표적 저작으로는 미륵彌勒(Maritreya, 270~350)의 《유가사지론》, 무착無着(Asanga, 310~390)의 《섭대승론》, 세친世親(vasubandhu, 400~480)의 《유식삼십송》 등이 있다. 식識에 의거하여 가유로서 존재하는 일체를 유식은 5위位 100법法으로 분류한다. 심법·심소법·심불상응행법·색법·무위법 등 합해서 100개의 법法들이 속한다. 유식에서는 이 법들은 모두 식識에 의거한 식소변이라 주장한다. 김명우, 《유식삼십송과 유식불교》, 23~40쪽 참조.

않는 과거를 실체화하여 언어로 고정시킨다. 유식에서는 명언종자名言種子라는 개념을 통해 실체화하고 고정화하는 언어적 힘을 드러낸다. 언어는 현재 이 찰나를 지금 여기 있는 그대로 여실하게 보는 것이 아니라 업식에 함장된 종자의 현행 결과로서 다양한 상相으로 만들어 낸다. 즉 우리가 어떤 한 대상을 본다는 것은 그것을 바라보는 유정이 저장한 종자로부터 형성된 이미지인 것이다. 그러므로 현상 자체는 우리의 식을 떠난 객관적 실재가 아니라 식을 통해 현상으로 드러난 식의 산물일 뿐이다. 현상은 객관적 존재가 아니라 연기 고리에 유정有情의 업業이 포함된 것으로 유정의 업業이 산출한 것이다.

우리가 살고 있는 현상 세계가 유정의 업에 따른 결과라는 것은 존재와 인식의 상관관계를 드러낸다. 현상 세계는 유정의 근根에 상응하는 경境으로서만 존재하는 것으로 불교에서의 현상은 존재와 인식, 근根과 경境 내지 식識과 경境과의 상호 의존 속에서 성립한다. 인간이 객관이라고 생각하는 이 세간은 결국 인간의 인식을 떠나서는 존재로서 논의될 수 없으며, 인간의 인식 능력에 의해 인식 가능한 것만이 존재로서 논의될 수 있다. 이와 같이 우리가 객관적 대상이라 여기는 것들은 모두 인간의 심층 마음을 떠나서는 성립할 수 없는 것이다.

유식에서는 이처럼 현상 너머 보이지 않는 심층 마음의 작용과 구조에 대한 논의를 통해 인간 존재의 유한성과 번뇌로부터 해탈하고자 하였다. 이러한 대승 유식사상은 불교 번뇌론의 핵심이 될 뿐만 아니라, 번뇌의 생성과 소멸을 가장 잘 설명하는 이론 중 하나라고 할 수 있다.

원효는 동시대에 활동했던 원측과 더불어 해동 불교의 성립에 크게 기여한 인물이다. 원효의 《이장의》는 이러한 유식 사상에 입각해서 여러 가지 번뇌설을 종합하고 있다. 《이장의》에서는 유식뿐 아니라 여래장 사상에 나타난 번뇌설까지 함께 고찰하면서 일체 번뇌를 하나의 체계로 종합적으로 설명한다. 따라서 원효의 《이장의》에 대한 기존 연구는 《이장의》가 유식계 번뇌론과 기신론계 번뇌론을 각각 현료문과 은밀문 하에서 구조화하여 체계적으로 종합하고 있다고 평가한다.

이 글에서는 《이장의》에 나타난 원효 번뇌설의 기본통찰이 유식사상이라는 것에 대해 논하고자 한다. 왜냐하면 《이장의》에 대한 유식적 해석을 통해 우리는 원효의 대승적 실천의식과 만날 수 있기 때문이다. 자성청정심을 본성으로 강조하며 그리로 복귀하고자 하는 여래장 사상과 달리 유식은 진망화합식인 아뢰야식이 현상화하는 전변활동을 인정하기 때문에 현상에 대한 긍정을 내포하고 있다. 왜냐하면 이것이 원효가 지향하고자 했던 진정한 대승정신이며, 원효가 강조한 일심으로 향하는 화쟁과 불이不二의 정신과 상통하기 때문이다.

유식에서의 깨달음은 상을 부정하는 것이 아니라 상을 상으로, 아뢰야식의 식소변을 식소변으로 아는 것이다. 이를 삼성설과 연결 지어 논하면 의타기를 의타기로 아는 것 자체가 변계소집을 극복하고 원성실성을 회복하는 것이다. 의타기를 의타기로 알지 못하고 식소변을 객관적실재로 간주하여 변계소집하게 하는 것이 일반 중생이 갖고 있는 소지장이다. 유식 번뇌론의 핵심은 바로 이 소지장에 놓여 있다.

반면 여래장 사상 또한 현상계에 대한 긍정, 곧 중생에 대한 긍정으로 이어지기는 하지만 중생 자체가 곧 부처는 아니고, 번뇌가 곧 보리는 아니라는 엄격한 윤리적 기준을 제시하고 있다. 왜냐하면 불지에 도달하기 위해서는 가장 심층적 번뇌인 근본무명을 타파해야 하기 때문이다. 이 근본무명을 타파하지 못해 식전변의 활동에 머무르게 하는 것이 바로 지애이다. 여래장 사상의 번뇌론 핵심은 바로 이 지애에 놓여 있다. 여래장 사상은 모든 중생의 성불 가능성을 열어놓기는 하지만 이 근본무명인 지애로 인해서 부처가 되기 위해서는 세세생생의 끝없는 수행이 필요하다는 역설을 담고 있다.

원효는 《이장의》에서 유식이 지닌 대승의 정신을 적극적으로 드러낸다. 원효는 번뇌장과 소지장을 쌍으로 하여 현료문이라고 명명하였고, 번뇌애와 지애를 쌍으로 하여 은밀문이라고 하였다. 번뇌장은 아공을 모르는 데서 오는 아집의 번뇌이고, 소지장은 법공을 모르는 데서 오는 법집의 번뇌이다. 아공을 깨달아 아집을 끊으면 번뇌장을 벗어나고, 법공을 깨달아 법집을 끊으면 소지장을 벗어난다. 원효 《이장의》에서의 강조점은 바로 이 소지장을 논하는 현료문에 있다. 아뢰야식의 의타기를 의타기로 아는 것이 소지장의 극복이고 현료문이 밝히고자 하는 것이 바로 이것이다. 소지장을 극복하여 아집과 법집을 넘어서서 현상을 있는 그대로 여실하게 아는 것! 이것이 바로 원효가 지향하는 대승의 보살이다. 원효가 추구하는 것은 해탈하여 열반에 드는 부처이기보다는 자비심으로 중생구제에 힘쓰는 보살이다. 이 점에서 《이장의》에 나타난 원효 번뇌론의 핵심은 여래장 사상이기보다는 유식 사상이라고 할 수 있다.

이 글에서는 원효의 유식사상을 《성유식론》을 통해 고찰할 것이다. 그러나 《이장의》에는 《성유식론》에 대한 직접적 언급은 없다. 그렇지만 《이장의》가 유식계 문헌에 대한 체계적이고 심도 있는 이해를 바탕으로 저술되었다는 것은 많은 학자들이 공감하는 바이다.[4] 따라서 유

---

4 안성두는 〈원효의 《이장의》 현료문에 나타난 해석상의 특징〉에서 현장 역 문헌에 대한 원효의 독자적 독해에 주목한다. 그는 원효의 《이장의》가 현장 문헌의 어떤 주석서의 설명에 의거하지 않고도 《유가론》에 대한 매우 깊이 있는 해석

식 이론의 결정판이라 할 수 있는《성유식론》에 입각해서《이장의》의
번뇌론을 유식적으로 고찰하는 것은 큰 무리가 없다고 여겨진다.

　《성유식론》은 세친世親(vasubandhu, 400~480)[5]이 저술한《유식삼십송》
에 대해 십대 논사들의 견해를 호법護法(Dharmapāla, 530~561)의 견해를 중
심으로 정리한 현장玄奘(600~664)의 주석서이다. 현장은 인도에서 유식
을 공부하고, 중국으로 돌아와 유상유식의 입장[6]에서《성유식론》을 저
술하였다.[7] 이와 같은 현장의 역경 사업으로 인해 유식철학은 중국과 동

　　을 이끌어내고 있음에 주목하였다. 이것이 가능한 이유는 원효의 철저한 문헌
　　읽기와 사색에서 나온 독자적 탐구로 보고 있다. 따라서 그는《이장의》에서《성
　　유식론》에 대한 직접적인 언급은 없지만, 인도유식의 번뇌설에 대한 깊이 있는
　　탐구가 선행된 상태에서《이장의》가 저술되었다고 언급한다. 안성두,〈원효의
　　《이장의》현료문에 나타난 해석상의 특징〉,《불교 연구》47, 불교학회, 2017,
　　128쪽 참조.

5　세친世親은 유식이 인도에서 본격적인 학파로 형성되는 과정에서 결정적 역할
　　을 한 사람이다. 그는 처음에는 유부에 속해 있다가 대승 유식에 입문한 뒤 유
　　식 사상을 철저하게 체계화하여《유식삼십송》을 저술하였다. 세친은 유부의 논
　　사로 있을 때《구사론》을 지어 심의식에 대해 세밀하게 5위 75법으로 세분하여
　　논의하였다. 세친은 대승으로 전향한 후《유식삼십송》을 지어 유식의 기본 정
　　신을 간단 명료하게 게송으로 읊었다. 세친의 심의식은 대승 불교에 이르러 5
　　위 100법으로 확대되었다. 김명우,《유식삼십송과 유식불교》, 49~53쪽 참조.

6　덕혜, 안혜로 이어지는 무상유식은 현상의 허망성을 강조하여 상相이 없는 진
　　여에 이르고자 한다. 무상유식은 경과 식이 함께 무너진다는 경식구민境識俱泯
　　을 주장한다. 무상유식에 의하면 식은 분별하는 것이며, 경은 그 식에 의해 분
　　별된 것이다. 그러므로 경은 식 없이는 존재할 수 없는 무無일 뿐이며 독립적 실
　　체는 아니지만 마치 존재하는 것처럼 아我와 법法으로 시설된 가假이다. 이처
　　럼 분별 소취된 경이 허망하듯이 분별 능취하는 식 역시 허망한 것으로 인연 따
　　라 전변하는 허망 분별이 된다. 따라서 이 이중의 허망성인 경境과 식識이 모두

아시아에 전해지게 되었고, 마음의 구조와 작용의 원리를 정밀하게 분석하고 체계화하는 법상종의 성립으로 이어졌다. 그래서 이 책에서는 존재와 인식에 대한 유식적 이해를 바탕으로 번뇌론에 전제된 심心의 구조를 밝힌 후, 그 기반 위에서 원효元曉(617~686)《이장의二障義》의 번뇌론을 본격적으로 논하고자 한다.

현존하는《이장의》고사본古寫本은 가마쿠라 시대 초기에 성립된 교정본을 에도 시대에 이르러 다시 그대로 베껴 쓴 초본이라고 한다.[8] 이 고사본은 본문 첫 페이지에 '이장의'라는 제목과 함께 '석원효찬釋元曉撰'

사라질 때 진실성이 드러나게 된다는 것이다. 후기 유식인 유상유식은 허망 분별된 실아실법은 인정하지 않지만 가설을 형성하는 견분과 상분은 아뢰야식의 식소변으로서 있는 것으로 인정한다. 즉 견분과 상분은 아뢰야식의 의타기의 식전변 결과로 있는 것이고, 망정을 따라 시설된 외경은 변계소집으로서 부정된다. 그러나 의타기로서 있다는 것이 자성을 가진다는 것은 아니며 이 또한 인연화합에 의해 발생하는 것이므로 궁극적 실유가 아니지만 의타기의 진실한 부분인 정분의 의타기는 원성실성으로 간주되어 부정되지 않는다. 그 때문에 의타기의 식 전변 활동 자체를 벗어나는 것이 아니라 변계 소집하는 아와 법의 의타기적 식 의존성을 깨우치는 유식성의 자각에 유식의 전의 또는 해탈이 있는 것이다. 沖和史,〈무상유식과 유상유식〉,《유식사상》(平川彰, 梶山雄一 편), 178~205쪽 참조.

7 세친이《유식삼십송》을 저술한 후 10대 논사들은 그의 사상을 해석하고, 더욱 발전시키는 과정에서 주석을 덧붙이게 되었다. 이 주석은 호법이 갖고 있다가 현감 거사에게 넘겨지게 되고, 인도로 유학 간 당唐의 현장玄奘(600~664)이 호법 제자 계현에게서 공부하다가 현감 거사를 만나 이 주석서를 받게 된다. 이후 현장은 중국으로 돌아와 논사들과 번역을 시도하다가 결국 규기와 둘이서 호법을 중심으로 다른 논사들의 입장을 정리하는 식으로《성유식론》10권을 저술하였다. 김명우,《유식삼십송과 유식불교》, 56~61쪽 참조.

8 橫超慧日,〈元曉の二障義について〉,《東方學報》第11輯, 東京, 1978.

이라고 쓰여 있어 작자가 원효임을 명확히 밝히고 있다.

《이장의》의 저술 연대는 명확하지는 않지만, 원효의 다른 저술들과 현장의 역경 연대와 관련하여 추정해보면 《대승기신론별기》와 《대승기신론소》 사이에 지어진 것으로 보인다. 왜냐하면 《이장의》에는 《대승기신론별기》와 《일도장》이 언급되어 있으나[9] 《대승기신론별기》에는 《이장의》에 대한 언급이 없다. 그리고 《대승기신론소》에서 무명과 번뇌에 대해 《이장장》[10]이라는 이름으로 《이장의》를 인용하는 것을 통해 볼 때 《이장의》는 《대승기신론별기》와 《대승기신론소》에 사이에 저술한 것으로 보인다. 따라서 원효의 저술은 《대승기신론별기》, 《일도장》, 《이장의》, 《대승기신론소》, 《금강삼매경론》 순서로 성립되었을 것으로 추정할 수 있다.[11]

또한 《이장의》에는 유식계 주요 문헌들이 여러 권 인용되어 이론적 바탕을 이루고 있다. 이 인용된 문헌들은 현장이 번역한 것들로 간행시기가 비교적 늦다. 《현양성교론》과 《대승아비달마잡집론》은 646년에 번역되었고, 647년에 《해심밀경》, 648년에 《유가사지론》, 649년에 《섭

---

9   은정희, 《원효의 대승기신론 소·별기》, 329쪽 참조.

10   《이장장二障章》은 《대승기신론소》와 《금강삼매경론》, 신라 태현의 《대승기신론내의약탐기》, 견증의 《대승기신론동이략집》에서도 언급되고 있다. 그러나 의천의 《신편제정교장총록》에 서명이 기재되지 않은 것으로 보아 고려시대 때 이미 산실된 것으로 보인다. 그러나 10세기에 일본에서 편찬된 불전 목록에서는 《이장장》이라는 서명이 보인다. 그러나 일본에서 발행한 고문서에 보이는 《이장장》은 모두 《이장의》의 이본異本들로 알려져 있다. 유승주, 〈원효의 유식사상 연구〉, 동국대 박사 학위 논문, 2002, 31~32쪽 참조.

11   유승주, 〈원효의 유식 사상 연구〉, 동국대 박사 학위 논문, 30~34쪽 참조.

대승론본》과 《섭대승론 세친역》이 각각 번역된 것을 통해 볼 때 《이장의》는 650년대 후반에서 늦게는 660년 후반에 저술된 것으로 보인다. 왜냐하면 이들 경론들이 유통되고, 원효가 이 경론들을 연구하기 위해서는 《대승기신론별기》가 저술된 이후라야 《이장의》 저술이 가능하기 때문이다.

원효는 자신의 다른 저작에서도 《이장의》를 언급하고 있다. 《금강삼매경론》에서는 5회 《이장의》를 언급하고, 《열반경종요》에서는 1회, 《대승기신론소》에서는 《이장장二障章》이라는 이름으로 2회 언급하고 있다.[12] 원효 이후에도 신라시대의 승려 태현太賢, 견등見登의 저술에서도 《이장장》이 언급되고, 고려의 균여 등도 그들의 저술 가운데 《이장의》를 언급하고 있다.[13] 또한 중국의 법장法藏이 저술한 《화엄일승교의분제장華嚴一乘敎義分齊章》에서는 번뇌설에 있어서 《이장의》를 많은 부분 언급하고 있어 《이장의》의 영향이 지대하다고 말할 수 있을 것이다.[14]

원효의 다른 저작들인 《대승기신론소》나 《금강삼매경론》 등은 비교적 많은 연구자들이 연구한 덕분에 판본에 대한 검증도 아울러 많이 이루어진 상태이다.[15] 이에 반해 1949년에 그 존재가 확인된 《이장의》의 원본은 비록 완본의 형태를 지니고 있어 학문적 가치가 높지만 판본 자체에 대한 연구가 선행될 필요가 있다. 왜냐하면 《이장의》는 일본 대곡

---

12 은정희, 《원효의 대승기신론 소·별기》, 242쪽, 256쪽 참조.
13 오형근, 〈원효의 이장의에 대한 고찰〉, 290~295쪽 참조.
14 횡초혜일, 〈元曉の二障義について〉, 《東方學報》 第11輯, 13쪽 참조.
15 원효의 저술 목록과 사료는 김영태의 《원효 연구 史料 총록》과 《원효학 연구》 1집과 《원효학 연구》 4집의 부록에 정리되어 있다.

대학에 소장된 고사본 1부뿐으로 이 고사본 자체가 필사의 과정에서 발생한 것으로 보이는 오자誤字와 낙자落字가 적지 않게 보이기 때문이다.

이후 2004년에 은정희 교수는 〈신라 원효찬《이장의》〉를 완역하는 가운데 대부분의 오자와 탈자를 바로잡아《이장의》연구의 초석을 마련했다.[16] 이 책에서 다루고자 하는《이장의》텍스트는 횡초혜일이 발견한《이장의》고사본과, 한국불교전서에 있는《이장의》, 그리고 은정희 교수가 번역한《이장의》를 기본 텍스트로 하여 문헌학적 토대를 잡고 있다.

지금까지의 원효에 대한 연구는 일심이나 화쟁에 대한 고찰을 중심으로 원효의 저작들을 중관과 유식의 지양·합일의 관점에서 읽거나 여래장으로 읽는 경우가 대부분이다. 그러나 이 책에서는 원효의 번뇌론을 연구하기 이전에 우선《성유식론》을 중심으로 인식과 존재에 관해 해명하고자 한다. 왜냐하면 번뇌론의 체계는 그 성격상 심식설의 전개와 불가분의 관계에 있기 때문에 번뇌론의 체계 해명에는 심식설 체계의 해명이 필수적이기 때문이다. 이러한 작업을 바탕으로《대승기신론소》,《별기》의 심식 구조와《이장의》의 장애 구조가 가진 특성을 비교 고찰하고자 한다.

16　은정희 교수의 번역본은 1980년 11월 1일 횡초혜일이 발행한《이장의》를 텍스트로 하고 있다. 이 번역본에서 은정희 교수는 횡초혜일이 미처 찾아내지 못한 30여 군데의 인용문 대부분을 찾아 주注로 함께 싣고 있으며, 원본인 고사본古寫本과 원본의 행간에 있는 주注를 비교하여 베껴 쓰는 과정에서 생기는 것으로 보이는 오탈자와 중복을 바로잡고 있다. 예를 들어 원본의 蜜은 密로 正을 止로 弊를 蔽로 고쳐 번역하고 있다.

유식은 마음의 구조에 대해 세밀하게 다루고 있을 뿐만 아니라 여래장에서 다루어지는 심식설 또한 큰 틀에서 보면 유식에 해당한다. 아울러 원효의 저작을 존재와 인식을 하나로 아우르는 유식으로 읽는 것은 불교의 본질에 가장 가까이 접근할 뿐만 아니라 원효 철학의 진수를 이해하는 지름길 중 하나라고 여겨진다. 왜냐하면 유식에서 말하는 유식성의 의미와 원효가 펼치고자 했던 대승의 의미는 다른 것이 아니기 때문이다. 나아가 이러한 작업은 유식에 대한 이해와 더불어 원효가 다루는 마음의 구조를 해명하여 원효 사상의 본령과 만나는 필수적인 작업이자 열반과 보리를 증득하기 위한 대승 불교의 목적과도 직접적으로 연결되는 계기를 마련해 줄 것이라 기대해 본다.

연구 동향과
연구 방법

1. 기존 연구 검토

　번뇌에 대한 논의는 많지만 이 책에서는 원효의 《이장의》를 중심으로 논하기 때문에 원효에 대한 기존 연구, 《이장의》에 대한 기존 연구를 살펴보기로 하겠다. 원효에 대한 기존의 연구를 살펴보면 90년대 이전에는 원효 연구의 초석이 되는 교판론과 화쟁론, 기신론의 일심이문설이 주된 담론을 이루었다. 이 시기 원효에 대한 연구는 《대승기신론》에 대한 원효의 주석인 《대승기신론소》, 《별기》와 《금강삼매경》 등을 주 텍스트로 하였다. 이기영, 고익진, 박성배, 신옥희, 은정희, 이평래 등은 원효를 해석하면서 원효의 사상이 한편으로는 보살의 대승윤리를 강조하고, 다른 한 편으로는 일심이문 구조의 진속원융 무애사상을 통해 대승 불교의 문제를 해결하고 있다고 보았다.

　원효에 대한 연구는 오형근, 이만, 최유진, 박태원, 고영섭, 김원명, 석길암, 유승주, 조수동뿐만 아니라 서양철학을 전공한 김형효, 박찬국,

김종욱 등으로 이어지고, 텍스트 또한《열반경종요》,《십문화쟁론》,《판비량론》 등으로 확장되었다. 이 시기 원효에 대한 연구는 원효의 다른 저작들과 더불어 다양한 관점으로 연구되었다.

이 연구들을 분류해보면 첫째, 원효 사상을 접근함에 있어 원효 불교 사상의 핵심을 여래장 사상이나 화엄사상으로 보는 경우이다.[17] 고익진, 이평래, 고영섭은《대승기신론소》와《별기》의 일심설에 근거하여 여래장 사상의 자성청정심을 원효 사상의 중심으로 삼았다.

둘째, 원효 불교 사상의 핵심을 중관과 유식의 종합·지양으로 보는 연구들이 있다.[18] 이기영, 은정희 등은 원효의 연구가 중관과 유식을 종

---

[17] 고익진은《기신론소》의 진속 원융무애 철학을 원효의 주된 사상으로 소개하고 있다. 그는 원효가 화쟁사상을 바탕으로 중관사상과 유식사상을 지양하고, 여래장 사상에 입각한 진여연기설 위에 원효의 사상이 구축되어 있다고 보고 있다. 고익진, 〈원효의《기신론소·별기》를 통해 본 진속원융무애관과 그 성립 이론〉,《원효》, 예문서원; 이평래는 원효의 기신론관을 중관과 유식의 지양·종합으로 보는 것에 이의를 제기하고, 여래장 사상으로 설명한다. 그는 〈원효의 진여관〉에서 심생멸문은 결국 심진여문으로 귀일한다고 하여, 이후 〈여래장설과 원효〉, 〈원효 철학에서의 환멸문의 구조에 관한 고찰〉 등의 논문을 통해 원효의 사상은 여래장설을 통해 해석하는 것이 옳다고 주장한다. 〈여래장과 원효〉, 《원효》, 예문서원; 고영섭은 원효의 여래장 이해를 중심으로《원효 탐색》,《나는 오늘도 길을 간다》를 저술하고, 〈분황 원효가 한국 불교에 끼친 영향〉, 〈원효 일심의 신해성 분석〉, 〈원효의 장애론〉, 〈원효의 화엄학〉, 〈원효의 정토론〉, 〈원효의 공부론〉 등을 연구하였다. 그는 원효가 객진소염보다는 본성청정을 강조하는 여래장 사상을 바탕으로 하여 당시 중국의 학문적 경향인 인성론의 영향을 받아 불성 이해로 이어졌다고 보고 있다.

[18] 이기영은 원효의 대표적 저서인《대승기신론소》와《대승기신론별기》의 회본에 근거하여《원효사상 1: 세계관》을 저술하였다.《대승기신론》을 현대적으로

합 지양하여 두 가지 치우침을 극복했다는 평가를 내리고 있다.

셋째, 원효 불교 사상의 핵심을 유식으로 보는 부류가 있다.[19] 유식학 연구에 집중한 학자들인 오형근, 박태원, 이만 등은 유식을 원효 사상의 핵심으로 보았다. 그들은 원효가 인용하고 있는 소의 경전들이 대부분 유식계임을 근거로 원효 사상의 근간을 유식으로 보고, 유식적 관점으로 원효의 저작들을 읽어야 한다고 주장한다.

넷째, 원효 사상의 핵심을 화쟁사상으로 읽는 부류가 있다.[20] 박성

―――――――

풀이한 이 책은 원효의 《대승기신론소》와 《별기》를 중관과 유식을 종합, 지양하여 두 가지 치우침을 극복한 것으로 보고 있다. 이기영, 《원효사상》, 한국불교연구원, 2002; 은정희의 연구는 원효 사상과 기신론 사상의 구조를 잘 보여주고 있다. 〈원효의 삼세·아리야식설의 창안〉에서 은정희는 《기신론》의 기본 구조인 일심 이문에 의하여 기신론의 성격을 중관·유식의 지양·종합이라고 보고 이것의 구체적 표현으로서 각과 불각의 이의二義에 대한 화합식인 아려야식이 존재한다고 보았다. 이 아려야식의 성격에 의해 염과 정의 생멸 연기가 가능하다고 그는 밝히고 있다. 은정희, 〈원효의 삼세·아려야식설〉, 《원효》, 예문서원.

19 박태원은 《원효사상연구》와 《원효의 십문화쟁론》, 《원효-하나로 만나는 길을 열다》 등을 저술하였고 〈원효의 언어이해〉, 〈원효의 기신론관을 둘러싼 문제점 소고〉, 〈《대승기신론》 사상을 평가하는 원효의 관점〉 등을 발표하여 원효에 대한 이해는 유식적 관점으로 접근하는 것이 타당하다고 언급하고 있다.; 오형근은 〈원효 사상에 대한 유식학적 연구〉를 통해 유식적으로 원효에 접근하고자 했으며, 〈원효의 《이장의》에 대한 고찰〉, 〈《유가론》과 원효의 구종심주 사상〉, 〈원효대사의 대승 사상과 칠대성 사상〉 등을 연구하여 원효 사상에 대한 유식적 접근을 도모하였다.; 인식과 초월에 관심을 두어 유식학을 연구한 이만은 〈원효의 《보살영락본업경소》를 통해 본 일도일과의 수행관〉, 〈원효의 중변분별론에 관한 연구〉 등을 발표하였다.

20 박성배는 〈원효 사상 전개의 문제점: 박종홍 박사의 경우〉에서 박종홍의 원효 이해를 비판하며 원효 사상의 논리적 근거인 화쟁의 의미에 대해 다루고 있다.

배, 김원명, 최유진 등은 원효 사상의 독창성을 드러내는 중심사상을 화
쟁사상이라 보고 다양한 텍스트를 근거로 화쟁의 의미를 밝히고 있다.

다섯째, 서양 철학자와 원효의 사상을 비교 고찰하면서 원효의 사상
에 접근하려는 부류이다.[21] 김형효, 신옥희, 박찬국, 김종욱 등은 서양

그는 이 논문에서 개합과 종요의 의미와 그 방법론을 체와 용의 관계로 해명하
고 있다. 박성배, 〈원효 사상 전개의 문제점〉, 《원효》, 예문서원; 김원명은 원효
의 열반론에 대한 저술인 《원효의 열반론》을 비롯하여 〈원효의 아려야식설〉,
〈원효 《기신론 해동소》에 나타난 원음의 현대적 이해에 관한 연구〉 및 〈원효의
화쟁 글쓰기〉를 통해 화쟁을 가능하게 하는 바탕을 열반론에서 밝히고자 하였
다.; 최유진은 원효의 화쟁 논법에 관심을 두어 〈원효에 있어서의 화쟁과 언어
의 문제〉, 〈원효의 일심〉, 〈원효의 화쟁 사상〉, 〈원효의 화쟁 방법〉, 〈원효의 중
관 철학 이해〉 등을 통해 일심이라는 근거에서 화쟁이 가능하다고 하고, 일심
은 화쟁의 목적이라고 보았다.

21 김형효는 데리다 등이 대표하는 텍스트 이론에 의거하여 원효의 일심을 규명하
고자 하고 있다. 그는 원효를 동양 불교사상사에서 가장 탁월한 불교학 텍스트
이론가로 보고 서로 상반된 것의 동시성이나 공존 불가능한 것의 공존 가능성
을 설하는 불일이불이不一而不二 정신이 일심이며 화쟁 논리라 보고 있다. 김형
효, 《원효의 대승 철학》, 소나무.; 신옥희는 원효의 일심 사상과 칼 야스퍼스의
실존을 실재관·인간관·윤리관·종교관의 영역에서 두 사상의 공통점과 차이점
을 비교하고 있다. 이 책에서 신옥희는 원효의 일심을 여래장으로 해석하고 있
다. 신옥희, 《일심과 실존》, 이화여대 출판부, 2000.; 박찬국은 《원효와 하이데
거의 비교연구》에서 하이데거가 추구한 현상학적 방법은 공성空性으로 존재하
는 진리를 드러내는 방법으로 생멸심과 비본래성의 상관관계에 초점을 맞추고
있다. 서강대학교 출판부, 2010.; 김종욱은 《원효와 하이데거의 대화》에서 세
상의 근원이 되는 '근본'에 대해 원효와 하이데거를 비교하고 있다. 그에 따르면
원효는 중생심과 생멸 현상이 가능하게 하는 근본을 진여로 보고 있고, 하이데
거에 의하면 '존재는 인간 현존재의 마음씀과 존재자의 역사적 전개가 비로소
가능하게 되는 본래의 자리'라고 보고, 원효와 하이데거를 비교하고 있다. 《원
효와 하이데거의 대화》, 동국대 출판부, 2014.

철학자의 사상과 원효 사상을 비교 분석하여 그 동일성과 차이성에 집중하고 있다.

원효 사상에 접근함에 있어 원효의 핵심 사상을 무엇으로 볼 것인가의 문제는 연구자마다 조금씩 의견을 달리한다. 원효의 일심을 유식으로 읽을 것인지 여래장으로 읽을 것인지에 대한 연구는 본성의 두 가지 측면인 객진소염과 자성청정에서 어느 것을 더욱 강조하느냐의 문제로 아뢰야식이 진·망의 두 측면이 동시에 존재한다는 것을 전제로 한 주장이라 할 수 있다.

원효 철학의 핵심을 여래장으로 보는 경우는 화합식인 아뢰야식에서 미세한 생멸심인 3세를 사라지게 하여 불생불멸의 자성청정심만 남게 하는 구체적 단계를 제시하여 심원으로 들어가는 수행 실천의 입장이라 할 수 있다. 따라서 원효에게 아뢰야식은 진·망이 같지도 다르지도 않은 상태이며, 화합식으로서의 아뢰야식을 부정하는 것은 아닌 것이다. 이러한 입장은 아뢰야식이 전변하고 상속하여 존재를 형성한다는 유식의 입장을 기반으로 한다. 또한 《기신론소》와 《별기》에서 인용된 소의 경전의 대부분이 유식경전이라는 사실은 원효가 기본적으로 유식의 이해에 깊은 뿌리를 두고 있으며, 유식에서 강조하는 심의식을 이해하는 것이 원효를 연구하는 가장 본질적인 작업임을 부인할 수 없게 한다.

《이장의》는 오랫동안 유실되다가 1949년 일본의 횡초혜일橫超慧日 교수에 의해 발견되면서 학계에 알려지게 되었다.[22] 《이장의》에 대한 연

---

22 횡초혜일은 〈元曉の二障義について〉에서 발표 경로 및 《이장의》의 대략적인 내용을 다루고 있다. 그에 의하면 당나라 승려 법장이 교분기단혹분제장教分記斷惑分齊章에서 이장을 다루고 있어 어떤 방식으로든 동아시아 불교에서 막강

구는《이장의》자체만을 텍스트로 해서 연구된 것은 극히 드물다. 많은 경우 원효 사상을 연구하는 데 있어《이장의》를 언급하거나, 번뇌 자체에 대한 연구에서《이장의》를 참조하는 경우가 대부분이다.

은정희는 〈원효의《이장의》연구〉[23]에서 원효사상을 연구하는 데 있어《이장의》가 차지하는 의의를 원효의 다른 저작들과의 연관선상에서 논하고 있다. 그는《이장의》가 원효 사상에 있어 실천적 측면을 제시한다고 보았다. 즉,《대승기신론소·별기》에서 역설한 진속일여 자리이타의 정신이《금강삼매경론》에서 부주열반사상으로 더욱 심화되었고,《이장의》는 이를 위한 실천을 구체적으로 제시한 실천편이라고 언급하였다. 그는《이장의》가 원효 사상의 완결편과 같은 역할을 하고 있기에《이장의》에 대한 바른 이해는 원효 사상 연구에 필수적이라고 역설하였다.

정영근은 1981년 석사 논문인 〈각의 두 가지 장애〉[24]에서 귀일심원歸一心源을 원효 사상의 핵심으로 보고《이장의》를 통해 각覺의 의미를 적극적으로 해명하여 앎과 실천, 둘을 모두 추구하고자 한 원효의 불교관을 전체적으로 조망하고 있다.

이평래는 〈번뇌소지이장煩惱所知二障과 인법이무아人法二無我의 기초적

한《이장의》의 영향력을 엿볼 수 있다고 언급한다. 그 후 그는 1979년 平樂寺書店에서 신라 원효찬 이장의《新羅 元曉撰 二障義》를 간행하여《이장의》연구의 본격적인 계기를 마련하였다. 그는《이장의》가 신역계의 유가론 중심의 단혹설과 구역계의 기신론 중심의 단혹설을 종합 조직한 것으로 평가하였다. 이러한 그의 연구는 이후 우리나라에서도《이장의》에 대한 관심과 연구가 활발하게 되는 계기가 되었다.

23 은정희, 〈원효의《이장의》연구〉,《원효학 연구》8, 원효학 연구회, 2003.
24 정영근, 〈각의 두 가지 장애〉, 정신문화연구원 석사학위 논문, 1981.

基礎的 연구研究〉[25]에서 《이장의》의 주요 용어인 번뇌·소지의 이장과 인법이무아는 유가유식학파에 의해 완성된 것으로 보고 있다. 그는 주교 상재舟橋尚哉의 논문[26]을 인용하며 소지장의 연원을 밝히고 있다. 또한 이 논문에서 그는 유가유식파의 인법이무아설과 반야중관학파의 인법이무아설을 비교하여 이승과 보살의 차이를 논하고 있다. 이러한 이평래의 연구는 횡초혜일의 연구를 새롭게 조명하는 계기를 마련하고, 《이장의》를 유가유식으로 해석하게 하는 길을 열었다고 할 수 있다.

오형근은 〈원효의 이장의에 대한 고찰〉[27]에서 횡초혜일이 주장한 것처럼 《이장의》를 유가계와 기신계로 나누어 볼 것이 아니라 유가론계로 보아야 한다고 주장하고 있다. 그는 유가계와 기신계로 나누어 설명하는 횡초혜일의 주장에 대해 6개의 항목 중에서 두 번째 출체상에만 해당하며 《이장의》에서 인용된 논서들이 유식학 연구에 필수 불가결한 것으로 《이장의》는 유식계 논서로 보아야 한다고 주장하였다.

같은 맥락에서 박해당은 〈원효의 장애이론〉[28]에서 《대승기신론》과 《이장의》의 구조를 분석하면서 원효가 장애를 인집에 의한 번뇌장과 법집에 의한 소지장으로 나누는 것은 유식의 아뢰야 연기설에 바탕한 장애이론이라 보고 있다.

기덕철 또한 〈번뇌장煩惱障과 소지장所知障에 대對한 소고小考〉[29]에서

---

25   이평래, 〈번뇌소지이장煩惱所知二障과 인법이무아人法二無我의 기초적基礎的 연구硏究〉, 《철학연구》 34호, 1982.

26   舟橋尚哉, 〈번뇌소지장과 인법이무아〉, 《불교학 세미나》 1호, 1965.

27   오형근, 〈원효元曉의 이장의二障義에 대한 고찰考察〉, 《신라문화》, 1988.

28   박해당, 〈원효의 장애이론〉, 《태동고전연구》 8, 1992.

29   기덕철, 〈번뇌장煩惱障과 소지장所知障에 대對한 소고小考〉, 《석림》 21, 1987.

현료문은 유식법상종의 설을 종합하고 있고, 은밀문에서는 기신론을 중심으로 교의를 조직화하고 있다고 보았다. 그는 현료문의 이장이 은밀문의 번뇌애에 포섭되고, 번뇌애는 지애와 본말관계로 장애의 근본은 지애인 무명으로 보았다.

이와 비슷한 맥락에서 유승주는 박사 학위 논문[30]에서 심식론과 번뇌론을 중심으로 원효의 사상을 고찰하였다. 이 논문에 따르면 원효를 바라보는 다양한 관점들은 넓은 의미에서의 유식 사상으로 파악하였다. 왜냐하면 유식에서 다루는 마음은 존재의 제일원리이기 때문이다. 이 지점에서 그는 여래장 사상과 법상 유식과의 변별점을 다루고 있다. 특히 《이장의》를 논함에 있어서 그는 현료문이 유가유식의 사상 체계에 의해 건립된 법문이고, 은밀문은 여래장·기신론 사상 체계에 따라 건립된 법문이라 주장한다. 그러나 이러한 접근은 횡초혜일의 주장과 크게 다르지 않고, 《이장의》를 논함에 있어 유식의 심식설에 대한 보다 깊이 있는 해석이 부족하다고 여겨진다.

유진 스님은 《번뇌장·소지장의 연구》에서 근본 불교로부터 유식학에 이르는 심체설과 심식설을 검토하고 원효의 《이장의》가 유식적 관점에서 접근하고 있다고 언급하고 있다. 이 논문의 특징은 이장과 이애를 표층적 구조와 심층적 구조로 구분하여 번뇌설에 접근하고 있다는 점이다. 또한 그의 논문은 아비달마와 유식 경론의 심소와 심왕에 대해서도 자세히 다루고 있다는 특징을 지닌다. 그러나 《이장의》 번뇌론 체계에서 중요한 다른 한 축인 여래장 계통의 번뇌설에 대해서는 언급이 없다는 것이 이 연구의 한계로 보인다.

30　유승주, 〈원효의 유식사상 연구〉, 동국대 박사 학위 논문, 2002.

김수정은 〈원효의《이장의》성립 배경에 대한 일고찰〉[31]에서 소지 장과 은밀문을 심층 분석하여《이장의》의 전체구도는 구유식 특히 혜원 의《대승의장》, 〈이장의〉의 영향을 받은 것이며, 원효의《이장의》내의 은밀문과 현료문에서 설하는 각각의 식설識說과 소지장 및 지애智碍는 신 유식 계통의 영향을 받아서 성립된 것이라 밝히고 있다.[32] 또한 그는 박 사 학위 논문[33]에서《이장의》를《기신론》과의 연관 선상에서 해석하여 《이장의》에서 보이는 이장과 이애설은《기신론》에 대한 독자적인 심식 설에 기초하여 정립한 것으로 보았다. 이러한 독자적인 심식설을 기반 으로 원효의 번뇌론은 수행을 사회적으로 실천하고자 하는 일승적 관점 으로 바라보아야 한다고 주장한다. 그의 논문은 원효의 번뇌론에 대한 깊이 있는 연구 성과를 보이나, 기본적으로 횡초혜일과 이평래 주장의 연장선상에서《기신론》적 관점을 유지하고 있다고 할 수 있다.

이러한 김수정의 주장에 대해 최연식은 논문 〈원효元曉《이장의二障 義》은밀문隱密門의 사상적 특징〉[34]에서《이장의》에서 현료문은 신유식 의 영향을 받았지만 은밀문의 사상이 구유식의 번뇌설, 특히 정영사 혜 원의 번뇌 이론에 영향을 받았다는 주장에 대해 문제를 제기하고 있다. 그에 따르면 원효의《이장의》의 은밀문은 구유식의 영향이 아니라《대

---

31 김수정, 〈원효의《이장의》성립 배경에 대한 일고찰〉, 《불교 연구》제39집. 2013.
32 이평래, Charles Mulle 또한 김수정과 의견을 같이하여 은밀문이 구유식 특히 《대승의장》〈이장의〉의 영향을 받았다고 주장한다.
33 김수정, 〈원효의 번뇌론 체계와 일승적 해석〉, 동국대 박사 학위 논문, 2016.
34 최연식, 〈원효《이장의》은밀문의 사상적 특징〉, 《동악미술사학》19권, 2016.

승기신론》 자체에 의거하여 원효가 독자적으로 체계화하였다고 주장한다. 그 근거로 그는 《이장의》의 번뇌설과 《대승의장》의 번뇌설을 비교 검토하여 그 둘이 많은 차이가 있으며 특히 이 차이가 《대승기신론》에 대한 입장 차이에서 비롯되었다는 점에 주목하였다.

석길암은 〈원효元曉 《이장의二障義》의 사상사적思想史的 고찰考察〉[35]에서 《이장의》는 사상적으로 기신론계 입장을 그 중심에 두고 유식계의 입장을 수용함으로써 성립된 것이라 주장한다. 또한 그는 〈元曉 《二障義》における 隱密門の形成に 關する 再檢討〉[36]에서 《이장의》의 번뇌 이론은 혜원 등의 구유식의 영향이 아니라 《대승기신론》 자체에 의거하여 원효가 독자적으로 체계화한 것이라고 반론하였다. 그 근거로 그는 혜원을 비롯한 구유식학자들과 원효의 심식설의 차이를 밝히고 있다.

조수동은 〈번뇌煩惱·소지所知 이장二障과 팔식설〉[37]에서 보다 본격적으로 《이장의》에 대해 번뇌장과 소지장을 팔식설로 이해하여 제7말나식에 의해 주로 번뇌가 형성한다고 보고 있다. 무명에 의해 훈습된 아뢰야식은 6염심을 일으키고 갖가지 상을 지어 미혹한다. 이 과정에서 제7말나식은 보다 주도적으로 이장을 형성하는 데 작용하기 때문에 제7말나식의 역할에 중점을 두어 연구하였다.

김성철[38] 또한 〈원효의 제7말나식관〉에서 제7말나식을 유가학파가

---

35 석길암, 〈元曉 《二障義》의 思想史的 考察〉, 《한국불교학》 28권, 2001.

36 석길암, 〈元曉 《二障義》における 隱密門の形成に關する再檢討〉, 《印度學佛教研究》 59, 平成 22.

37 조수동, 〈번뇌·소지 이장과 팔식설〉, 《철학논총》 72, 2013.

38 김성철, 〈원효의 제7말나식관〉, 《불교학연구》 42호, 2015.

창안한 새로운 식으로 규정하고, 법장과 달리 원효가 《대승기신론》을 주석하면서, 그 심식설을 현장계 유가행파의 8식설로 해설하고 있음을 논하고 있다. 그는 이 논문에서 원효가 비록 《성유식론》을 직접 인용하고 있지 않아도, 원효의 유식에 대한 이해가 현장의 이해와 크게 다르지 않음을 강조하고 있다.

2. 연구 자료와 연구 방향

본 연구는 원효의 《이장의》에 대한 유식적 고찰을 시도하고자 한다. 《이장의》에서 주로 다루어지는 번뇌들은 불교에서 다루어지는 핵심주제로 이러한 번뇌를 제거하기 위해서는 존재와 인식에 대한 바른 이해를 기본으로 해야 한다. 왜냐하면 대상을 있는 그대로 아는 인식은 대상을 파악하는 유정의 인식 상태와 밀접한 관련이 있기 때문이다. 이러한 심식설은 초기 불교에서부터 시작하여 심citta·의mano·식vijnana의 체에 대해 관심을 기울여 부파 불교에 와서는 구사학의 46심소법으로 더욱 체계화되었다. 《유식삼십송》의 저자 세친이 대승으로 전환한 후 유식학은 51심소법으로 더욱 정교화되고, 중국으로 넘어와 8식과 그 작용에 관한 문제, 각 식과 상응하는 심소관계와 번뇌심소에 대한 문제를 보다 치밀하게 연구하여 법상종 종파를 형성하기에 이른다.

이 글에서는 원효의 《이장의》를 텍스트로 다룸에 앞서 《성유식론》을 기본으로 존재와 인식에 대한 이해를 돕고, 번뇌가 어떻게 일어나고 형성되는지 유식적으로 고찰하고자 한다. 아울러 원효의 다른 저작들과 《이장의》에 나타난 번뇌론을 통해 원효 사상의 핵심과 의의를 살펴

보고자 한다.

기존의 연구와 비교해볼 때 번뇌론 체계에서 《이장의》를 유식적으로 살피는 작업은 원효의 불이 사상을 가장 잘 드러내는 시도라고 보인다. 왜냐하면 원효의 사상은 그의 생애 속에서도 잘 드러나듯이 대승의 실천적 의미를 담고 있기 때문이다. 또한 원효의 다른 저작인 《대승기신론소》와 《별기》 또한 원효 번뇌론의 틀 안에서 다루고자 한다. 왜냐하면 《이장의》에서 번뇌장과 소지장, 현료문과 은밀문으로 나눈 원효의 의도를 파악하기 위해서는 유식뿐만 아니라 여래장 사상에 대한 이해 또한 전제되어야 하기 때문이다.

다른 연구들과 본 연구의 차별점은 원효의 번뇌론을 유식의 관점에서 본격적으로 다루었다는 것이다. 이 글은 유식에서 말하는 깨달음의 관점에서 원효 사상을 이해하고 고찰하여 원효 사상의 본령과 만나고자 한다. 또한 이러한 접근 방법은 대승의 깨달음을 실천하고자 했던 원효의 사상을 가장 잘 드러내는 것임을 밝히고자 한다.

번뇌와 장애를 지칭하는 용어는 초기 불교부터 있었지만 유식학파에 이르러서야 번뇌장과 소지장이라는 용어가 등장하기 시작하였다. 왜냐하면 《유가사지론》에 이르러 소지장과 법무아와의 관계가 정립되고, 비로소 《유식삼십송》에서는 번뇌장·소지장이 명백히 인법이무아人法二無我와 관련하여 설해지면서 이장과 이무아의 관계가 명확해졌기 때문이다.[39] 따라서 《유식삼십송》을 해설한 《성유식론》은 당시 신구 유가

---

39 이평래, 〈번뇌소지이장煩惱所知二障과 인법이무아人法二無我의 기초적基礎的 연구研究〉, 《철학연구》 34호, 1982.

유식 사상을 종합, 집대성하여 체계화한 한 저서이기 때문에 이 책에서는《성유식론》을 텍스트로 하여 유식에 대한 이해를 돕고자 한다.

Ⅱ장에서는《성유식론》을 텍스트로 하여 마음과 번뇌의 구조에 대해 식전변의 과정과 양상을 중심으로 살펴볼 것이다. 이 작업을 수행하기 위해서 이 글에서는 유식의 핵심 주제가 되는 종자설과 식의 사분설을 살펴봄으로써 유식에 대한 이해를 돕고자 한다. 이후 원효의 저작인《대승기신론소》와《별기》에 나타난 원효 심식설의 특징과 번뇌의 상관관계를 유식적 관점과 여래장의 입장에서 고찰하고자 한다.

Ⅲ장에서는 번뇌의 큰 두 축인 현료문과 은밀문의 특성과 종류를 알아보고 이문과 이장의 특성과 번뇌의 종류에 대해 유식적으로 접근하고자 한다. 이를 위해서 먼저《이장의》의 연원과 성격을 문헌학적으로 파악하고, 원효가 번뇌를 설명함에 있어 왜 현료문과 은밀문으로 나누고, 현료문을 다시 번뇌장과 소지장으로 구분했는지 그 의도를 살펴보고자 한다. 원효가 설정한 이러한 구분은 번뇌의 발생 소멸과 어떤 관계가 있으며, 더 나아가 원효가 궁극적으로《이장의》에서 추구하려는 사상적 목표가 무엇인지도 논의해 볼 것이다.

Ⅳ장에서는 번뇌의 치단과 소멸을 다룸에 있어 표층과 심층 그리고 궁극적 번뇌로 나누어 살펴보고자 한다. 이에 대해서는 번뇌의 종류와 번뇌가 끊어지는 시기, 수행의 계위 등을 기준으로 하였으며 각 수행단계의 특성들을 아울러 살펴볼 것이다.

II

유식의 원리와 마음의 구조

식의 심층구조
6염심(染心)과 무명불각

식의
심층구조

1. 식전변의 종류와 구조

초기 불교 경전인 《아함경》에는 인간의 정신 현상들을 상想·사思·의意·심心이라는 용어로 표현하고 있다.[40] 이때 심은 생각하고 사량하고 요별하는 심리작용을 총칭하는 것으로 여겨진다.

상想과 사思는 의意의 작용이다. 심心을 의지하고 심心에 속하며 심心에 의지하여 전전한다.[41]

---

40 초기 불교의 심의식과 번뇌를 다룬 연구로는 佐佐木現順 編著, 《煩惱の研究》, 清水弘文堂; 早島 理, 《講座 大乘佛教9-認識論, 論理學》, 春秋社; 유진 스님, 《번뇌장·소지장 연구》, 경서원; 김용환, 〈초기불교에 있어 지혜와 번뇌〉, 《철학논집》 57, 새한철학회; 정준영, 〈초기불교에서의 괴로움〉, 《괴로움 - 어디서 오는가》, 운주사 등이 있다.

41 《잡아함경》 21권(《대정장》 2, 150上), "想思是意行, 依於心, 屬於心, 依心轉."

이 구절에 의하면 상想과 사思는 심에 의지하는 의意의 작용으로 심에 따라 일어나고 소멸한다. 즉 심은 상과 사, 의를 통괄하는 하나의 체體임을 알 수 있다. 이러한 심의 작용을 초기 불교에서는 심의식이라 한다. 《쌍윳따니까야》에서는 식을 다음과 같이 정의하고 있다.

> 비구들이여, 그러면 왜 알음알이라 부르는가?
> 식별한다고 해서 알음알이라 한다. 신 것도 식별하고 단 것도 식별하고 떫은 것도 식별하고 떫지 않는 것도 식별하고 짠 것도 식별하고 싱거운 것도 식별한다.
> 비구들이여, 이처럼 식별한다고 해서 알음알이라 한다. [42]

대부분의 니까야에서도 식識은 단지 여섯 감각 기능을 통해 대상을 아는 작용을 뜻한다. 그래서 주석서 문헌에서는 심·의·식을 단지 '대상을 아는 것'[43]으로 정의하고 있다.

> 나는 이미 욕심을 여의었다. 심의식도 또한 소멸되었다. [44]

욕심을 여읨에 의해 심의식이 소멸되었다는 것은 심의식을 염오성으로 보았다는 것이다. 이때 심은 육근이 지은 과보로 윤회의 주체가 된다.

---

42 《상윳따니까야-삼켜버림 경》, S22:79 §8.
43 《상윳따니까야》, S22:79) §8, "vijānātīti kho tasmā viññāṇaṁ."
44 《잡아함경》39권(《대정장》2, 285上), "我已離彼欲, 心意識亦滅"

이 육근을 다스리지 못하고, 막지 못하고, 지키지 못하고, 지니지 못하며, 닦아 길들이지 못하면 미래세에 반드시 고통스런 업보를 받는 것은 어찌하여 그러한가? 육근을 잘 조복하고 막고, 지키고, 지니고, 잘 닦아 길들이면, 미래세에 반드시 락보樂報를 받는다.[45]

초기 불교에서 윤회의 주체는 염오의 측면을 띤다. 이러한 염오의 심은 무상하여 밤낮 잠시도 쉬지 않고 변화하고 소멸한다. 이러한 심의 작용이야말로 번뇌의 근본이 되는 것이다. 이 심의 작용은 고과苦果를 받기도 하지만 락과樂果를 받기도 한다.

그러나 심·의·식을 구별하여 서로 다름을 보여주는 구절도 종종 있다. 초기 불교에서는 구별하지 않고 혼동하여 동일한 의미로 사용하던 심·의·식은 아비달마 시대에 이르러 체體와 뜻을 구분하려는 표현이 보인다.[46] 심은 빨리어로 citta라고 하며 '단지 알고 있는 그 자체'[47]로 대상을 지식知識한다는 의미를 지닌다. 의는 mano라고 하며, 동사 mañ ñati에서 파생한 명사로 사량의 뜻이 있다. 마노의 감각 장소인 의처를 심으로 구분할 수도 있다. 식은 viññāṇa라고 하며 동사 viññati에서 파생된 명사로 대상을 식별한다는 의미이다.[48] 이처럼 심·의·식은 비슷한 의미로 쓰였으나 뜻이 조금씩 구별되기 시작한다.

---

45 《잡아함경》11권(《대정장》2, 76上-下), "如是於六根, 不調伏不關閉不守護不執持不修習, 於未來世 必受苦報云何, 六根善調伏善關閉善守護善執持善修習, 於未來世, 必受樂報."

46 《잡아함경》2권(《대정장》2, 8上), "此心, 此意, 此識."

47 각묵 역譯, 붓다고사, 《담마 상가니》63, "cintanamattaṁ cittaṁ"

48 각묵 역譯, 아누룻다(Anuruddha), 《아비달마 길라잡이》, 113쪽 참조.

심·의·식을 구별하여 뜻이 각각 달라지면서 육식六識의 체體도 구분하였다. 왜냐하면 심·의·식이 동일한 의미라면 육식六識의 체는 하나여야 하지만 의미가 각각 달라진다면 체 또한 달라지기 때문이다. 이처럼 초기 불교에서 식은 인식작용을 하는 주체이면서도 인식작용을 의미하기 때문에 심·의·식이 비슷한 의미를 가졌다는 입장에서 보면 육식의 체가 하나라고 볼 수 있지만, 작용면에서 보면 심·의·식의 의미가 달라지기 때문에 육식의 체도 달라진다고 할 수 있다.

설일체유부에서는 식을 의미하는 vijñāna가 구체적 대상 인식작용을 표현하는 vijñānapti로 쓰였다. 이는 심왕과 심소법이 각각 다 그 실체가 있다고 보아 상을 각각 다르게 인식하는 것을 의미한다. 심왕과 심소의 체가 서로 다르다는 것은 결국 인식의 작용이 다른 것을 의미하며, 인식의 작용이 다르다는 것은 그 대상이 다르다는 것을 의미한다. 이러한 설일체유부의 인식론은 결과적으로 법실체론과 이어진다. 왜냐하면 존재는 비록 인식작용에 의해 형성되지만, 존재를 해체한 각각의 심과 심소법은 변하지 않는 실재가 되기 때문이다. 이처럼 설일체유부의 인식론은 인식하는 상일한 주체는 인정하지만 인식대상이 되는 법法은 항상 존재한다는 아공법유의 법실체론적 주장을 할 수밖에 없게 된다.

법실체론에서 법은 가상이 되는 현상 너머의 실체를 의미한다. 눈으로 보고 손으로 만질 수 있고, 특정한 시간과 공간을 점하고 있는 경험적 현상 세계는 현재적 인식인 현량現量에 속하는 색온色蘊이다. 색이란 지·수·화·풍의 네 가지 기본 요소인 사대四大로 이루어진 것이다. 이 사대는 더 이상 쪼갤 수 없는 사물의 최소 단위인 극미極微의 합으로 이루어져 있어 비록 현재적 인식인 색온은 가변적이고 분열 가능하지만, 이 색온을 나눈 일미진은 더 이상 나눌 수 없는 법이 된다. 즉 현상세계는 비록 오온의 화합물이지만 이 현상을 이루는 각각의 요소인 법은 불변하는 실체라는 것이다. 그렇다면 현상은 가시적인데 더 이상 쪼갤 수 없는 부분 요소인 법은 가시적인 것이 아니라 비가시적인 것인가라고 물을 수 있을 것이다. 가시적이라면 더 작은 것으로 쪼갤 수 있다는 것이고, 만약 비가시적인 것이라면 비가시적인 것의 집합이 모여서 가시적인 현상이 된다는 것은 불가능하기 때문이다.[49]

> 만일 극미가 부분(방분)이 있다고 하면 그 극미는 분석될 수 있어야 하며, 따라서 (분석 불가능한 궁극적 존재로서의) 실유가 아니다.[50]

이처럼 유부의 사상은 현상의 가성假性을 드러내어 망집을 벗어날 것을 보여주기에는 타당하지만, 이는 자칫 현상을 넘어 실재하는 진성眞性

---

49 이를 좀 더 자세히 살펴보면 설일체유부에서는 사물의 최소 단위인 하나의 극미 안에는 이미 지수화풍 사대의 성이 모두 갖추어져 있다고 보았다. 그들은 비가시적인 극미가 7개 모여 극미의 합인 일미진一味塵이 되면, 이 미진은 일미진과 달리 시각적으로 경험 가능해진다고 보았다. 그러나 이러한 유부의 사상은 많은 논리적 모순을 담고 있다. 왜냐하면 더 이상 쪼갤 수 없는 극미의 집합으로는 일반적인 색법의 사물을 이룰 수 없기 때문이다. 즉 감각적 대상을 인식하는 전5식으로는 극미의 양상이 발견되지 않기 때문에 더 이상 쪼갤 수 없는 극미는 객관 실재물이 아니라 이론적 모델일 뿐 감각적으로 인식 가능한 대상이 아니기 때문이다. 따라서 화합하지 않는 상태에서 극미는 전5식으로 인식되지 않으며, 그것이 화합했다고 해도 전5식의 대상이 되는 것은 불가능하다. 더군다나 만약 쪼갤 수 있다면 더 이상 극미일 수 없기 때문이다. 한자경, 《유식무경》, 예문서원, 42~50쪽 참조.

50 《성유식론》1권(《대정장》31, 4上), "諸極微, 若有方分, 必可分析, 便非實有."

46

이 있다고 여기게 할 우려를 낳는다. 예를 들어 'X는 Y가 아니다'라는 말은 'X와 Y가 동치되지 않는다'라는 말이다. 즉 이 말은 'X자리에는 Y가 올 수 없고, Y자리에 X가 올 수 없다'라는 의미이며, X가 되기 위해서는 Y 대신 다른 것으로 대체되어야 한다는 말과 다르지 않다. 여기에서 '현상은 실재가 아니다'라는 말은 '현상과 실재가 동등하지 않으며, 현상 말고 다른 것으로, 실재 말고 다른 것으로 대체되어야 한다'라는 의미를 내포한다. 이는 현상의 공성을 드러내기보다 현상 대신에 다른 실재의 세계로 대치되어야 한다는 의미를 가지게 된다. 이처럼 유부의 철학은 현상의 무상성을 드러내는 대신 현상 너머의 실체를 상정하게 되는 결과를 낳을 수밖에 없다.

150~250년경에 용수는 반야 공사상을 바탕으로 《중론》, 《십이문론》 등을 저술하여, 일체 존재의 공空을 강조하였다.[51] 중관사상으로 불리는 그의 사상은 주로 반야계 경전을 소의 경전으로 공空을 강조하여 설일체유부에서 말하는 법마저도 공으로 보았다. 이처럼 중관사상은 초기 불교의 무아론을 철저하게 계승하여 일체가 공임을 주장하였다.

중관사상에서는 일체가 공이라는 것을 주장하였지만, 중관을 이은 유식논사들은 중관의 공사상을 계승하여 아공·법공은 인정하였지만 식

51　일체 존재의 공성에 대한 주장은 과연 무엇이 윤회하는가에 대한 문제를 낳는다. 윤회의 주체 또는 도덕 주체를 상정하지 않고 무아를 주장할 때 생길 수 있는 문제를 해결하기 위해서 여러 부파에서는 상이한 이름 아래 업 또는 윤회의 주체에 대한 논의가 있어 왔다. 상좌부나 분별설부의 유분식有分識, 대중부의 근본식根本識, 독자부의 보특가라補特伽羅(pudgala), 경량부의 세의식細意識과 일미온一味蘊, 화지부의 궁생사온窮生死蘊 등이 그것이다. 한자경, 《유식무경》, 115쪽 참조.

을 부정하지는 않았다. 그들은 일체가 공임에도 불구하고 경험적 세계가 존재한다는 것을 부정하지 않고, 이러한 현상세계를 형성해내는 마음의 활동성을 논의의 중심 과제로 삼았다.

유가학파는 요가 수행자들이 수행할 때 눈앞에 펼쳐지는 가假의 현상세계와 그 세계를 형성해내는 공한 마음의 활동성에 주목하였다.[52] 그들은 선정 시 작용하는 마음 작용뿐만 아니라 일상적 의식으로 나타나는 영상 역시 바로 식識의 현현임을 알아차렸다. 그 영상들은 마음의 영상이지 마음 밖의 실재가 아니기 때문에 일체는 유식무경, 즉 오직 식일 뿐인 것이다. 유식무경에서 말하는 외경外境이란 식識이 전변한 식소변으로 있는 것이므로 경境은 식識과 독립하여 그 자체로 실재하는 것이 아니다. 만약 경이 객관으로써 식과 독립적으로 실재하는 것이 가능하다고 여긴다면 그것은 잘못된 집착이다. 따라서 식을 떠나 경이 따로 존재한다고 생각하는 이러한 집착을 법집이라 하며 유식 논사들은 바로 그 법집法執을 깨기 위해 유식을 설하였다.

---

52 요가 수행자들이 표층적 의식 활동을 멈추었을 때 나타나는 영상은 직관으로써 나타나는 마음의 활동이다. 이 활동은 단순히 이론적으로 추론된 개념적 가설이 아니라 직접 체험된 미세식이라 할 수 있다. 이 미세식은 산란한 마음을 그치는 사마타 수행을 거쳐서 진리를 직관하는 위빠사나 수행을 통해 선정과 반야에 이른 상태라야 드러난다. 분별적 의식과 산란한 욕망을 멈춘 수행자들의 이러한 마음 상태를 중관에서는 공空의 깨달음이라 하였고, 유식에서는 유식성의 깨달음이라 강조한다. 이러한 유식의 깨달음이 열반 해탈과 이어질 수 있는 이유는 다양한 현상 세계의 근거가 되는 것이 식識임을 알았을 때 더 이상 현상 세계에 연연하게 되지 않아, 무아의 깨달음에 이르기 때문이다. 한자경,《유식무경》, 114~118쪽 참조.

우리가 실재한다고 여기는 것들은 대개 눈으로 볼 수 있고, 손으로 만질 수 있는 구체적이고 개별적인 사물이다. 우리는 이처럼 감각 안에 구체적으로 주어지는 시·공간적인 물질적 존재를 실재한다고 여긴다. 불교에서는 이러한 감각은 오근五根에 의한 오식五識의 작용으로 보며, 이 오식이 인식하는 감각 대상은 오경五境으로, 색법色法 또는 색온色蘊에 해당한다. 그리고 오식으로 인식할 수 있는 개체적인 물질적 존재 외에 이념적 진리 체계를 형성하는 관념적 실재가 있다. 이는 보편적 원리나 개체 존재의 원형으로 감각이 아닌 사유를 통해 인식 가능하며, 추상적이고 보편적이며 비물질적 존재이다. 유식에서는 이러한 사유 대상으로서의 보편적 관념인 사유를 제6의식이라 하고, 그 대상은 법경法境 또는 는 18계 중 법계法界에 해당하며, 색色을 제외한 일체의 대상 존재를 의미하는 명名으로 표현된다. 즉 색色은 감각의 대상이 되는 물질적 존재를 의미하고, 명名은 의식 또는 사유의 대상이 되는 관념적 존재를 뜻한다. 이러한 감각 대상이나 사유 대상은 객관적 외경이 아니라 우리 안의 식이다.

> 실제로 외적 대상이란 존재하지 않는다. 오직 내적 식만이 존재할 뿐이다.[53]

유식은 둘로 나눈다는 산스크리트어 비얍티vijñapti의 '비vi'와 알게 하다의 '압티jñapti'로 구성된 말로, 인식이란 말 자체가 스스로 이원화한다

---

53 《성유식론》1권(《대정장》32, 1中), "實無外境唯有內識."

는 말이다. 스스로 이원화한다는 말은 인식 주체인 식vijñapti이 자기 자신에게 인식 대상인 경境을 알게 한다는 뜻이다. 유식은 이와 같은 이원화 활동을 변變 또는 전변轉變이라 한다.

> 변變은 식의 본체가 두 부분으로 전轉하는 것을 뜻한다.[54]

우리가 객관적·독립적 실체라고 생각하는 식의 대상은 실제로는 식 자체의 전변 결과인 식소변이다. 식소변인 대상과 마주한 인식 주관인 능연식으로서의 견분 또한 식 자체가 아니라 식이 전변한 결과일 뿐이다. 즉 인식이란 인식 주관이 인식 객관과 관계 맺음을 통해 성립하게 되는 활동이다.

> 식과 심소 이외에 실제로 경이 있다고 망령된 집착을 버리게 하기 위해 오직 식만이 있다고 설한다.[55]

그렇다면 식의 대상이 되는 외경은 일체 존재하지 않는 것인가? 객관적 대상은 없고 오직 식만 있다고 주장한다 하더라도 내 손 끝에 닿는 컴퓨터의 감촉과 눈앞에 펼쳐진 화면이 없다고 부인하기는 힘들다. 유식에서 주장하는 오로지 식만 있다는 것 역시 일체의 존재를 단적으로 부정하는 말이 아니다. 그것은 경이 식과 분리된 채 존재할 수 없다는 식과 경의 상호관계성을 의미한다. 우리가 경험하는 현상 세계인 경은

---

54 《성유식론》 1권(《대정장》 31, 1上), "變位識體轉似二分"
55 《성유식론》 2권(《대정장》 31, 6下), "爲遣妄執心心所外實有境, 故說唯有識."

식을 넘어 객관 실유성을 가지는 것이 아니라 가假로서 존재한다.

> 세간과 성스런 가르침에서 아我와 법法이 있다고 말하지만, 다만 가假로서
> 세움에 의한 것이지 실유성이 아니다.[56]

우리가 아와 법이라고 칭하는 것들은 임시로 가설假設되었다. 즉 실
유實有가 아니라 언설에 따라 가假로 세워진 가유假有로 존재한다. 아我와
법法이 펼쳐져 더불어 드러나는 갖가지 현상인 종종상種種相은 식이 전
변한 결과물인 식소변이지 실유가 아닌 것이다.

《성유식론》에서 일체의 주관적 마음 상태를 의미하는 식識은 현상이
되는 근본식인 마음이다. 이 마음은 일체 현상을 창출하는 내적 근거가
된다. 따라서 우리가 일상적으로 경험하는 물질적 혹은 관념적 현상세
계는 우리 마음이 변현한 가假의 현상이라 할 수 있다. 그렇다고 이 마음
이 실체라는 것은 아니다. 현상을 구성하는 마음의 활동성은 현상의 세
계 속에서 경험을 축적하고, 다시 현상으로 구성되는 것으로 현상과 마
음은 서로 연결되어 있다.

그러나 우리는 객관대상이 이미 존재하고, 부수적으로 마음이 촉발
되어 존재를 인식한다고 여긴다. 즉 현상으로 나타난 경境은 그 자체로
실재하고, 식識이 그것을 인식한다고 여긴다. 그런데 여기에서 우리는
다음과 같은 물음을 제기할 수 있다. 만약 우리의 인식과 별개로 실재하
는 현상이 존재 가능하다고 하더라도, 식識이 없는 실재로서의 경境이 있

---

56 《성유식론》1권(《대정장》31, 1上), "世間聖敎說有我法, 但有假立, 非實有性."

다는 것을 우리는 어떻게 인식할 수 있을까? 인식에 포착되지 않는 존재를 과연 존재한다고 우리는 말할 수 있는가?

　존재는 우리 인식 안에 포착되는 것을 일컫는 것이다. 객관이라고 여기는 경境은 오히려 식識을 통해 드러나는 산물이다. 인식이란 인식 주관이 인식 객관에 대해 무엇인가 알게 되는 활동 또는 그 활동 결과를 의미한다. 즉 능연能緣(ālambaka)으로서의 인식 주관이 소연所緣(ālambana)으로서 인식되는 객관을 인연으로 하는 것이다. 유식에서는 인식 주관인 능연을 견분見分, 인식 객관을 상분相分이라 한다. 그러므로 유식에서의 인식이란 능연의 식이 소연의 경을 연緣하는 활동으로서, 인식 주관인 견분이 인식 객관인 상분을 아는 것을 의미한다. 인식과 존재는 서로 불가분의 관계이며 존재는 인식되었을 때 비로소 존재하게 된다. 이때 인식하는 주체가 되는 견분과 인식 대상이 되는 상분은 서로 인이 되고 과가 되는 동시인과적인 것으로서, 상분을 떠나 견분이 따로 없고 견분을 떠나 상분이 따로 없게 된다. 이는 세계를 인식하는 나를 떠나 세계가 따로 존재하지 않고, 나 또한 내게 보여진 세계를 떠나 따로 존재하지 않는다는 것을 의미한다.

　인식이란 인식 주관과 인식 객관, 견분과 상분이 대립하는 것이 아니라 본래 그 둘이 분리되기 이전 주객포괄의 초월적 근거로부터 이원화되어 나타난 결과이다. 왜냐하면 인식이 성립하기 위해서는 견상으로 이원화되기 이전의 통합적 근거로서의 식이 존재해야만 가능하게 되기 때문이다. 즉 인식은 주객 대립의 지평 너머로 초월해야 주관이 주관이면서 주객 대립을 넘어 객관을 포괄할 수 있게 되어 인식 가능하게 된다. 즉 인식은 표면적으로 보면 견분이 상분을 연하는 것이지만, 식 자체가 견상이원화 이전의 통합적 근거로서 견상으로 이원화된 활동이다.

즉 식의 자기 이분화 활동으로 인해 분리된 견분은 눈이 눈 스스로를 볼 수 없듯이 인식이 가능하기 위해서는 견분이 견분 밖으로 나간 통합적 식이어야 한다.

이러한 견상 또는 주객을 초월해 있으면서도 두 부분으로 스스로 이원화하는 식 자체의 활동이 전변轉變이다. 전변은 산스크리트어 parināma에서 온 것으로 무너져 내린다는 의미를 포함한다. 전변이 가능하기 위해서는 이전의 것이 무너져 다른 것으로 변해야만 한다. 즉 주객 대립을 포괄하는 심층의 식은 주객 이분화를 거쳐 본래 지니고 있는 특성이 다른 것으로 대치되어야 한다. 그래서 이 전변 활동은 무너짐과 생기生起가 동시적으로 발생한다. 《성유식론》에 의하면 유식에서 능히 전변하는 능변식은 크게 제1, 제2, 제3능변식으로 나누어 구분한다.

능변식은 오직 세 종류이다. 이숙식과 사량식과 요별경식이 그것이다.[57]

제1능변식은 이숙식으로 제8아뢰야식을 말한다. 제2능변식은 사량식으로 제7말나식, 그리고 제3능변식은 요별경식으로 제6의식과 전5식을 포함한 6식을 말한다. 이 셋은 모두 대상을 인식하는 능연식이면서 스스로 자신의 대상을 산출하는 능변식이다. 이숙식, 사량식, 요별경식은 각각 대상을 식별하는 능력을 통해 대상을 인식한다. 그러나 이 세 가지 식이 인식하는 대상은 바로 그 스스로 산출해낸 심층차원의 것이다.[58]

---

57   《성유식론》1권(《대정장》31, 1上), "此能變唯三, 謂異熟思量及了別境識."
58   한자경, 《심층 마음의 연구》, 41~71쪽 참조.

유식에서 견분은 식의 작용 양상 또는 모습이란 의미에서 행상이라 부르고, 상분은 식의 대상이라는 의미에서 소연이라고 부른다. 이 행상과 소연이 무엇인가를 밝히기 위해서는 그 식의 작용과 대상 그리고 각 능변식의 견분과 상분을 해명해야 한다.《성유식론》에서는 제1능변식을 우선적으로 다루고 있으나 이 책에서는 일상적으로 가장 파악하기 쉬운 제3능변식부터 다루도록 하겠다.

가. 분별하는 주체로서의 의식

《유식삼십송》에서는 제3능변식을 전5식과 제6의식을 포괄하는 여섯 가지 인식으로 보고 그 행상을 요별로 밝힌다.

> 제3능변식에는 여섯 종류의 차별이 있다. 대상을 요별하는 것으로 자성과 행상으로 삼는다.[59]

인간의 인식은 신체적 오관을 통한 감각과 그 감각 내용들을 정리 종합하여 인식하는 사유 작용으로 구분된다. 제3능변식은 대상을 분별하여 인식하는 식으로 요별경식이라 한다. 이때 요별한다는 것은 감각인 전5식이 색경·성경·향경·미경·촉경을 대상으로, 제6식이 법경과 5경을 대상으로 함께 분별하여 인식한다는 것을 의미한다. 전5식은 다섯 감각기관인 안이비설신 5근에 대해 그에 상응하는 대상인 색성향미촉의 5

---

59   《성유식론》5권(《대정장》31, 26上), "第三能變, 差別有六種, 了境爲性相."

경을 인식하는 것이다. 이 전5식은 물리적 세계의 대상을 인식한다. 그러나 전5식은 감각 기관을 통해 감각 재료들을 받아들일 뿐이지 전5식 자체가 물리적 세계를 분별하여 인식하는 것은 아니다.

우리는 대상을 인식할 때 일단 감각 기관을 통해 대상을 받아들인다. 즉 근과 경의 상호 의존적 관계맺음을 통해 인식이 가능하게 되는 것이다. 그런데 이러한 관계 맺음을 하는 과정에서 감각 기관을 통해 받아들여진 감각 내용을 정리하고 종합하는 작용이 일어나게 된다. 예를 들어 카메라가 대상을 찍어내는 것과 그 대상이 무엇인지를 분별하는 것과는 다른 것으로, 전5식이 대상 세계를 받아들이는 행위는 카메라가 피사체를 찍는 것이고, 그 피사체가 인물인지 풍경인지를 구별하는 것은 제6의식의 차원이다.

5근과 5경에 의해 성립하는 전5식 이외에 다섯 가지 감각을 종합 정리하는 사유 기관을 의意라고 한다. 여섯 번째 근인 의에 의거한 여섯 번째 식은 그 소의근을 따라 '의식'이라고 부른다. 안식 자체는 단지 색의 표상만을 가지며, 그 안식 대상인 색을 외적 사물의 속성으로 인식하는 것은 종합적 의식 작용에 의해서 가능하다. 즉 감각 기관으로서의 근根만 작용해서는 인식이 성립하지 않고, 대상에 대한 의식 활동이 일어나야 감각이 대상 세계의 인식으로 완성되는 것이다.

이와 같이 감각과 의식은 대상 세계를 분별하여 인식하는 활동이다. 대상 세계의 구체적 내용들이 감각의 대상이라면, 그 일반적 형식은 의식의 대상이라 할 수 있다. 색법이 의식의 틀에 따라 감각 대상으로 정리되고, 감각 역시 의식과 더불어 대상을 분별하는 제3능변식으로 분류된다. 즉 구체적·개별적 감각 내용들은 의식의 형식적·개념적 분별 작용에 근거해서 외적 사물의 속성으로 종합 인식된다.

이렇게 해서 존재하는 일체는 인식하는 것과 인식되는 것, 주관과 객관, 자아와 세계, 즉 육근과 육경으로 분류되어 12처處가 된다. 이에 육식을 고려하면 육근과 육경과 육식이라는 18가지로 분류되어 18계界라 한다. 이처럼 인식 주관을 떠나 인식 객관이 따로 존재하는 것이 아니고, 인식 객관을 떠나 인식 주관이 따로 존재하는 것도 아니다. 근과 경이 있어야 식이 생기고, 근과 경 자체도 식을 떠나 존재하는 것이 아니라 상호 의존 관계에 있는 것이다.

이렇듯 제3능변식은 감각을 포괄한 의식 작용으로 그 기저에서 작용하는 심층 근거로서의 의지 또는 욕망에 의해 일어나는 마음의 가장 표층적인 분별 의식이다. 인식은 그 자체로 투명한 거울처럼 앞에 놓인 실재를 그대로 반영하는 것이 아니라 자신의 개념적 틀에 의해 분별되고 짜맞춰진 의식의 산물인 것이다. 이 의식의 분별 활동은 아무런 전제 없이 작동하는 무제약적 활동이 아니라 그런 분별 활동을 야기하는 무엇인가에 의지하여 발생하는 제약된 활동으로 이 활동을 야기하는 근거가 바로 자기 인식을 나타내는 의意이다.[60]

나. 자기 의식으로서의 말나식

제2능변식은 대상 의식의 소의근인 의意 자신에 대한 의식 즉 자기 의식이라는 뜻이다. 제6의식이 법法인 대상을 인식할 때 제7말나식은 대상을 인식하던 의意 자체의 자기 의식 또는 자기 인식이다. 제7말나식

---

60   한자경, 《유식무경》, 105~108쪽 참조.

은 '내가 있다'라는 아집을 내는 것으로, 의意 즉 마나스manas라고 하고 중국에서는 이를 그대로 음역하여 말나식이라 한다. 말나식의 소의와 소연은 아뢰야식으로, 그 행상은 사량思量이다. 《유식삼십송》에는 말나식의 행상과 소연을 다음과 같이 설명한다.

> 제2능변식은 말나식이라 이름한다. 이 말나식은 제1능변식에 의해 전변하여 그 제1능변식을 연하면서, 사량思量을 그 성상性相으로 한다. [61]

> 사량이라는 것은 마음이 조작하는 성질을 이른다. [62]

《성유식론》에서는 말나식의 소연과 소의는 아뢰야식이며, 사량을 그 행상으로 한다고 밝히고 있다. 여기에서 사량의 사思는 마음의 인위적 조작이다. 자기의식으로서 말나식의 사량은 제6의식이 대상 분별적으로 사유하는 것을 가능하게 하는 근거이다. 감각으로 받아들인 감각대상에 대해 분별이 가능하기 위해서는 기준이 있어야 한다. 인식대상에 대해 '이것은 풍경이다.' 혹은 '이것은 좋다.'라는 분별을 낳는 것은 일단 'A는 A이다.'라는 동일률에 기반한다. 이 동일률은 다시 'A는 -A가 아니다.'라는 모순률을 기반으로 한다. 이 말은 만약 '인식 대상이 풍경이다.'라는 분별은 '풍경은 내가 아니다.'라는 차이성에 기반한 것으로, 이 문장은 다시 '나는 나다.'라는 동일률을 기반으로 하고 있음을 알 수

---

61 《성유식론》 4권(《대정장》 31, 19中), "第二能變是識名末那. 依彼轉緣彼, 思量爲性相."

62 《성유식론》 3권(《대정장》 31, 11下), "思謂令心造作爲性."

있다. 이처럼 의식이 오감에 주어지는 감각 내용들을 대상화하여 실체화할 때는 고정적이고 항상적인 자기 자성을 가지는 것이 있어야 한다. 이때 이 자기 동일성을 유지하게 하는 항상적인 것이 말나식이다.

이렇듯 말나식은 법집을 유발할 때 작용한다. 법집은 찰나 생멸적인 현상에 대해 자성을 가진 법을 상정하여 동일성을 유지하려 한다. 이 근원적 법집이 말나식의 사량에 속한다. 의식 근저에서 작용하여 법집에 따라 세계를 실체화하고 범주화하는 자기 자신에 대한 욕망인 말나식은 자기 자신을 '의식을 가진 자'로 생각하고, 의식의 내용이 바뀌어도 그 의식 안에서 인식된 세계에 대해 자기 자신을 주재적 존재로 생각한다.

이처럼 마음의 인위적 조작인 자기의식으로서의 말나식 사량은 대상 의식인 제6의식의 대상 분별적 사유를 가능하게 하는 근거라고 말할 수 있다. 말나식이 있음으로 해서 찰나 생멸적인 무상한 현상을 자기 자성을 가진 고정적이고 항상적인 법法으로 실체화함으로써 의식으로 하여금 그것을 그것으로 요별할 수 있게 하는 것이다. 이에 대해《성유식론술기》에서는 다음과 같이 설명한다.

주主는 아我의 체體이며, 재宰는 아我의 작용이다.[63]

자아의 체성은 자아가 주인이라는 것이며, 자아의 작용은 자아가 다스리는 자라는 의미이다. 이 근원적 아집에 아치我癡, 아견我見, 아만我慢, 아애我愛 등이 포함된다.

---

63   《성유식론》1권(《대정장》43, 239下), "主是我體, 宰是我所."

이 말나식은 단지 장식藏識의 견분만을 반연할 뿐 다른 것은 아님을 마땅히 알아야 한다. 저것이 무시이래로 한 종류로 상속하여 상일한 것처럼 보이며, 항상 제법에 대해 소의가 되기 때문에, 이것이 오로지 저것을 집착하여 자신의 내적 자아로 삼는다. 언어의 세를 따라서 나의 것(아소)이라는 말을 한다.[64]

제6의식이 의식에 담기는 내용을 자기 밖의 세계로 대상화하는 식이라면, 그 의식의 소의근은 바로 대상화를 행하는 자신에 대한 말나식인 자기의식이다. 그래서 의식이 변해도 그 자신은 항상되고 동일하게 남아 있다고 생각하여 자신을 주인으로 여겨 그 의식 안에서 자신을 주재적 존재로 생각한다.

자아는 주인으로서 다스리는 자를 말한다.[65]

이는 의식적 차원의 분별보다 더 심층에서 발생하는 자기 자신에 대한 집착으로, 유식은 이를 말나식의 근본 아집이라고 한다. 이 근원적 아집이 아상, 아견, 아애, 아만, 아치로 말나식과 상응한다. 이 근본 아집은 모든 인간이 본능적으로 지닌 구생기 아집이다.

---

64   《성유식론》4권(《대정장》31, 22上), "應知此意但緣藏識見分, 非餘. 彼無始來一類相續似常一故, 恒 與諸法為所依故. 此唯執彼為自內我, 乘語勢故說我所言."
65   《성유식론》1권(《대정장》31, 1上), "我為主宰."

그 네 가지는 무엇인가? 아치, 아견, 아만, 아애 이것이 네 가지이다. 아치는 무명을 말하니, 아상에 어리석어 무아의 이치에 미혹한 것이므로 아치라고 이름한다. 아견은 아집이니, 아가 아닌 법을 허망하게 계탁해서 아로 삼으므로 아견이라고 이름한다. 아만은 거오倨傲를 말하니, 집착된 아를 믿어 마음을 높이게 하므로 아만이라고 이름한다. 아애는 아탐이니, 집착된 아에 깊이 탐착을 일으키므로 아애라고 이름한다. 〔…〕 이 네 가지가 항상 일어나서 내심을 어지럽고 탁하게 하며, 바깥 전식이 항상 잡염을 이루게 한다. 유정이 이로 인해 생사윤회를 떠날 수가 없으니, 번뇌라고 이름한다.[66]

이처럼 말나식은 제6의식의 근저에서 작용하는 자기의식으로서, 그 안에 자기 자신을 보존하려는 무의식적인 본능과 충동이 자리 잡고 있다. 그래서 자아를 항상적 주재자로 사량하여 집착하고 번뇌하는 아집과 세계를 객관적 실체로 파악하는 법집을 유발한다. 그렇다면 이 법집과 아집은 어떤 관계가 있는 것인가? 아집의 기반 위에 법집이 있는 것인가? 아집 없이도 법집이 있을 수 있는 것인가?

의식이 오감에 주어지는 감각 내용들을 분별하여 의식에 담기는 내용을 자신 밖의 세계로 대상화할 때, 말나식은 바로 대상화를 행하는 자기 자신에 대한 자기의식이다. 이때 자기 자신에 대한 욕망으로 세계를

---

66 《성유식론》1권(《대정장》31, 22上-中), "其四者何, 謂我癡我見幷我慢我愛, 是名四種. 我癡者謂無明, 愚於我相迷無我理故名我癡. 我見者謂我執, 於非我法妄計爲我, 故名我見. 我慢者謂倨傲, 恃所執我令心高擧, 故名我慢. 我愛者謂我貪, 於所執我深生耽著, 故名我愛. 幷表慢愛有見慢俱, 遮餘部執無相應義. 〔…〕此四常起擾濁內心令外轉識恒成雜染, 有情由此生死輪迴不能出離,故名煩惱."

나의 의식 구조에 따라 분별하여 이 세계가 바로 나의 세계가 된다. 따라서 이 아집에 의해 의식의 대상은 바뀌어도 자신의 의식은 변하지 않고 동일하게 유지되며, 자신의 의식에 대해 주재할 수 있는 주인이 된다. 이 아집으로 인해 그 의식 안에서 인식된 세계 또한 자성을 지닌 실체로 상정하여 그에 따라 현상 세계를 요별한다. 그리하여 아집을 지닌 자아는 찰나생멸적 현상에 대해 자기 동일적 법이 실재한다고 여기게 되는 법집을 유발하게 한다. 이 법집 또한 자기 자신에 관한 아집인 욕망 때문에 세계를 나의 의식 구조에 따라 분별하여 이해하려는 말나식의 작용이라 할 수 있다.[67]

이처럼 우리 마음에 표면적으로 등장하는 의식은 이러한 말나식의 집착 위에 수행되는 제약된 분별 작용일 뿐이다. 그렇다면 이러한 말나식은 과연 무엇을 자아나 세계로 집착하고 실체화하는 것인가? 말나식이 집착하고 애착하는 말나식의 소연은 과연 무엇인가? 그것은 바로 아뢰야식이다.

다. 심층 마음으로서의 아뢰야식

아뢰야식은 의식이나 말나식의 심층에 존재하면서 그들 식이 남긴 흔적을 종자bīja로서 간직하고 있는 식을 말한다. 유식에서는 이 식을 제7말나식 다음의 식이라 해서 제8식이라 하고, 종자들을 함장한 식이라

---

67   한자경, 《유식무경》, 108~114쪽 참조.

는 의미에서 장식藏識 혹은 아뢰야식ālaya-vijñāna이라고 부른다.[68] 《성유식론》에서는 아뢰야식을 초능변식이라 명명하고 이에 대해 다음과 같이 언급하고 있다.

초능변식은 대승과 소승의 가르침에서 아뢰야식이라고 이름한다. 이 식에 구체적으로 능장·소장·집장의 뜻이 있기 때문이다. 잡염법과 서로 연이 되기 때문이며, 유정이 집착해서 자기 내면의 자아로 삼기 때문이다. 이것은 곧 초능변식에 있는 자상自相을 나타낸다. 원인·결과를 거두어 지녀서 자상을 삼기 때문이다.[69]

아뢰야식은 그 자체가 과상果相과 인상因相의 측면이 있다. 업의 결과로서 종자들의 흐름이 형성되는 과정의 모습은 과상果相이며, 그렇게 형성된 종자가 인因이 되어 현실로 구체화되는 과정의 모습이 인상因相이다.

---

68 아뢰야식은 '집착하다, 저장하다'의 의미를 지닌 ālaya에서 파생된 것이다. 이 용어는 《숫타니파타》·《증일아함경》 등 초기 경전에서 집착 애愛·락樂·흔欣·희喜하는 집착 대상의 뜻으로 사용되고 있다. 《아비달마구사론》 제16권에는 탐욕·욕망 등과 나란히 열거되며, 《아비달마대비바사론》 16권에는 애욕의 의미로 사용된다. 유가에서는 집착의 근원적인 대상으로서 말나식이 아뢰야식을 상일주재의 자아로 착각해서 집착하기에 아뢰야식으로 명명하였다. 유식에서는 집착의 뜻 외에 저장의 의미가 강조되었다. 여기에서 접두어 a를 첨가한 것은 무몰無沒의 의미로 이 식이 아득한 옛적부터 끊임없이 항상 작용하기 때문이다. 김명우, 《유식삼십송과 유식불교》, 93~98쪽 참조.

69 《성유식론》 2권(《대정장》 31, 7下), "初能變識大小乘教名阿賴耶. 此識具有能藏所藏執藏義故. 謂與雜染互為緣故. 有情執 為自內我故. 此即顯示初能變識所有自相. 攝持因果為自相故."

62

제8식은 모든 법을 현행시키는 원인으로서의 종자를 지닌다. 왜냐하면 아뢰야식은 종자로서 심층에 존재하면서 의식이나 의지보다 더 깊이 감추어져 보존하다가 현행할 조건을 만나 결과로서 현행하기 때문이다. 아뢰야식은 그 종자들의 흐름을 간직한 잠재태로서 종자 전체를 유지 존속시키다가 중연이 닿으면 다시 그 자과自果를 낸다.

> 어떤 법을 종자라고 명하는가? 본식(아뢰야식) 속에 있는, 자신의 과를 친히 생할 수 있는 공능차별을 뜻한다.[70]

이러한 잠재적 종자가 현실화한 것이 아뢰야식의 현행이다. 아뢰야식은 그 자체가 능연의 견분과 소연의 상분으로 이원화하여 현행화한다. 아뢰야식의 소연인 신체와 기세간 그리고 종자는 모두 아뢰야식의 상분이다. 의식의 대상인 종자와 감각의 대상인 색에 해당하는 신체인 유근신은 집수의 대상이다. 또 하나의 상분인 처가 곧 기세간이다. 기세간은 우리 몸이 의지해 사는 처소로 우리가 흔히 식 외부에 그 자체로서 실재한다고 생각하는 물질세계인 색계를 의미한다. 상분인 유근신이나 기세간은 둘 다 감각의 대상이 되는 색色으로 잠재하고 있던 종자가 현상으로 현실화된 아뢰야식의 식소변이다. 아뢰야식의 상분인 집수執受와 처處에 대해서는 다음 장에서 좀 더 자세히 설명하겠다.

아뢰야식의 견분인 료了는 아뢰야식에 의해 변현된 결과인 상분을

---

70   《성유식론》 2권(《대정장》 31, 8上), "何法名爲種子, 謂本識中親生自果功能差別."

대상으로 인식하는 주관적 활동이다. 인식은 견상미분 상태에서 잠재적으로 함장되어 있던 아뢰야식이 견상으로 이분화되면서 성립하게 된다. 인식하는 주관적 측면인 견분과 인식되는 객관적 측면인 상분은 본래 주객 미분의 상태이지만 동시적으로 이분화되면서 전변하는 것이다.

이러한 심층 차원의 아뢰야식 전변은 표층 차원의 의식이나 말나식의 전변과는 본질적으로 구분된다. 이를 《성유식론》에서는 인연과 분별로 나누어 아뢰야식 전변을 설명하고 있다.[71] 《성유식론술기》에서는 인연 세력에 의한 변을 마음이 작의 없이 임운히 생하는 것으로서 전5식과 제8식의 변變이라고 설명하고, 분별 세력에 의한 변變을 분별적 작의에 따라 생하는 것으로서 제6의식의 변變이라고 설명한다.

아뢰야식의 전변은 현상세계를 형성해 내는 존재론적 전변으로서의 변현이며, 의식과 말나식의 전변은 그런 현상 세계를 인식하는 인식론적 전변으로서의 분별이다. 아뢰야식의 존재론적 전변은 인연에 따라 발생하는 전변으로서 의타기성에 해당하고, 의식·말나식의 분별은 아뢰야식 식소변으로서의 현상을 아집과 법집에 따라 계탁분별하는 허망분별의 전변으로서 변계소집에 해당한다고 볼 수 있다.[72]

---

71 《성유식론》 2권(《대정장》 31, 11上), "有漏識變略有二種. 一隨因緣勢力故變, 二隨分別勢力故變."

72 의타기성, 변계소집성, 원성실성은 존재하는 일체의 것이 가지고 있는 세 가지 성性이란 의미에서 삼성三性이라 한다. 의타기는 일체의 것이 그 자체의 자성에 의해서가 아니라 연기에 의해 생성된 가유로서의 의미를 지닌다. 변계소집은 가유로서의 존재를 실유로 분별 집착하는 것을 의미한다. 만약 이러한 연기의 원리를 알아 집착을 버리고 일체의 것을 있는 그대로 여여하게 볼 때 원성실

이를 좀 더 자세히 설명하면 아뢰야식이 개인적 신체와 기세간을 형성하고, 그렇게 형성된 세계를 연하는 마음 작용인 견분이 발생할 때, 상분인 기세간과 유근신, 그리고 견분인 마음의 작용, 이 둘은 인연에 따라 발생하는 아뢰야식의 존재론적 전변이지만, 그들 식소변을 각각 별개의 것으로 사량분별하여 집착하는 것은 의식과 말나식의 작용인 인식론적 전변이다.[73] 왜냐하면 의식과 말나식의 분별은 아뢰야식 식소변으로서의 현상을 아와 법으로 변계소집하여 분별 계탁하기 때문이다. 우리는 근본무명에 싸여 마음의 심층 활동을 의식하지 못하고 아와 법에 집착한다. 아와 법에 대한 집착 중 많은 부분은 세간의 편견이나 학설을 듣고 배워 잘못 분별함으로써 형성된 것이다. 이러한 의식과 말나식의 인식론적 전변으로 인해 중생은 존재를 인식하고 분별하는 아집에 치우쳐 나와 세계를 나누고 법집을 일으키는 것이다.

이처럼 유식에서는 대상의식으로 현상화한 표층의식과 대상이 없는

성이 획득된다. 유식에서는 삼성에서 우리가 극복해야 할 것은 의타기가 아니라 변계소집이라 본다. 의타기를 의타기 자체로 보게 되면 자연히 변계소집에서 벗어나게 되고, 원성실성을 회복하게 된다. 이와 같이 변계소집하는 식은 말나식과 제6의식이다. 반면 제8아뢰야식의 식소변은 의타기된 것이다. 따라서 제8아뢰야식의 식소변을 식소변 자체로 안다는 것은 의타기를 의타기로 아는 것이며, 아뢰야식 전변 결과인 견분과 상분도 의타기의 결과로서 있다는 것을 안다는 말이다. 따라서 변계소집하는 것은 종자가 현행하는 과정에서 생기는 의식·말나식에 의한 개념적 분별 작용이다. 그러므로 아뢰야식의 변계소집은 이미 의타기 안에 포함된 것이기 때문에 의타기 자체를 굳이 부정할 것이 아니라 의타기된 상을 의타기로 알 때 변계소집은 자연히 극복되는 것이다. 한자경, 〈삼성의 이해〉, 2~13쪽 참조.

73 한자경, 《유식무경》, 136~146쪽 참조.

적적하고 성성한 채 근원적으로 깨어있는 심층마음의 작용을 구분한다. 존재를 인식하고 분별하는 식은 표층적 차원의 식에 불과하며 견상 이원화 이전의 통합적 근거로서의 보다 심층적 차원의 식이 바로 아뢰야식이다. 이러한 일체의 개별적인 중생 안에 담긴 무분별한 마음인 아뢰야식의 작용 결과가 바로 존재를 생성하는데, 이때의 전변이 존재론적 전변에 해당한다.

존재를 인식하고 분별하는 표층적 차원에서 보자면 세계는 외경이다. 세계를 이 의식 바깥인 경에 해당하는 외경으로 간주하는 식은 제6의식이다. 그러나 근본식인 제8아뢰야식에서 보면 세계는 아뢰야식 바깥에 있는 외경이 아니라 아뢰야식 내에 있는 내식에 해당한다. 이처럼 인식의 차원을 분별적인 인식 너머 심층적 차원까지 확대하게 되면 모든 존재는 가장 심층적인 식인 아뢰야식이 전변한 결과인 식소변이다.

우리가 꿈을 꾸고 있을 때 꿈속 사람들이 제각기 나오는 상관없는 타인이라 여기지만 꿈을 깨고 나서는 결국 내가 꾼 꿈속의 등장인물이라는 것을 알게 된다. 즉 표층적 의식 차원에서 보면 꿈속의 등장인물들은 제6의식 차원의 외경에 해당한다. 그러나 꿈을 깨고 나면 결국 모두 내 의식이 만들어낸 꿈이라는 것을 깨닫게 된다. 이를 심층 차원에서 살펴보면 꿈속 등장인물들은 모두 하나의 아뢰야식에 의해 만들어져 드러난 결과일 뿐이다. 그런데 우리는 왜 꿈속에서는 꿈이라는 것을 알지 못하는 것인가? 꿈속에서도 아뢰야식은 계속 활동하고 있을 터인데 왜 우리는 꿈속 타인을 외경이라고 여겨 너와 남을 분별하고 집착하며 꿈에서 깨고 나서야 비로소 꿈이라는 것을 아는 것인가?

그것은 바로 아견과 아집의 자아식인 말나식 때문이다. 꿈이 꿈이라는 것을 알아차려 자아와 세계를 집착하는 말나식의 장막을 걷어내면 결국 꿈속의 자아는 없다는 무아를 깨닫게 될 것이다. 그렇게 되면 꿈속의 자타분별이 결국 허망분별임을 알아차리고, 이 모든 세계를 있게 하는 것은 하나의 마음, 일심이고 진여임을 깨닫게 될 것이다. 이처럼 우리가 일상적으로 경험하는 명名과 색色의 현상 세계는 우리 자신의 마음이 변현한 임시적 현현이다. 이때 외경으로 전변한 현상 세계는 심층에서 잠재해 있다가 인연이 닿아 전변하여 표층으로 현행화된 것이다. 현상을 구성하는 식은 다시 축적되어 다시 현행하여 순환한다.

이처럼 주객 대립의 현상적 표층심과 그러한 대립을 넘어서는 초월적 심층식은 서로 구분되어 식전변을 통해 내면의 이원화가 이루어진다. 이러한 심층 마음의 식전변을 통해 식 바깥에 경은 없다는 유식의 주장은 확립되는 것이다. 이러한 구분의 근거로서 초월적 일一은 결국 심心이라 할 수 있다.

> 그러므로 도처에서 오로지 일심一心일 뿐이라고 설한다.[74]

우리의 의식은 대상을 알고 분별하는 대상의식으로서의 표층 의식과 깨어있음으로서의 의식인 심층 마음으로 구분할 수 있다.[75] 현상을 구성하는 표층 의식의 활동성은 욕망과 집착의 자기의식과 분별적 대상의식으로 발생하며, 그러한 표층적 의식 활동이 종자를 낳고 그 종자가 다시 심층의 아뢰야식을 형성한다. 즉 일체의 현상세계는 심층의 경험

---

74 《성유식론》 2권(《대장정》 31, 10下), "如是處處說唯一心."
75 한자경, 《심층마음의 연구》, 145~152쪽 참조.

이 현행화된 것으로 이는 바로 우리 영혼 깊숙이 작동하는 무의식적 전체로서의 에너지가 발현한 것이라 할 수 있다. 심층의 무의식적 에너지가 인간 각자의 개별적 차별성을 넘어 하나로 이어져 있기에, 현상의 모든 것은 분리되지 않고 서로 연결되어 하나의 세계를 이룬다. 왜냐하면 개체는 각각의 아뢰야식이 전체 현상을 이루는 하나의 마음, 즉 일심이기 때문이다.

이처럼 우리는 마음 심층에서 작용하는 전체로서의 무의식적 활동성을 현상의 근원으로 자각함으로써 아와 법에 대한 집착을 버리고 무명을 극복할 수 있다. 이는 자아에 대한 집착과 욕망을 벗음으로 열반을 얻고, 무명을 벗음으로 지혜를 얻는 것이다. 이렇게 해서 집착적 개체의식은 지혜로 바뀌어 참된 법계가 된다. 이 심층의 우주적 무의식의 활동성이 바로 아뢰야식이다. 그러나 이 아뢰야식은 깊고 미세하기에 직접 자각하기가 힘들다.[76] 요가 수행자들이 수행에 의해 영상으로 직관한 아뢰야식의 존재는 단순히 개념적으로 접근할 때 그것을 실체로 오인할 위험이 있다. 따라서 아뢰야식의 작용과 실상에 대한 고찰은 아뢰야식의 존재 유무를 논증하기보다 아뢰야식에 함장되어 있다가 구체화하고 현실화하는 종자에 대해 고찰하는 것이 보다 본질적이고 효과적이라 여겨진다.

---

76 유식논사들은 아뢰야식이 깊고 미세하여 이해하기 어렵다는 것을 강조한다. 그래서 이를 '심의식의 밀의密意'라고 부른다. 橫山紘一,《唯識哲學》, 114쪽 참조.

2. 아뢰야식과 종자[77]

가. 종자와 훈습

불교에서 흔히 사용하는 업보業報라는 용어는 행위에 대한 결과를 말한다. 그 행위가 말로 지은 구업口業이든 몸으로 지은 신업身業이든 생각으로 지은 의업意業이든 결과는 남기 마련이다. 비록 시간이 지나 사라질지라도 그 행위에 대한 결과는 다른 형태의 흔적을 남기는데 그것이 바로 종자bīja[78]이다.

우리 마음 안에 있는 무수한 욕망들이 한시도 고정되지 않은 채 끊임

---

77 종자가 되기 위해서는 갖추어야 할 6가지 조건이 있다. 찰나멸利那滅, 과구유果俱有, 항수전恒隨轉, 성결정性決定, 대중연待衆緣, 인자과因自果가 그것이다. 찰나멸은 한찰나에 생하고 한찰나에 멸함으로써 작용을 일으킨다는 것이다. 이는 종자라는 한 차원에서 생멸의 흐름이 끊어져 다른 종자가 성립하는 것을 말한다. 즉 한 종자가 멸하면 그 종자에서 다른 종자가 성립한다. 결과가 함께 있다는 과구유는 현행 결과의 법과 함께 현재에 화합함으로써 비로소 종자가 된다는 말이다. 종자생현행을 말한다. 항수전은 구경위에 이르도록 한 종류로 상속하는 것을 말한다. 성결정은 선과 악을 일으키는 능력이 결정되어 있다는 것이다. 대중연은 종자가 필히 자기의 중연 화합을 기다려야 비로소 종자가 된다는 것을 말한다. 즉 종자인 가능태가 현실태로 현행하기 위해서는 여러 조건들이 갖춰져야 한다는 의미이다. 인자과는 각각의 색과 심 등의 과를 각각 이끌어 생기게 해야 비로소 종자가 된다는 것을 말한다. 색법 종자는 색법을 이끌고 심법 종자는 심법을 이끄는 것이다. 《성유식론》 2권(《대정장》 31, 9中) 참조.

78 종자가 본유인지 신훈인지에 대해서 《성유식론》에서는 호법의 신훈합생설을 주장한다. 본유설을 주장한 사람은 호월로 본유종자로부터 현행하는 종자생현행만 인정하고 현행이 종자를 훈습하는 현행훈종자는 부정한다. 신훈설을 주장

유식의 원리와 마음의 구조

없이 변화하는 것처럼, 생명을 지닌 아뢰야식 내의 종자는 고정된 실체가 아니라 매순간 변화하며 바뀌어 흐른다. 그래서 업이 남긴 종자가 함장되어 있는 아뢰야식은 매순간 굽이쳐 흐르며 변화하는 폭류에 비유된다.

(아뢰야식은) 항상 전변함이 폭류와 같다.[79]

종자의 흐름으로서의 아뢰야식은 유정이 어떤 영역에 어떤 근기로 태어나게 되는지 결정한다. 전생 유정의 제6식 차원에서 의식적으로 지은 선업 또는 악업이 남긴 종자는 다음 생의 아뢰야식을 이루고 전생 유정의 업종자가 된다. 명언종자라 하는 등류종자는 현행할 때 현행 결과에 대해 직접적 인연이 되므로 그 성性에 따라 과果가 나타난다. 등류종자는 다시 명언종자와 아집종자로 나뉘고, 이 명언종자는 다시 전5식의 대상인 오경五境의 형상적 표상을 일으키는 현경명언종자와 제6의식의 대상이 되는 개념적 언어를 일으키는 표의명언종자 두 가지로 나뉜다. 현경과 표의의 명언종자는 아뢰야식이 대상 세계를 현현할 때 그 방식을 결정하여 그 각각이 전5식과 제6의식의 소연경所緣境이 된다. 즉 전5식의 소연경은 색·성·향·미·촉의 물질적 색色이며, 제6의식의 소연경은 추상적

한 사람은 난타로 종자는 유루이든 무루이든 현행의 훈습에 의해 생긴다고 보았다. 호법의 신훈합생설에 의하면 종자가 오직 본유만 있다면 전식의 작용에 의해 종자가 아뢰야식에 의해 새롭게 훈습될 수 없으며, 종자가 오직 새롭게 생겨날 뿐이라면 유루는 무루의 종자가 될 수 없다. 따라서 종자는 본유와 훈습의 측면을 모두 지닌다고 주장한다. 《성유식론》 2권(《대정장》 31, 8上-下) 참조.

79   《성유식론》 2권(《대정장》 31, 7下), "恒轉如瀑流."

관념으로서의 명名이다. 현경명언종자는 전5식의 대상인 기세간을 형성하여 형상적 표상을 일으키고, 표의명언종자는 제6의식의 대상이 되는 개념적 언어를 일으켜 추상적 개념인 법경을 형성한다. 그리고 아집종자는 아뢰야식의 식소변으로서의 대상 세계를 아집과 법집에 따라 분별 사량하고 집착을 일으켜 일체 분별 집착하는 아집의 근본이 된다.[80]

이렇게 변현한 현상계를 분별 집착하게 하는 등류종자는 전생이나 현생에서 제6의식 또는 제7식이 지은 업에 의해 아뢰야식에 훈습된다. 전5식의 소연경으로 화할 현경명언종자는 과거의 전5식 활동에 의해 아뢰야식에 심어진 종자이고, 제6의식의 소연경으로 화할 표의명언종자는 과거 제6의식 활동에 의해 아뢰야식에 심어진 종자이다. 그리고 아집종자는 과거 제7말나식의 집착을 통해 아뢰야식에 훈습된 종자이다. 이렇게 칠전식은 그 활동의 흔적을 종자로서 아뢰야식에 남기며, 종자 전체를 유지 존속시키다가 인연이 닿으면 다시 그 각각의 결과를 내게 한다. 즉 아뢰야식 안에 심어진 종자는 그 안에서 성숙하다가 바로 자과를 내게 되는 것이다.

이러한 아뢰야식의 변현과 의식·말나식이 분별하는 순환 관계는 아뢰야식의 종자생현행과 의식·말나식의 현행훈종자로 설명할 수 있다.[81] 즉 아뢰야식의 종자는 끊임없이 변화 성장하여 종자생종자가 되고 잠재식으로서의 아뢰야식이 현행하여 종자생현행하면 현상 세계가 형성된다. 그 세계를 반연하는 의식과 말나식의 활동에 의해 다시 종자가 훈습되어 우리 마음에 심어져 현행훈종자가 된다. 즉 종자생현행은 전체 폭

---

80   橫山宏一, 묘주 譯,《유식철학》, 100쪽 참조.
81   橫山宏一, 묘주 譯,《유식철학》, 107~110쪽 참조.

류의 흐름 속에서 남겨진 종자 가운데 현상 세계의 모습으로 바뀌는 것으로, 이는 종자의 자기실현이자 아뢰야식의 외화이다. 즉 현상세계를 창출하는 종자의 공능이 실현된 것이며, 그 구체적 현상세계란 바로 식의 전변화 결과, 즉 식소변이 된다. 이 과정에서 의식 또는 말나식의 분별·집착 작용으로 마음에 남겨진 세력들은 종자의 상태로 잠재해 있다가 그 변현의 내용을 결정한다. 결국 가능태인 종자생현행과 현상세계의 경험이 종자로 저장되는 현행훈종자의 순환과정에서 심층식이 현상세계로 변현하는 것이다. 이처럼 종자들은 아뢰야식 내에서 흘러 윤회하다가 인과 연을 만나 구체적이고 현실적인 세계의 모습으로 드러난다. 즉 아뢰야식 내 종자의 현행과 훈습 과정 속에서 종자는 끊임없이 변화하고 성장한다. 이렇게 종자가 단절되지 않고 연속체로 현실화하는 것을 종자생현행이라고 한다.

이러한 과정은 단순히 잠재된 상태가 현행한다는 측면에서만이 아니라 현행과정에서도 새롭게 종자가 형성될 수 있다는 열린 구조를 지닌다. 다시 말하면 현상으로의 변현인 종자생현행에서의 현행은 아뢰야식의 현행인 데 반해 현행훈종자에서의 현행은 능훈식으로서의 칠전식으로, 그 현행식의 식체가 서로 다르다. 이는 종자생현행과 현행훈종자 간에 성립하는 순환이 시작과 끝이 맞물린 것이 아니라 순간마다 변화의 여지가 있는 것이다.[82] 즉 현상세계로 현현할 종자는 불변의 의미

---

82 아뢰야식의 순환을 단순히 현행식→ 현행훈종자 →종자생종자 →종자생현행→ 현행식의 과정으로만 이해하면 아뢰야식을 단지 잠재식으로써만 간주하여 유식의 의미가 제대로 드러나지 못하게 된다. 유식무경에 함축된 존재론적 의미는 현상 세계의 존재 자체가 현행 아뢰야식의 식소변이라는 것이다. 이를 제대

로서 우리에게 본래부터 주어져 있는 것이 아니라 이전의 의식·말나식의 분별 작용에 의해 우리 마음에 심어진 잔재들이다. 즉 개념에 따라 경험이 바뀌고, 그 경험의 축적에 따라 다시 개념이 바뀌는 것처럼 종자에 따라 세계의 현상 방식이 달라지며, 그렇게 현상한 세계의 경험에 따라 또 다른 종자가 맺어지는 것이다. 그렇다면 종자는 심층식인 아뢰야식에 함장된 것이기에 중생 모두에게 공통적인 것이어야 한다. 그런데 왜 개개인은 다른 신체를 지니며, 다른 정신적 성향을 지니는 것인가?

아뢰야식의 전변에 있어 종자는 업이 남긴 종자가 공상종자일 때 유정들의 공통적인 업은 공통적인 기세간으로 전변하여 공동의 외적 기세간을 형성한다. 모든 유정들마다 불공상종자는 다르게 변현해도 처處인 기세간은 결국 서로 공유하는 하나의 세계가 되는 것은 기세간을 만드는 종자가 하나의 세계를 만드는 공상종자이기 때문이다.[83] 제8식의 소연인 처에 대해《성유식론》에서는 다음과 같이 설명한다.

로 드러나게 하려면 아뢰야식의 순환은 아뢰야식의 변현과 의식·말나식의 구별을 구분하는 방식으로 변현과 분별의 순환이 이해되어야 한다. 즉 아뢰야식의 변현은 종자생현행의 과정이고, 의식·말나식의 변현은 현행훈종자의 과정으로, 이 둘은 구별되어야 한다. 한자경,《유식무경》, 160~164쪽 참조.

83 공업은 다수 유정의 공동의 업이 아니라 각자 따로의 업이다. 그럼에도 공업이라 하는 이유는 각 유정의 부류가 같은 유사한 업력이 바탕을 이루기에 그 현행도 유사하기 때문이다. 따라서 유정 각자가 따로 자신의 아뢰야식을 칠전식으로 변출해서 각각 자기 소변所變의 경상境相을 수용하고, 다른 유정의 소변에 하등 간섭하는 바가 없다. 다만 이러한 소변은 따로따로의 법이지만 그것이 동시동처에 무애섭입해서 흡사 일법一法인 것처럼 존재하고 각자에게 동일한 모습으로 수용된다. 그 모습은 흡사 천 개의 등燈이 한 집에서 빛을 내는 것과 같다. 빛의 비유는 후카우라 세이분,《유식삼십송 풀이》, 194~195쪽 참조.

유식의 원리와 마음의 구조

처소는 이숙식이 공상종자의 성숙시키는 세력으로 인해 색 등의 기세간의 상으로 변사한다. 즉 외대종과 그것으로 된 색이다. 비록 모든 유정이 변현한 것이 각각 다르다 하더라도 상이 유사하고 장소가 다름이 없는 것이, 마치 등불의 빛이 각각 비쳐 하나처럼 보이는 것과 같다.[84]

반면 유근신으로 변현하는 종자는 유정들이 공통적으로 지닌 것이 아니라 각각의 유정들이 지닌 불공의 업에 의해 신체로 변현하는 종자라는 의미에서 불공상종자라 한다. 유근신은 근을 갖춘 우리의 신체로 색근에 제한한다. 색근은 안이비설신 오근으로서 감각 작용을 일으키는 수승한 의미의 근인 승의근과 그것과 구분하여 근이 의지하는 처處인 신체로서의 부진근을 의미한다.

아뢰야식의 행상行相은 대상을 요별하는 것이고, 아뢰야식의 소연은 처處와 집수執受이다. 그중 처는 우리가 의지해 사는 처소, 즉 기세간을 의미하며, 집수는 우리 자신의 몸, 즉 유근신과 여러 가지 종자를 의미한다.[85] 그렇다면 불공상종자인 각각의 유근신이 공상종자가 아닌 다른 불공상종자인 유근신을 인식할 수 있는 것은 무슨 까닭인가?

유근신은 이숙식이 불공상종자를 성숙시킨 세력에 의해 색근(승의근)과 부진근으로 변현한 것이다. 곧 내적인 사대와 그것으로 만들어진 색법이다.

---

84 《성유식론》2권(《대정장》31, 10下), "所言處者, 謂異熟識由共相種成熟力故, 變似色等器世間相. 即外大種及所造色. 雖諸有情所變各別, 而相相似處所無異, 如眾燈明各遍似一."

85 橫山宏一, 묘주 譯, 《유식철학》, 121~129쪽 참조.

공상종자를 성숙시키는 세력이 있으므로 다른 사람 몸의 처에서도 또한 그 것으로 변사變似한다. 그렇지 않다면 타인을 수용한다는 의미가 없을 것이 다.[86]

유근신은 불공종자로 만들어지지만, 제8식 안에 공상종자의 성숙력 도 있기에 타인과 공유하는 곳에도 나타나 다른 사람이 그를 타인으로 수용할 수 있게 된다. 즉 아뢰야식이 변현한 세계는 각각의 식에 고립된 세계가 아니라 일체 중생이 함께 기거하며 서로가 서로를 수용하게 되 는 공통의 세계라는 것이다. 이처럼 종자는 이전의 업이 남긴 흔적이기 때문에 그 업이 개인적인 업이 남긴 불공종자일 때 개인적 신체가 형성 되고, 개인을 넘어서는 공동의 업이 남긴 공종자일 때 공동의 기세간이 형성된다.

기세간은 아뢰야식 내의 공종자가 외적으로 변현하는 외종外種이기 때문에 유정 공통의 의지처가 된다. 반면 불공종자로서 내종內種은 인간 에게 있어서 가장 심층의 마음 작용을 바탕으로 해서 신체를 구성한다. 이처럼 아뢰야식 내의 신체와 기세간은 각기 불공종자와 공종자의 변현 으로 차별화되지만, 그 둘 모두 아뢰야식의 상분으로 간주한다는 것은 유정의 신체와 그 환경 세계를 동질의 존재로 여긴다는 것이다.

신체의 상태는 정신인 아뢰야식의 좋은 상태와 좋지 않은 상태를 그

---

86 《성유식론》 2권(《대정장》 31, 10上), "有根身者, 謂異熟識不共相種, 成熟力故, 變似色根及根依處, 即內大種及所造色, 有共相種成熟力故, 於他身處亦變似彼, 不爾應無受用他義."

대로 반영하여 이루어진다. 나아가 한 유정이 어떤 종류의 유정인가 하는 것도 아뢰야식에 의해 결정된다.[87] 이러한 결정은 그 전생의 아뢰야식 업력에 의해 결정되는 것으로, 그 아뢰야식을 바탕으로 한 제6의식의 작용만이 내생內生의 아뢰야식에 새로운 종자를 훈습할 수 있다. 그러므로 아뢰야식은 전생의 제6의식이 지은 이숙업의 결과라는 의미에서 이숙식이라 불리는 것이다. 이숙식이란 전생의 업에 이끌려진 현생의 아뢰야식을 이른다.

기세간 또한 아뢰야식이 전변하여 나타나는 상분으로서의 식소변이다. 우리가 객관이라고 생각하는 공동의 기세간 또한 유정에 있는 공종자의 발현으로 각각의 식이다. 그러나 그것은 공동으로 지은 합작품이 아니라 각각의 유정이 지은 업에 따라 각 유정의 아뢰야식이 변현한 결과이다. 그래서 유정 공동의 기세간은 각각 구분되는 아뢰야식으로 인한 것이면서도 하나의 공동의 기세간처럼 나타나게 되는 것이다.

나. 식전변의 사분설

불교에서 현상세계에 존재하는 사물들은 연기의 산물인 공성을 띤다. 이 공성은 현상을 발생시키는 연기에 유정有情의 업이 산출된 것이다. 현상세계가 유정의 업에 따른 결과라는 것은 불교에서 존재와 인식의 상관관계를 드러내는 말이다.

《성유식론》에서 호법은 식을 존재하게 하는 이러한 식 자체의 이원

---

87   橫山宏一, 묘주 譯, 《유식철학》, 129~134쪽 참조.

화 활동인 식전변에 대하여 상분과 견분, 자증분과 증자증분 네 가지로 나누어 사분설을 증명한다.[88]

먼저 아뢰야식 자체는 식전변을 통해 인식 주관인 견분見分과 인식 객관인 상분相分으로 이분화된다.[89] 상분은 식 가운데 사물의 형상을 띠고 인식되는 부분으로 소연이라고 한다. 상相에 해당하는 산스크리트어 nimitta는 원래 사물의 형상이나 원인이라는 두 가지 뜻을 가진다. 왜냐하면 어떤 사물의 형상이 우리 눈앞에 존재하게 될 때 그것을 인식하는 지각 작용이나 인식 작용이 따라서 발생하기 때문에 영상과 원인이라는 두 가지의 의미가 상相에 함께 생기는 것이다. 견분은 식 중에서 대상을 인식하는 부분이며 보통 능연能緣이라 한다. 그러나 견見은 단지 시각 작용만을 의미하는 것이 아니라, 감각·지각 내지 사고 등의 인식 일반에서 주관의 모든 작용을 포함한다. 따라서 인식이라는 것은 인식 주관인 견분이 능연能緣하여, 인식되는 객관인 상분인 소연所緣을 알게 되는 것이

---

88 식의 전변에 따른 입장에는 크게 4가지가 있다. 1분설의 안혜, 2분설의 난타, 3분설의 진나, 4분설의 호법의 주장이 그것이다. 이러한 4가지 주장은 식의 전변에 따른 삼성을 어떻게 볼 것인가에 대해 크게 1분설과 4분설로 압축할 수 있다. 이 차이는 식의 전변을 모두 변계소집으로 볼 것인가 의타기와 변계소집으로 볼 것인가에 따른다. 안혜는 식의 견상으로의 분별까지도 망분별로 부정하므로 오직 자증분만을 인정하는 1분설을 주장한다. 반면 호법은 견분·상분·자증분·증자증분을 모두 인정하는 4분설을 주장한다. 호법은 2분도 자증분과 같은 의타기성으로 보는 반면, 안혜는 2분을 변계소집성으로 본다. 따라서 실제로는 안혜는 일분설로 분류되고, 3분을 인정한 호법은 별도로 증자증분도 인정하므로 4분설로 분류된다. 네 가지 분설의 내용에 관해서는 오형근, 〈심식의 사분설에 관한 소고〉, 《유식사상연구》, 22쪽 이하 참고.

89 한자경, 《유식무경》, 91~98쪽 참고.

다. 즉 우리의 인식은 인식 주관인 견분이 인식 객관인 상분을 연하여 알게 되는 활동이다.[90] 《성유식론》에서는 이 점을 다음과 같이 설명하고 있다.

그런데 유루식 자체가 일어날 때, 모두 소연상과 능연상으로 사현한다. 저 심소도 또한 그러함을 마땅히 알아야 한다. 사현된 소연상을 상분이라고 이름하고, 사현된 능연상을 견분이라고 이름한다. 만약 심과 심소에 소연상이 없다면, 마땅히 자신의 소연경을 능히 연하지도 못할 것이다. 또는 (식/근) 하나 하나가 능히 일체를 연할 것이다. 자신(식)의 경이 다른 것(식)의 경과 같고, 다른 것(식)의 경이 자신(식)의 경과 같을 것이다. 만약 심과 심소에 능연상이 없다면, 마땅히 허공처럼 능히 연하지 못할 것이다. 또는 허공 등도 능히 연하는 것이어야 할 것이다. 그러므로 심과 심소에는 필히 두 가지 상이 있다.[91]

식은 인식되는 모습인 소연所緣과 인식하는 모습인 능연能緣으로 사현한다. 만약 심과 심소에 소연의 모습이 없게 되면 자기의 대상과 다른 대상과의 차이가 없게 되어 심과 심소를 인식하지 못하거나 모든 것을 동시에 인식할 수 있다. 견見은 상相을 보는 것이고 상相은 견見에 의해

---

90 《성유식론》1권(《대정장》43, 241上), "識體卽自證分. 轉似相見二分而生"

91 《성유식론》2권(《대정장》31, 10上), "然有漏識自體生時, 皆似所緣能緣相現. 彼相應法應知亦爾. 似所緣相說名相分, 似能緣相說名見分. 若心心所無所緣相, 應不能緣自所緣境. 或應一一能緣一切. 自境如餘, 餘如自故. 若心心所無能緣相, 應不能緣如虛空等. 或虛空等亦是能緣. 故心心所必有二相."

보여진 상이다. 이처럼 유루식이 일어날 때에는 우리의 식 자체 안에 소연상과 능연상이 다 있기에 소연상이 결국 식소변의 상분이고, 능연상이 결국 식소변의 견분이므로, 상분과 견분 너머에 다시 능연 소연이 있지 않다. 이처럼 상분과 견분은 동시에 작용하지만 세계를 인식하는 나와 내게 인식된 세계는 서로 다른 것이다.

그렇다면 주관이 객관을 인식하는 것, 즉 견분이 상분을 인식한다는 것은 어떻게 가능하며, 그것은 어떻게 증명 가능한가? 주관이 객관을 연하는 인식작용이 가능하기 위해서는, 그 둘 사이의 인식을 가능하게 하는 공통의 근거가 있어야 한다. 유식은 이러한 주관과 객관 사이의 인식이 성립할 수 있는 공통 근거를 자증분이라 한다.[92]

심식에서 분리된 소연으로서의 대상이 없다고 통달한 사람들은 상분을 소연이라고 말하고, 견분을 행상이라고 부른다. 상분과 견분이 거기에 의지해 있는 자체를 사事라고 부르는데, 곧 자증분이다. 만약 이것이 없다면, 사람은 자신의 심과 심소를 기억할 수 없을 것이다. 이전에 보지 않은 대상은 반드시 기억할 수 없는 것과 마찬가지이다.[93]

소연으로서의 상분과 행상으로서의 견분은 자증분에 의지해 확실성을 담보한다. 자증이라 함은 다른 증명을 필요로 하지 않고 그 자체로

---

92 한자경, 《유식무경》, 98~101쪽 참조.
93 《성유식론》 2권(《대정장》 31, 10中), "達無離識所緣境. 則說相分是所緣. 見分名行相. 相見所依自體名事. 即自證分. 此若無者應不自憶心心所法. 如不曾更境必不能憶故."

명증적인 것을 말한다. 이때 식 자체가 자증적이라는 것은 견분이 상분을 인식함으로 이루어진 인식 결과인 양과量果를 통해 증명된다는 것이다. 인식 객관은 소량所量이고 인식 주관은 능량能量인데, 이때에 능량이 소량을 인식하여 양과를 얻었다는 것은 이 셋이 서로 분리된 별개의 실체가 아님을 말하고 있다. 즉 식 자체의 자증분이 견분과 상분의 공동적 근거가 되어 식 자체인 사事가 된다.

> 대상으로 사현한 소량과 능히 형상을 취하는 능량 그리고 자증으로서의 양과, 이 셋은 그 체가 따로 있지 않다.[94]

이처럼 견분과 상분이 대립적 관계임에도 불구하고 둘 사이에서 인식이 성립할 수 있는 이유는 견분과 상분이 본래 근원적으로 분리된 두 실체가 아니라 그 둘을 포괄하는 식 자체로부터 분화된 결과이기 때문이다. 상분의 소연과 견분의 능연은 모두 유루 아뢰야식이 종자로부터 자증분으로 생겨날 때, 즉 주객이 대립되기 이전 주객을 포괄하는 공통 근거이기 때문에 주관이 객관을 연하는 인식이 성립하는 것이다. 견분이 상분을 연하는 인식 결과로서 가지는 자명성은 자증분이 그 둘을 포괄하면서도 스스로 이원화하는 식 자체이기 때문이다. 여기에서 식이 자증분을 갖는다는 것은 곧 식이 식 자신을 연한다는 것이며, 분화된 견분과 상분의 인식적 관계 맺음의 결과인 량과量果의 확실성이 인식 대상 바깥에 있는 것이 아니라 인식 안에 있다는 말이다.

---

94 《성유식론》 2권(《대정장》 31, 10中), "似境相所量, 能取相自證, 卽能量及果, 此三體無別."

만약 이것이 없다면, 마땅히 심과 심소법을 스스로 기억하지 못할 것이다. 일찍이 경을 겪지 않으면, 필히 기억할 수 없는 것과 같기 때문이다. 95

대상뿐 아니라 대상의 경험을 기억한다는 것은 경험하는 순간 식이 자신을 연하고 있었음을 나타내는 것이다. 이것은 자증분이 있어야만 가능하다. 심과 심소를 기억해낼 수 있다는 것은 곧 그렇게 견분을 알아차리는 자증분이 있다는 말이다. 즉 심과 심소는 곧 자증분으로부터 생긴 견분에 해당하며 마음작용으로서의 그 대상인 상분을 반연한다. 그렇게 상분을 보는 견분을 기억할 수 있다는 것은 곧 견분이 상분을 볼 때 그렇게 상분을 보는 견분을 다시 보는 자증분이 있음을 말해주는 것이 된다. 그래야 견분을 다시 기억해낼 수 있기 때문이다. 이처럼 대상세계에 대한 인식의 확실성은 그 인식 주관인 견분을 확증하는 자증분에서 찾아진다. 그렇다면 그 자증분을 확증하는 것은 무엇인가? 이 자증분의 확실성은 과연 어떻게 담보될 수 있는가?

심과 심소들 하나하나가 일어날 때에, 이치로 미루어 보면 각기 3분이 있는데 인식하는 것, 인식되는 것, 인식 결과가 각기 별개이기 때문이다. 상분과 견분에는 반드시 그것들이 의지하는 몸체가 있기 때문이다. 〔…〕 심왕과 심소를 세밀히 분별하면 마땅히 4분이 있어야 한다. 3분은 앞과 같고, 다시 제4 증자증분이 있다. 이것이 만약 없다면, 누가 제3을 증득하겠는가? 심분心分은 이미 같은 것으로 마땅히 모두 증득되어야 하기 때문이다. 또 자증분

---

95 《성유식론》 2권(《대정장》 31, 10中), "此若無者, 應不自憶心心所法. 如不曾更境, 必不能憶故."

이 응당 과가 없게 될 텐데, 모든 능량은 필히 과가 있어야 하기 때문이다. 견분이 제3의 과일 수는 없으니, 견분은 간혹 비량非量에 포함되기 때문이다. 이 때문에 견분은 제3을 증득할 수 없다. 자체를 증득하는 것은 필히 현량이어야 하기 때문이다.[96]

자증분은 견분의 인식결과인 량과量果가 있어야 하고, 또 상분과 견분의 의지처가 있어야 한다는 두 가지 이유에 의해 존재증명이 이뤄진다. 외적 대상인 상분을 연하는 견분의 확실성이 그 견분을 확증하는 자증분에서 찾을 수 있다면, 견분을 연하는 자증분의 확실성 또한 다시 식 안의 내적 인식 안에서 찾을 수밖에 없다. 왜냐하면 외적 대상을 연하는 대상 인식인 견분은 오류적인 식별을 할 수 있기 때문이다. 그래서 자증분은 견분의 오류적 식별을 있는 그대로 자기의 식별로 알아차릴 수 있다. 견분이 자기 이전의 인식이 오류임을 알 수 있는 것은 바로 견분이 범한 이전의 오류적 식별을 있는 그대로 자기의 것으로 저장하고 있는 자증분이 있기 때문이다. 자증분의 저장 작용 덕분으로 견분은 나중에 자신의 이전의 오류에 대해 기억하고 교정할 수 있다. 아울러 자증분도 그것이 인식작용인 능량이기에 인식결과인 양과를 소유해야 한다는 두 가지 이유에 의해 증자증분의 존재를 필요로 한다.[97]

---

96   《성유식론》2권(《대정장》31, 10中), "心心所一一生時, 以理推徵各有三分, 所量能量量果別故. 相見必有所依體故.〔…〕心心所若細分別應有四分. 三分如前, 復有第四證自證分. 此若無者, 誰證第三. 心分既同, 應皆證故. 又自證分應無有果, 諸能量者必有果故. 不應見分是第三果, 見分或時非量攝故. 由此見分不證第三. 證自體者必現量故."

증자증분은 대상세계에 대한 인식주관인 견분을 다시 인식하는 자증분을 확증하는 것이다. 견분의 량과量果가 자증분임에 의해 확증되듯이, 다시 그 자증분의 량과는 증자증분에 의해 확증된다. 왜냐하면 견분은 간혹 비량에 포함되기도 하기 때문에 필히 현량인 제4의 분인 증자증분이 요구된다. 견분을 대상으로 삼아 인식하는 순간 기억되는 견분과 기억하는 자증분 사이에는 이전의 나와 현재의 나라는 시간적 간격이 있다. 증자증분은 바로 이 반성의 순간에 자증분과 견분을 매개하는 공동 근거가 된다.

이처럼 자증분이 보는 나와 보여진 대상, 즉 견분과 상분의 공통적 근거라는 것은 자증분인 식 자체가 주관과 객관, 안과 밖을 포괄하는 지평이라는 의미이다. 인식 과정에서는 나와 대상이 공간적으로 분리되

---

97 안혜는 오로지 자증분만을 실재하는 식으로 인정했으며, 난타는 견분과 상분 2분설을, 진나는 자증분, 견분, 상분을 인정하는 삼분설을 주장했다. 이에 증자증분을 더해 4분설을 주장한 사람은 호법이다. 식전변의 심분설에 대해 원효는 《판비량론》에서 유일하게 호법의 사분설에 대해 논하고 있다. 일단 원효는 진나가 정립한 삼지작법의 비량식을 거쳐 증자증분의 존재 여부를 판석한다. 원효의 주장에 따르면 증자증분의 존재는 공허하다. 왜냐하면 자증분이 상분과 마찬가지로 심분에 섭수되기 때문에 식자체분에 의한 논증이 없다고 보았다. 그러나 이와 같은 원효의 주장 또한 안혜의 일분설에 흡수된다고 볼 수 있다. 왜냐하면 다름이 있다는 견해를 취하면 모두 있고, 다름이 없다는 견해에 의지하여 보면 견분 아닌 것이 없게 되기 때문이다. 따라서 그는 《대혜도경종요大慧度經宗要》에서 "제법실상이 자증분 아닌 것이 없으며 이 자증분 또한 견분 아닌 것이 없다. 따라서 견분은 실상 아닌 것이 없어 삼분이 모두 일미이다."라고 중도적 관점을 취한다. 이 관점에서는 견분이 있다고 하면 유변有邊에 떨어지고, 견분이 없다고 하면 무변無邊에 떨어지기 때문에 견분이 있건 있지 않건 간에 장애가 없게 되는 것이다. 유승주, 〈원효의 유식사상〉, 112~124쪽 참조.

어 있는 것처럼 보이지만, 인식 근거로서의 식 자체는 나와 대상을 포괄하는 공간 지평이기 때문이다. 이처럼 자중분이 동일한 시간 안에서 나와 세계, 견분과 상분으로 이분되는 식의 공간에서 주객을 포괄하여 공간적 지평을 함축하는 식 자체라면, 증자증분은 이전 순간의 주관을 현재 순간의 주관이 포괄하는 식 자체이다. 현재의 나와 과거의 나, 즉 자증분으로서 인식하는 나와 견분으로서 인식된 나로 이분되는 식의 시간화 활동이라 할 수 있다. 이처럼 자증분·증자증분의 식 자체의 변현은 공간적·시간적 지평에 대한 확실성을 완결적으로 설명하고 있다.[98] 그래서 증자증분은 견분의 작용을 확인하는 자증분이 있는 이상, 무한히 거슬러 그 속에 차례대로 무수한 확인 작용을 할 필요가 없게 된다. 왜냐하면 인식의 공간적 지평과 시간적 지평이 식 자체의 자증분과 증자증분으로 설명되기 때문에 다시 증자증분을 확증하는 증증자증분을 필요로 하지 않는다. 이로써 유식은 우리의 인식구조를 상분과 견분, 자증

---

[98] 식 자체의 자증분이 견분과 상분의 공동적 근거가 되기 위해서는 식 자체가 주관과 객관, 안과 밖을 포괄하는 공간적 지평이 되어야만 한다. 즉 인식 과정에서는 나와 대상이 공간적으로 분리되어 있는 것처럼 보이지만, 인식 근거로서의 식 자체는 나와 대상을 포괄한다. 이처럼 자증분이 상분에 대한 주관적 인식을 확증하는 것이라면, 증자증분은 대상 세계에 대한 인식 주관인 견분을 인식하는 자증분을 다시 확증하는 것이다. 그 과정에서 견분과 자증분 사이에는 시간적 간격이 있다. 견분을 대상으로 삼아 인식하는 순간에 기억되는 견분과 기억하는 자증분 사이에는 이전의 나와 현재의 나라는 시간적 간격이 놓여 있는데, 증자증분이란 바로 이 시간적 간격을 매개하는 것이다. 이런 까닭으로 자증분과 증자증분은 인식에 있어 공간적·시간적 지평에 대한 확실성을 담보하고 있게 되는 것이다. 한자경, 《유식무경》, 91~105쪽 참조.

분과 증자증분의 사분으로 완성한다.

　마주 서 있는 주관과 객관이 인식적 관계를 맺기 위해서는 보다 심층적인 공통적 근거가 작용하고 있어야 그 결과로서 인식이 성립한다. 이러한 인식적 관계 맺음은 인식이 발생하는 바로 그 자리에 존재하는 것으로 바로 인식 주관 안에서 작용하는 것이다. 인식 주관은 인식 객관과 구분되어 대립하는 주관이면서, 동시에 그 관계 맺음의 통합적 근거로서 객관을 아우른다. 따라서 인식주관은 주객대립의 지평을 넘어서 이미 주관 밖으로 나가 있는 상태로 주관과 객관이 구분되지 않은 초월의 자리가 나의 본래 자리이며 근본식인 마음이자, 일체 현상을 창출해내는 내적 근거가 된다.

3. 이집二執과 이장二障

　《성유식론》에서는 우리가 객관이라고 생각하는 외계가 결국 나의 식과 무관하지 않을 뿐만 아니라 '오로지 식일 뿐 경은 없다(유식무경唯識無境)'라고 주장한다.[99] 그러나 이 주장이 의미하는 바는 일상 의식에 사로

99　'일체는 오직 식이다.'라는 유식무경에 대해 세친은 《유식이십론》에서 '유식성은 부처님의 경계(Buddha-gocara)다.'라고 말한다. 유식무경의 깨달음은 번뇌로 지혜가 가려져 분별하는 범부는 헤아릴 수 없는 깊은 진리이다. 세친은 유식사상이 단순한 실천적 이론이 아니라 논증을 통해 추론 가능한 이론임을 다음의 네 가지 증명으로 밝힌다. ① 상위식상지相違識相智-같은 사물에 대해서도 그것을 인식하는 사람이 다르면, 그 사물은 다른 모습으로 인식된다. ② 무소연식현가득지無所緣識現可得智-실재하지 않는 사물을 대상으로 하는 인식이 현실

잡힌 범부들의 인식 상태가 아니라 일체 제법의 존재방식을 있는 그대로 관하여 나와 세계가 하나가 된 아공·법공의 상태를 말한다. 이 상태는 번뇌장과 소지장이 끊어져 열반을 증득하고 보리를 증득한 상태이다.

> 아와 법에 집착하기 때문에 2장이 함께 일어난다. 2공(아공과 법공)을 증득하면 장애도 따라서 끊어진다. 장애를 끊는 것은 두 가지 수승한 증과(보리와 열반)를 얻기 위해서이다. 윤회의 삶을 계속하게 하는 번뇌장을 끊음으로써 진해탈을 증득하고, 지혜를 장애하는 소지장을 끊음으로써 대보리를 증득할 수 있다.[100]

이장二障은 아我와 법法에 집착하기 때문에 일어난다. 아我가 공空이라는 아공을 깨달아 알면 아집을 버리게 되고, 집착에서 오는 마음의 번뇌를 끊어 번뇌장을 멸하면 윤회를 벗어나 열반을 증득하게 된다. 또한 법法이 공空이라는 법공을 깨달아 법집을 버리게 되면 존재의 실상에 대한 지혜를 가로막는 소지장을 멸하여 반야 지혜를 증득하게 된다. 원효는 《이장의》에서 이러한 두 가지 장애인 번뇌장과 소지장을 자세히 설명하고 있다.

적으로 있음을 알 수 있다. ③ 응리공용무전도지應離功用無轉倒智-수행하지 않고서 오류가 없는 지혜를 얻을 수 있다는 것은 잘못임을 안다. ④ 수삼지전지隨三智轉智-세 가지 지혜 즉 자재자의 지혜, 관찰자의 지혜, 무분별지에 따라 인식 대상이 갖가지 존재로 바뀌는 것을 안다. 橫山宏一, 묘주 譯,《유식철학》, 58~64쪽 참조.

100 《성유식론》권1(《대정장》권31, 1上), "由我法執二障具生. 若證二空彼障隨斷. 斷障爲得二勝果故. 由斷續生煩惱障故證眞解脫, 由斷礙解所知障故得大菩提."

번뇌장은〔…〕유정을 막아 그치게 해서 생사를 벗어나지 못하게 하고, 리理의 성품을 덮어 가려서 열반을 드러내지 못하게 한다…소지장은 법집 등의 혹이 '지혜의 성품을 막아 그치게 해서 현관賢觀이 이루어지지 않게 하고, 경성境性을 덮어 가려서 '관하는 마음'(관심)이 나타나지 않게 한다.101

번뇌장은 리理의 성품을 가려 열반을 장애하고, 소지장은 법집으로 인해 지혜를 가려 현관現觀을 장애한다. 원효는 모든 유정 중생이 본래는 누구나 부처가 될 수 있는 가능성을 지닌 존재이나 두 가지 장애인 번뇌장과 소지장으로 인해서 열반과 보리를 증득하지 못한다고 언급한다. 이 이장二障이 바로 모든 중생이 지닌 근본지와 후득지를 장애하여 부처에 이르지 못하게 하고 육도 윤회하게 한다. 이처럼 《성유식론》과 《이장의》에서 중생은 모두 열반과 보리를 추구한다. 그렇기에 중생이 이러한 두 가지 장애인 번뇌장과 소지장의 생성과 소멸의 원리를 알게 되면 번뇌의 실상을 알게 되고, 또한 번뇌의 실상을 알게 되면 당연히 번뇌의 소멸에도 이를 수 있게 되는 것이다. 그래서 원효는 《이장의》에서 다음과 같이 언급한다.

만약 삼계가 고苦임을 통달하고, 또한 고가 생기는 원인을 알면, 자연히 고통의 원인인 업을 짓지 않을 것이다. 이러한 도리로 말미암아 만약 고의 원인을 깨닫지 못한다면, 무명 그 세력이 생을 이끄는 업을 나타낼 수 있기 때

---

101 원효, 《이장의》, 한불전, 789下, "煩惱障者〔…〕遮止有情, 不出生死, 覆弊理性, 不顯涅槃…所知障者, 法執等惑, 遮止智性, 不成現觀, 覆弊境性, 不現觀心".

문이다. 또한 무아와 자타가 평등함을 이해한다면, 무슨 이유로 억지로 스스로 받을 과보의 업을 짓겠는가?[102]

만약 우리가 괴로움의 현상을 파악하고, 그 괴로움의 원인을 알게 되어 악업을 짓지 않는다면 당연히 괴로움의 과보도 받지 않는다. 이와 같은 깨달음은 석가의 기본 가르침인 무아無我에 근거한 것이다. 개개의 자아가 공한 것임을 아는 것이 인무아人無我이며, 만물 제법이 공임을 아는 것이 법무아法無我이다. 유식에서는 전자를 아공我空, 후자를 법공法空이라 하며 줄여서 이공二空이라 한다. 대승 유식에서 논하는 2공은 곧 석가가 설한 아공을 두 측면으로 풀이한 것이라 할 수 있다. 또한《성유식론》에서는 다음과 같이 언급한다.

> 또 아와 법을 잘못 알고 집착하여 유식에 미혹한 자에게 열어 보여서 2공에 통달하여 유식의 이치를 여실하게 알게 하기 위해서이다.[103]

유식에서는 외적인 사물의 존재를 인정하지 않는다. 유식에서 말하는 아와 법은 실유實有가 아니라 가유假로서 세운 가유假有이다. 이는 영원불변한 실재로서의 존재가 아니라 임시적으로 또는 가설적으로 세운 것

---

102 원효,《이장의》, 한불전, 795中, "若達三界苦, 亦知生苦之因, 自然不作苦因之業, 由是道理, 若有不了苦因, 無明其勢, 能發牽生之業. 又復若解無我, 自他平等, 何由強作自受報業."

103 《성유식론》1권(《대정장》31, 1上), "又為開示, 謬執我法, 迷唯識者, 令達二空, 於唯識理, 如實知故."

이다. 중생은 실제로 있지 않은 아와 법을 가假로서 시설하여 아와 법에 대해 허망분별한다. 아와 법은 허망한 식의 변계소집으로 인하여 실재하지 않는 자아를 나라고 여기고, 법이라 여기는 것이다. 그렇다면 우리는 왜 변계소집을 떠나 의타기로부터 전의轉依하여 원성실성을 획득하지 못하는 것일까? 그것은 실재하지 않는 아와 법을 존재한다고 잘못 알고 있기 때문이다. 우리가 잘못 알고 있는 아와 법은 바로 식 바깥의 아와 법이 아닌 식의 변현 결과인 식소변의 산물이다. 능히 변화된 결과인 능변식이 그 결과인 식소변으로 전변한 것이다.

> 오직 칠전식과 그 심소만이 뛰어난 작용이 있어〔…〕능훈이 될 수 있다.[104]

> 오직 이숙식(아뢰야식)만이〔…〕종자를 훈습받을 수 있다.[105]

주객미분의 심心인 심층의 아뢰야식은 아집我執·법집法執을 일으키는 의식意識인 제7말나식으로 전변하고, 이 말나식은 주관과 객관으로 이분화되어 외경을 형성한다. 이때 아뢰야식의 식소변을 자각하지 못하고 이것을 나라고 분별하는 것이 아집이고, 저것은 세계라 여기는 것이 법집이다. 이처럼 무명 속의 의식 또는 말나식은 아뢰야식의 활동성을 그 자체로 자각하지 못하고 자기 방식대로 사량 분별한 채 새롭게 형성

---

104 《성유식론》2권(《대정장》31, 9下-10上), "唯七轉識及彼心所有勝勢用〔…〕可是能熏."
105 《성유식론》2권(《대정장》31, 9下), "唯異熟識〔…〕可是所熏."

되어 마음에 심어진다.

전5식과 제8식의 변현은 선천적으로 태어날 때부터 이미 구비된 것이다. 태어날 때부터 구비된 선천적인 것을 구생기라 한다. 구생 아집과 법집을 포함한 구생기 번뇌는 무간단無間斷으로 이어지는 말나식의 집착과 간단間斷을 가지고 발생하는 의식의 집착 둘로 나뉜다. 말나식의 집착으로는 말나식 아집과 법집이 있다. 말나식 아집은 제8식의 식소변 중 견분을 실법으로 집착하지만 그 집착이 끊어지지 않고 상속된다. 말나식 법집은 제8식의 식소변 중 상분을 실법으로 집착하여 마찬가지로 그 집착이 끊어지지 않고 무간단으로 이어진다.

반면에 제8식의 식소변 중 제6의식의 아집은 색수상행식의 오온을 의식적으로 실아로 간주하는 집착이다. 이 집착은 의식을 따라 간단이 있으므로 제6의식의 아집이 된다. 또한 제8식의 식소변 중 온처계를 의식적으로 실법이라고 집착하는 것은 구생기의 집착이되 의식을 따라 간단이 있으므로 제6의식의 법집이라고 한다. 제7말나식이 아와 법으로 간주하는 제8식의 견분과 상분, 그리고 제6의식이 아와 법으로 간주하는 오온과 온처계는 모두 제8식의 식소변이다. 결국 일체가 제8아뢰야식의 변현 결과라는 것, 일체가 마음임으로 모르고 실아실법이라고 생각하기 때문에 아집, 법집이 생겨나는 것이다.[106]

---

106 12지 연기는 식에서 육입처로의 이행을 보여준다. 12지 연기는 어떻게 과거의 업에 의해 현재의 나의 몸(유근신)이 형성되는지 그리고 그 몸이 어떻게 세계와 관계하며 다시 업을 쌓아 미래의 보를 낳게 하는지를 시간 흐름에 따라 단계적으로 보여주는 것인 데 반해, 아뢰야 연기는 개체적 유근신 안에서 다시 심층

종자생종자1(아뢰야식) → 종자생현행 → 현행식(전식) → 현행훈종자 → 종
자생종자2

  아뢰야식은 종자에서 종자로 이어져 끊임없이 유전한다. 그러나 처
음의 종자1이 그대로 종자2로 이어지는 것은 아니다. 아뢰야식의 종자
생현행으로의 변현은 현상 세계의 존재 자체가 현행 아뢰야식의 식소
변임을 의미하는 존재론적 전변의 의미를 담고 있다. 이것이 아뢰야식
의 인연변이다. 이처럼 아집을 일으켜 번뇌로 화하는 변현은 바로 이
의식과 말나식의 순환인 분별적 변현이며, 법집을 일으키는 소지장의
발생은 분별변과 아뢰야식의 변현인 인연변 둘 다에 있다.
  현행훈종자 과정에서 발생하는 인연변인 아뢰야식의 변현과 분별변
인 의식·말나식의 분별의 순환을 가능하게 하는 것은 명언종자 때문이
다. 즉 개념적 분별을 통해 형성되고 훈습된 명언종자가 아뢰야식 내에

마음인 아뢰야식을 발견하고는 그 심층 아뢰야식이 어떻게 매순간 표층 현상인
유근신과 기세간으로 변현하는지를 보여준다. 12지 연기는 각각의 지가 시간
흐름에 따라 어떻게 발생하게 되는가를 보여주는 것이므로, 각각의 지를 인因
과 과果로 연결하면 이때 인과는 선후로 이어지는 이시적異時的 인과가 된다. 반
면 아뢰야 연기는 아뢰야식의 전변활동과 그 활동결과의 식소변이 동시에 존재
하므로, 이때 인과는 동시적同時的 인과이다. 즉 아뢰야 연기는 등류습기가 인
연이 되어 등류과로써 제법인 8식을 낳는 동시적 인과이고, 12지 연기는 이숙
습기가 증상연으로 작용하여 이숙과인 제8식인 이숙과를 낳는 이시적 인과이
다. 이처럼 아뢰야 연기에서 식과 명색 내지 유근신이 동시 인과를 이루기에,
12지 연기에서도 식과 명색의 관계가 다른 지들과 달리 상호 인과의 관계로 해
석되는 것이 가능해진다. 《성유식론》 2권(《대장정》 31, 66下-67上) 참조.

서 성숙하여 현상 세계로 변현하게 되는 것으로 우리가 개념적으로 분별하고 집착하는 대로 우리의 대상 세계가 만들어지는 것이다. 결국 우리가 전5식을 통해 보고 존재한다고 생각하는 현상 세계는 바로 자신의 의식적·의지적 분별 작용 속에서 형성된 개념의 드러남이다. 즉 현상세계는 우리가 개념적으로 분별하고 집착하는 대로 만들어지는 것으로 이는 의식·말나식의 작용 안에서 사량 분별된 명언종자의 힘인 것이다. 이처럼 아와 법을 시설하는 근본 원동력은 바로 종자, 즉 명언이라는 것을 알 수 있다.

6염심染心과
무명불각

1. 6염심과 아뢰야식

원효는 중국의 지론종과 섭론종 등 구舊 유식학파의 이론적 전통에
서서 현장에 의해 새로이 인도에서 수입된 호법 계통의 신유식 이론을
적극적으로 수용하였다. 동시에 《승만경》과 《능가경》 및 《대승기신론》
에 의해 전개된 여래장 사상을 종합하여 독자적 유식의 이론 체계를 형
성하였다. [107] 그는 《대승기신론소》·《별기》에서 일심과 여래장 및 아뢰
야식의 관계를 불생멸과 생멸의 비일비이성非一非二性이라는 존재론적

---

107 원효와 동시대 사람으로 원효와 비교 연구되는 사람 중 원측圓測(613~696)은
    신라에서만 활동했던 원효와 달리 중국에 유학하여 현장이나 규기窺基
    (632~682)와 직접 교류하였다. 그는 구유식 사상을 받아들였지만, 진제의 9식
    설에 대해서 의문을 제기하고 신유식의 8식설을 받아들여, 신·구유식을 화쟁적
    으로 융합하려는 특징을 보여준다. 특히 규기 계통의 법상종에서 강조하던 오
    성각별성五性各別說을 비판, 모든 중생이 성불할 수 있다는 입장을 취하였다.

원리를 통해 이론적 체계를 구성하고 있다. 원효에 따르면 대승의 법은 우리의 마음, 곧 중생심이다. 중생심의 체는 진여심이며, 진여심은 진여의 체·상·용으로써 일체세간법과 출세간법을 모두 포섭하여 그 자체가 전체가 된다.[108]

법은 곧 중생심이다. 이 마음은 일체 세간법과 출세간법을 포섭한다.[109]

중생의 마음을 일컫는 중생심은 무명에 휘둘려 허망한 분별을 하여 갖가지 변화하는 생멸상을 일으킨다. 이렇게 변화 생멸하는 현상세계

원측의 유식사상은 태현에게 계승되어 해동 법상종 성립의 토대를 제공하였다고 할 수 있다. 한자경, 〈눈이 눈을 볼 수 있는가?〉,《불교학보》62; 김치온, 〈유식학의 연구현황과 연구 과제〉,《한국불교학》68; 백진순, 〈원측 교학에 대한 비판과 연구 과제〉,《불교학 연구》38; 고영섭, 〈동아시아 불교에서 유식 법상의 지형도〉,《불교학보》61 참조.

108 진여의 성性과 상相의 관계에 대해서《대승기신론》에서는 다음과 같이 언급하고 있다. '當知眞如自性, 非有相, 非無相, 非非有相非非無相, 非有無俱相, 非一相, 非異相, 非非一相非非異相, 非一異俱相.' 이를 자세히 설명하면 진여의 성性에 상相 이 있는가에 관해서 네 가지 경우가 있다. ① 상이 있다. ② 상이 없다 ③ 있기도 하고 없기도 하다. ④ 있지도 않고 없지도 않다. 진여의 성性이 상相과 같은가 다른가에 관해서 또한 네 가지 경우가 있다. ① 진여성과 상이 같다. ② 진여성과 상이 다르다. ③ 같기도 하고 다르기도 하다. ④ 같지도 않고 다르지도 않다. 이를 통해 볼 때 성性은 상相 없이도 있을 수 있지만 성相은 상性 없이는 있을 수 없다는 의미가 깔려있다. 이처럼 성과 상은 같은 것이 아니라는 점에서 본체의 현상 초월성을 보이고, 다른 것이 아니라는 점에서 현상 본체 의존성을 확인할 수 있다. 한자경,《대승기신론강해》, 101~107쪽 참조.

109 마명,《대승기신론》(《대정장》575, C21-22), "所言法者, 謂衆生心. 是心則攝一切世間出世間法."

의 일체 사물법을 세간법이라 한다. 그러나 중생심은 세간법뿐만 아니라 현상 세계 너머 열반의 법인 출세간법까지도 포괄한다. 중생심이 세간법뿐만 아니라 출세간법까지 포괄하는 이유는 이 중생심의 자체가 부증불감 불생불멸의 진여심이기 때문이다. 그러나 중생은 중생심의 자체가 진여심임에도 무명과 허망한 분별로 인해 마음을 진여로 자각하지 못한 채 생멸상을 그려낸다.

중생심은 이처럼 생멸 변화하는 현상세계의 생멸심과 불생불멸하는 열반의 세계를 포괄하여, 일체 세간법과 출세간법을 모두 포괄하는 절대의 마음이다. 그 중생심은 중생의 마음 그 자체에 있는 것으로 진여와 중생심은 둘이면서 하나이고, 하나이면서 둘이다. 이처럼 중생심이 진여 자체로 밝혀지는 것이 심진여문이고, 중생심이 생멸변화하는 변화의 모습과 작용을 밝히는 것이 심생멸문이다. 심진여문은 불생불멸의 방향으로 나아가는 문이고, 심생멸문은 생멸의 방향으로 나아가는 방향으로 열린다. 심진여문과 심생멸문은 동일한 하나의 심心에서 방향만 서로 다르게 활동할 뿐이다. 그 둘은 서로 분리되지도 않고, 서로를 여의지도 않으면서 근본에서 현상에 이르기까지 진여와 생멸의 일체법을 모두 포괄한다. 이와 같은 전체로서 하나인 마음이 바로 일심이다. 그 하나의 마음을 드러내어 밝히는 길에는 두 가지 문인 이문이 있다. 원효는 이문이 각각 일체법을 총섭하는 방식을 구분하여 다음과 같이 설명한다.

진여문은 염정의 통상으로서 통상 이외에 별도의 염정이 없다. 그러므로 염정 제법을 총섭할 수 있다. 생멸문은 염과 정을 별도로 드러내는데, 염정의 법이 갖추어지지 않은 것이 없다. 그러므로 또한 일체 제법을 총섭할 수

있다.[110]

이처럼 심진여문은 통상의 측면에서 염정을 모두 포함하고 있으며, 심생멸문은 별상의 측면에서 염정이 나누어진다. 진여문을 떠나 생멸문이 따로 있지 않고 생멸문을 떠나 진여문이 따로 있지 않다. 이처럼 현상 세계 모든 사물들은 하나의 총상으로 드러내면 심진여이고, 그 모든 사물을 각각의 다양한 모습인 별상으로 나타내면 일체 제법이 된다. 그런데 왜 중생은 자신의 마음을 진여로 자각하지 못하는 것일까? 중생심의 체가 진여문과 생멸문을 모두 포괄할 수 있는 불생불멸의 진여심인데도 불구하고 왜 중생은 미혹하게 되는 것인가?

이처럼 중생이 자신의 마음을 진여로 자각하지 못하면, 진여는 단지 여래가 될 잠재성으로만 존재하며, 이것을 여래장이라 한다. 여래장으로서 어둠에 가려진 진여는 허망한 념을 일으켜 생멸의 모습을 보인다. 그러나 중생심이 생멸상을 띤다고 해서 중생심 자체가 생겨나서 있게 되고, 있다가 사라져서 없어지는 것이 아니다. 왜냐하면 생멸하는 것은 마음이 일으키는 념의 생멸이지 심 자체의 생멸이 아니기 때문이다. 즉 중생심의 체인 여래장은 불생불멸의 체로만 머무르지 않고 인연을 따라 생멸상을 형성하는데, 이러한 마음이 바로 아뢰야식이다. 아뢰야식은 불생불멸의 체와 생멸의 상을 아우르는 마음이며, 생멸상을 형성하여 염오의 현상세계로 전변하지만 그 자체는 불생불멸의 진여성을 유지하

---

110 원효, 《대승기신론소》741中, "眞如門者染淨通相, 通相之外無別染淨. 故得總攝染淨諸法. 生滅門者別顯染淨, 染淨之法無所不該, 故亦總攝一切諸法."

는 마음이다.

이와 같이 불생불멸의 진여심을 생멸과 화합한 아뢰야식이 되게 하는 것은 근본무명 때문이다. 불생불멸의 진여와 생멸상의 화합식인 아뢰야식에는 자신의 본성을 알지 못하는 무명이 전제되어 있어 이 무명으로 인해 불생불멸의 진여심이 생멸하는 염심을 일으키게 되는 것이다. 《대승기신론》에서는 심체가 원래 청정한 자성청정심이 불각에 의하여 홀연히 무명을 일으켜 6염심이 생겨난다고 언급한다. 청정한 심체가 업의 번뇌에 물들어 오염됨으로써 업식이 된 것이다. 이 오염된 업식에 의거해서 능히 보는 전식과 능히 나타내는 현식의 작용이 있게 되고, 이어 그렇게 나타난 경계상에 허망하게 집착하는 작용이 있게 된 것이다.

> 일체법은 항상 고요하여 일어나는 상이 없는데, 무명으로 인해 깨닫지 못하여 망령되게 법에 어긋나게 된다. 따라서 세간 일체 경계에 수순하는 갖가지 앎을 얻을 수가 없다.[111]

일체 제법은 일심 내지 진여법신으로부터 형성된 것이다. 진여심인 마음 자체는 본래 고요하여 무념무상이다. 그런데 무명으로 인해 념이 일어나고 상이 생겨, 그 상을 따라 마음이 움직여 허망분별을 일으킨다. 세간 일체 경계란 일심으로부터 형성된 경계를 말한다. 이 세간 일체 경계에 수순해서 있는 그대로의 앎을 얻으면 그것이 후득지가 되는데, 우

---

111 마명, 《대승기신론》(《대정장》 577下, 23-25), "以一切法常靜, 無有起相, 無明不覺, 妄與法違, 故不能得隨順世間一切境界, 種種知故."

리는 말나식의 집착과 의식의 허망분별에 따라 세간을 헤아리기에 세간을 제대로 알지 못하는 것이다. 이 염심에는 여섯 가지가 있는데 이를 6염심이라 한다. 이러한 6염심에 대해서 《대승기신론》에서는 다음과 같이 설명하고 있다.

> 첫째는 집상응염이니, 이승 해탈에 의지한 이와 '믿음에 상응하는 지위'(신상응지)의 사람에 의하여 멀리 여의기 때문이다. 둘째는 부단상응염이니, 신상응지에 의하여 방편을 수학하여 점점 버려서 '맑은 마음의 지위'(정심지)에 이르러서 구경에 여의기 때문이다. 셋째는 분별지상응염이니, '계를 갖춘 지위'(구계지)에 의하여 점점 여의며 이에 '상 없는 방편의 지위'(무상방편지)에 이르러 구경에 여의기 때문이다. 넷째는 현색불상응염이니, '색이 자재한 지위'(색자재지)에 의하여 여읠 수 있기 때문이다. 다섯째는 능견심불상응염이니, '심이 자재한 지위'(심자재지)에 의하여 여읠 수 있기 때문이다. 여섯째는 근본업불상응염이니, '보살의 마지막 지위'(보살진지)에 의하여 '여래의 지위'(여래지)에 들어가면 여읠 수 있기 때문이다.[112]

근본무명이 진여심을 인(因)으로, 무명을 연(緣)으로 하여 일으키는 6염심의 첫째는 집상응염이다. 집상응염은 제6의식에서 일어난 번뇌로 의

---

[112] 마명, 《대승기신론》(《대정장》 577下, 7-15), "一者執相應染, 依二乘解脫, 及信相應地遠離故. 二者不斷相應染, 依信相應地, 修學方便, 漸漸能捨, 得淨心地, 究竟離故. 三者分別智相應染, 依具戒地漸離, 乃至無相方便地, 究竟離故. 四者現色不相應染, 依色自在地, 能離故. 五者能見心不相應染, 依心自在地, 能離故. 六者根本業不相應染, 依菩薩盡地, 得入如來地能離故."

식·말나식의 오염으로 생성한다. 집執은 집착을 가리키는 것으로 집상응염에서는 아집과 법집 중 아집을 가리킨다. 이 오염은 자아에 대한 집착으로 집취상과 계명자상에 대한 집착을 일으킨다. 집상응염은 견번뇌·애번뇌에 의해 강력하게 된 아집의 번뇌와 심왕이 상응하면서 외경에 집착하여 청정심을 오염시킨다. 이 집상응염은 의식의 대상인 념법念法에 상응해서 일어나는 상응염이다. 이는 아공의 깨달음만으로도 여읠 수 있는 오염으로 대승 보살이 보살 10지에 이르기 전 신상응지에서 여읠 수 있다.

둘째, 부단상응염은 망념이 단절하지 않고 연속하여 일어나는 것을 말한다. 이 염심은 아집·법집과 상응하여 끊어지지 않기 때문에 제7말나식을 물들여 상속식으로 작용하게 한다. 생각이 단절됨이 없이 염염念念으로 상속하여 상속상을 형성하며 식의 대상에 상응하여 일어나는 오염이기에 부단상응염이라고 한다. 이 오염은 표층적인 제6의식보다 더 깊은 마음 작용인 제7말나식의 오염으로 보살초지인 정심지에 들어가서 여읠 수 있다.

셋째, 분별지상응염은 제법을 분류하는 분별지와 심왕이 상속하여 청정심을 오염시키는 것을 말한다. 이 염染은 지상을 형성하는 분별지의 오염이며 식의 대상에 상응하여 일어나는 상응염이다. 이는 상응하는 분별 가운데 가장 미세하여 의지와 관계없이 저 홀로 일어나는 수혹修惑이기 때문에 끊기가 힘들다. 그래서 이 염심은 7지 이후에야 끊을 수 있다. 왜냐하면 이 오염은 상속상보다 더 심층의 것이기 때문에 보살 제2지인 구계지에서 점차 극복되기 시작하여 제7지에 이르러 여의게 되기 때문이다. 7지 이후에는 7지 이전의 분별기 번뇌뿐만 아니라 구생기 번뇌까지 끊을 수 있다. 7지 이후 부동지, 선혜지를 넘어 보살 10지 법운지에서는 최극미세의 번뇌장과 소지장의 번뇌를 끊을 수 있다. 그러나 그 종자는 여전히 남아 묘각인 금강심위에 이르러야 돈단頓斷된다. 《해심밀경》에서는 7지 이후 치단에 대해 다음과 같이 언급한다.

> 유루종자 넓이가 마치 허공과 같고, 법신의 원만함이 비유하면 큰 구름이 모두 다 능히 덮어 버리는 것과 같다. 그러므로 제10 법운지라 이름한다. 최극미세의 번뇌장과 소지장을 영원히 끊고 집착과 걸림이 없어서 모든 종류의 알아야 할 경계에 대하여 바르고 평등한 깨달음을 얻나니, 제11지 불지라고 이름한다.[113]

넷째, 현색불상응염은 근본무명에 의하여 움직여 청정심을 훈습하여 경계의 상을 나타내는 것을 말한다. 현색이란 외계 사물이 마음에 비쳐 드러나는 것을 가리킨다. 현색불상응염은 아뢰야식이 무명에 물들어 색을 나타내는 현식으로 작용하게끔 한다. 현식은 무명에 의해 움직여 마음에 색이 비추어지기 때문에 벌써 염오가 있는 것이다. 이 오염은 상응하는 대상이 있는 경계상과는 다르며 단독으로 색을 나타내기 때문에 불상응염이다. 이 오염은 경계상인 색으로부터 자유자재한 지위이기에 보살 제8지인 색자재지에서 여의게 된다.

다섯째 능견심불상응염은 청정심이 근본무명에 따라 아뢰야식으로 물들어 비로소 능견의 상이 되어 전식으로 작용하게끔 하는 오염이다.

---

113 《해심밀경》 권4(《대정장》 16, 704上-中), "麤重之身廣, 如虛空, 法身圓滿, 譬如 大雲能遍覆, 是故第七名法雲地, 永斷最極微細煩惱, 及所知障, 無著無礙, 於一 切種所知境界, 現正等覺故, 第十一說名佛地."

아뢰야식은 불각 내지 무명으로 스스로 보려고 하는 능견식으로 작용한다. 이 불상응염은 그 심에 상응하는 대상이 따로 있는 것이 아니라 그 심의 작용에 의해 만들어진 것이기 때문에 상응염이 아닌 불상응염이다. 이 오염은 보살 제9지인 심자재지에서 여의게 된다. 왜냐하면 중생은 자신의 마음에서조차 자재하지 못하는 능견심불상응염에 이미 오염되어 있기 때문이다.

마지막으로 근본업불상응염은 업상에서의 염심을 가리키며 무명에 의해 불각의 마음이 움직이는 것을 의미한다. 이것이 망념의 근본이 되기 때문에 근본업불상응염이라 부른다. 이 염 또한 아뢰야식에 있어서 주와 객, 능과 소가 아직 구분되어 있지 않아, 주관과 객관의 구분을 논할 수 없다. 왜냐하면 식의 활동에 그 대상이 따로 없기 때문에 대상으로 생기는 오염이 아니라 식 자체로부터 일어나는 불상응염이기 때문이다. 이 오염은 보살 10지 중 마지막인 보살진지에 이르러야 제거된다. 왜냐하면 우리의 마음을 번뇌로 물들이는 마지막 오염인 근본업불상응염을 제거하면 마음은 보살지를 나와 다음 단계인 여래지 즉 불지로 나아가게 되기 때문이다. 《대승기신론별기》에 언급된 설명에 따르면 다음과 같다.

이 염심은 업식과 상응하며, 여래지에서 끊어진다.[114]

이러한 6염심은 아뢰야식의 청정성을 물들여 번뇌를 일으킨다. 번뇌

---

114 원효, 《대승기신론별기》(《대정장》 44, 237中) "依於業識, 乃至菩薩究竟地所見者, 名爲報身"

를 일으키는 것은 심의 작용 중 하나로 따로 번뇌가 있는 것은 아니다. 진여심인 아뢰야식이 생멸심으로 작용하면 6염심이 동하여 중생심으로 화하지만 무명에 의한 작용을 멈추거나 그 작용을 작용 자체로 알아차리게 되면 번뇌를 멈출 수 있다. 이것이 대승의 수행이며 유식의 수행이다.

《대승기신론》에서는 번뇌를 견번뇌와 애번뇌로 나누어 구분하고 있다. 이성적 생각의 차원에서 일어나는 번뇌를 미혹한 번뇌라는 의미의 견혹, 견번뇌라 하며, 느낌이나 정서 차원에서 일어나는 번뇌, 즉 애착에서 일어나는 감정적 번뇌를 애혹, 애번뇌라 한다. 견혹은 연기의 이치를 깨닫는 것에 의하여 단절되지만, 애혹은 견혹을 끊은 뒤에도 끝없는 수행에 의해 단절하기 때문에 수혹修惑에 해당한다. 견혹이 리理에 미혹하는 번뇌라면 애혹은 사事에 미혹된 번뇌다.《대승기신론》에서는 의식 차원에서의 번뇌는 주객을 분별하고 자타를 분별하는 등 일체를 계탁분별한다고 보았다. 이러한 의식의 활동은 결국 견애번뇌, 즉 견번뇌와 애번뇌에 의거하여 증장한다고 언급한다.

다음에 의식이라고 말한 것은 곧 이 상속식이 모든 범부의 취착이 점점 깊어짐에 의하여 아와 아소를 계탁하여 여러 가지 망집으로 일에 따라 반연하여 육진을 분별하기 때문에 '의식'이라고 이름한 것이다. 또한 '분리하는 식(분리식)'이라고도 이름하고 다시 '일을 분별하는 식(분별사식)'이라고도 이름하니, 이 식이 견번뇌와 애번뇌의 증장되는 뜻에 의하기 때문이다. [115]

115　마명,《대승기신론》(《대정장》577中, 24-27), "復次言意識者, 卽此相續識, 依諸凡夫, 取著轉深, 計我我所, 種種妄執, 隨事攀緣, 分別六塵, 名爲意識, 亦名分離識. 又復說名分別事識此識, 依見愛煩惱, 增長義故."

유식에서의 번뇌는 다시 분별기 번뇌分別起煩惱와 구생기 번뇌俱生起煩惱로 나눌 수 있다. 분별기 번뇌는 의식 차원의 번뇌로 의식의 분별에 따라 일어난 번뇌이다. 여기에서 구생기 번뇌는 말나식과 아뢰야식 차원의 번뇌로 의식적 사려분별에 앞서 이미 태어날 때부터 갖고 태어나는 번뇌이다. 분별사식은 일반 표층 의식인 제6의식의 수준에서 일어나는 식으로 분별기 번뇌를 일으킨다. 범부와 이승은 모두 생사의 고통을 싫어하는 분별을 일으키기 때문에 이 의식 차원의 식을 일으키는 것이다. 유식에서 전5식에서는 주와 객, 내와 외의 분별이 아직 행해지지 않지만, 제6의식에서는 비로소 그러한 분별이 행해진다고 본다.

제6의식은 의意 자신과 의意의 대상을 분리하여 아는 식이다. 즉 주관 자아와 객관 대상을 분리 분별하는 식이다. 그러므로 제6의식을 '분리식'이라고도 부른다. 이처럼 의식이 분리식으로 불리는 것은 주와 객, 자와 타를 분별하기 때문인데, 그러한 주객분별, 자타분별 위에 의식은 다시 객관 대상에 대해 이것과 저것을 분별하고, 이 일과 저 일을 분별하여 인식한다. 그래서 의식을 '일을 분별하는 식'이란 의미에서 '분별사식'이라고도 부른 것이다. 왜냐하면 제6의식의 근저에는 이미 '나'에 대한 생각이 있고 그 '나'의 범위가 한정되어 있기 때문이다. 이 한정된 나라는 생각이 바로 제7말나식의 작용으로 제7말나식이 나라는 의식, 자아식을 가지고 있기 때문에, 거기에 속하지 않는 모든 내용이 다 나 아닌 것, 대상으로 주어진 것이라는 분별을 일으키게 하는 것이다.

이처럼 제6의식의 분별력은 바로 제7말나식의 자아식에 의거한 것이다. 왜냐하면 이 식은 말나식이나 아뢰야식 차원에서 일어나는 번뇌를 기반으로 하기 때문이다. 그래서 의식차원의 번뇌는 의식의 변화인 견도에서 끊어질 수 있지만, 말나식과 아뢰야식에 자리한 번뇌는 의식보다 더 깊은 차원의 번뇌이기에 의식의 변화인 견도에서 극복되는 것이 아니라, 그보다 더 심층적 변화가 일어나는 수도에서 비로소 극복된다. 이와 같이 6염심은 자성청정심이 업의 번뇌에 물들어 오염됨으로써 업식이 된다. 6염심 중 집상응염은 제6의식에 있고, 분별지상응염은 제7말나식에 현색불상응염과 능견심불상응염과 근본업불상응염은 아뢰야식에 있다. 이 중에서 집상응염은 아집과 관계하며, 부단상응염과 분별지상응염은 아집과 법집 모두에 관계한다. 이처럼 6염심에는 아집과 법집이 모두 있다. 원효는 이러한 오염성을 8식과 관련하여 《대승기신론소》에서 다음과 같이 논하고 있다.

> 따로 풀이한 가운데 무명업상이라고 말하는 것은 무명에 의하여 움직이는 것을 업상이라고 이름하기 때문이다. 움직임을 일으킨다는 뜻이 바로 업의 뜻이니, 그러므로 마음이 움직이는 것을 업이라고 이름한다고 말한 것이다. 〔…〕그러나 이 업상이 비록 동념이 있으나 매우 미세하여 능과 소가 아직 나누어지지 않았으니, 근본무명도 역시 이러함을 알아야 할 것이다. 묻기를, 이 식(아뢰야식)이 어떤 상이며 어떤 경계인가? 답하기를 상과 경계를 분별할 수 없으니, 일체이어서 다름이 없다. 〔…〕즉 무명이 항상 일어나지만 이 무명을 분별할 수 있느냐 없느냐? 만약 분별할 수 있다면 무명이라고 말하지 아니하였을 것이고, 만약 분별할 수 없다면 마땅히 있는 것이 아니로되 실은 있는 것이요, 없는 것이 아니다. 또한 욕欲·진瞋 등의 행사로 말미암아 무명이 있다는 것을 알 수 있으니, 본식도 역시 마찬가지다.[116]

---

116 원효, 《대승기신론소》(한불전, 711下), "別釋中言無明業相者, 依無明動名爲業相故, 起動義是業義, 故言心動說, 名爲業也. 〔…〕然此業相雖有動念而是極細,

원효는 무명업상, 능견상, 경계상을 식識의 생주이멸로 4상相 중에서 생상生相으로 놓고 제8식인 아뢰야식으로 보았다. 왜냐하면 업상, 전상, 현상의 3세상細相은 그 작용이 지극히 미세하기 때문에 아뢰야식에 소속되기 때문이다.[117]

현식現識을 설명하기를 이른바, 모든 경계를 나타낼 수 있다는 것은 마치 밝은 거울이 물체의 형상을 나타내는 것과 같다. 현식도 역시 그러하여 모든 때에 저절로 나타나서 항상 앞에 있기 때문이라고 하였으니, 이러한 글들은 현상에 의하여 본식을 나타낸 것이다. 이와 같이 현상이 이미 본식에 있거늘 하물며 그 근본인 전상과 업상이 도리어 육·칠식 가운데 있다고 말하겠는가?[118]

能所未分, 其本無明當知亦爾. 問此識何相何境. 答相及境不可分別, 一體無異. 〔…〕此無明可欲分別不. 若可分別, 非謂無明, 若不可分別, 則應非有而是有非無, 亦由欲瞋等事, 知有無明本識亦爾."

117 주상住相을 어떻게 보는가에 대해 원효와 법장은 서로 차이를 보인다. 원효는 주상을 말나식으로 본다. 왜냐하면 내외분별, 아·아소의 계탁분별을 행하는 기저에서 아치·아견·아애·이만의 자아식이 제7말나식이기 때문이다. 반면 법장은 주상을 의식과 아뢰야식에 걸친 것으로 본다. 법장은 주상을 전상, 현상, 지상, 상속상까지 포함한다. 따라서 법장이 보는 주상에는 아뢰야식과 말나식까지를 포함한다. 그 이유에 대해 법장은 앞서 말나식은 반드시 거기 상응하기 때문에 말할 필요가 없고, 의식은 반드시 말나식에 의지하기 때문에 말나식은 따로 논할 필요가 없다고 주장한다. 법장, 《대승기신론의기》44권(《대장정》263上) 참조.

118 원효, 《대승기신론소》(한불전, 713上), "此論下文明現識云, 所謂能現一切境界, 猶如明鏡現於色像現識亦爾, 以一切, 時任運而起, 常在前故. 如是等文約於現相以顯本識. 如是現相既在本識, 何況其本轉相業相, 反在六七識中說乎."

유식의 원리와 마음의 구조

원효는 제7식이 아뢰야식 자체를 연하여 아我라 하고 아뢰야식의 상분을 나의 소유라고 분별하는 식으로 본다. 그러나 경계상은 실체로서의 대상이 아니라 아뢰야식 중 현식이 나타낸 무실체의 상분일 뿐이다. 지상은 경계에 의해 마음이 일어나 애와 불애를 분별하기 때문에 말나식으로 보았다. 말나식은 아와 아소의 분별, 애와 불애의 분별을 일으키는 식으로 아뢰야식이 그려낸 경계상의 바탕 위에 가장 먼저 작동하여 나라는 생각과 나의 소유라는 주관의식 또는 자아의식을 일으킨다.

다음에 각각 풀이하는 중에 처음의 한 가지 상은 제7식이고, 다음의 네 가지 상은 생기식生起識에 있으며, 나중의 한 가지 상은 저것들이 낸 과보이다. 처음에 지상智相이라고 말한 것은 제7식이니, 추상麤相 가운데의 처음이다.[119]

따라서 원효가 살펴본 6염심과 유식과의 관계를 4상相과의 관계로 정리해보면 집상응염은 분별사식으로 제6의식의 영역에 해당한다. 왜냐하면 집상응염은 의식을 물들여 집착하고 분별하여 집취상과 계명자상을 형성하는 분별사식으로 작용하기 때문이다. 이 집상응염은 사상四相 중 이상異相에 해당한다. 부단상응염은 단절됨이 없이 염염으로 상속하여 상속상을 형성한다. 그리고 분별지상응염은 지식으로 작용하여 호오를 분별하고 고락을 분별하여 아는 지상智相을 형성한다. 위의 부단상

---

119 원효, 《이장의》(한불전, 713中) "次別釋中, 初之一相是第七識, 次四相者, 在生起識後一相者. 彼所生果也. 初言智相者, 是第七識麤中之始."

응염과 분별지상응염은 주상住相으로 말나식의 오염이다. 생상生相에는 아뢰야식 차원의 세 가지 불상응염이 있다. 현색불상응염은 아뢰야식이 능현식으로 작용하여 경계상을 형성하게 한다. 능견심불상응염은 아뢰야식을 물들여 능히 보는 전식으로 작용하게 한다. 마지막 근본업불상응염은 아뢰야식을 물들여 업식을 작용하게 한다.

여기에서 우리는 아뢰야식의 작용과 의식과 말나식의 작용을 구분해야 한다. 아뢰야식은 무명으로 인해 마음에 움직임이 일어나고 그에 따라 능견, 능현의 상이 나타나게 하는 존재론적 작용의 식이다. 반면 말나식과 의식은 아뢰야식의 이러한 활동성을 알지 못하는 상태에서 아我에 대한 집착과 세계에 대한 집착을 일으키고 그 집착에 따라 사려 분별하는 인식론적 작용의 식인 것이다.

의식과 말나식보다 더 심층의 아뢰야식에 이르러 아뢰야식의 핵심인 무념무상의 진여법신을 증득하면, 근본 여래지 내지 근본 무분별지를 얻을 수 있다. 그렇지만 심층 아뢰야식이 어떤 방식으로 자아와 현상 세간을 형성하는지를 알 수 있으려면, 무념무상 불생불멸의 진여심이 어떻게 무명에 의해 념念을 일으켜 생멸과 화합한 아뢰야식으로 전환되고, 이 아뢰야식이 어떻게 작용해서 견·상으로 이원화하는지, 그에 기반해서 아뢰야식으로부터 어떻게 말나식과 의식의 작용이 일어나는지를 투철하게 직관해야 한다. 이것이 바로 무분별지를 증득한 후 후득지를 얻게 되는 과정이라고 볼 수 있다. 근본 무분별지와 더불어 후득지까지 더함으로써 일체지를 얻는 것은 부처의 경지에서만 가능하다. 이때 비로소 무명을 완전히 여의었다고 할 수 있다.

2. 6추상麤相과 무명불각

《대승기신론》에서는 아뢰야식에 대해 다음과 같이 언급하고 있다.

심의 생멸이란 여래장에 의거하여 생멸심이 있는 것이다. 소위 불생불멸
과 생멸이 화합하여 하나도 아니고 다르지도 않으니, 이를 '아뢰야식(아려야
식)'이라고 부른다. 아뢰야식은 두 가지 의미로 능히 일체법을 포섭하고 또
일체법을 생성한다. 무엇이 그 두 가지인가? 첫째는 각覺의 의미이고, 둘째
는 불각不覺의 의미이다.[120]

중생심의 체인 여래장은 인연을 따라 생멸상을 형성하는데, 이처럼
생멸상을 형성하는 마음이 아뢰야식이다. 이 아뢰야식은 불생불멸의 체
와 생멸상을 아우르는 마음이며, 생멸상을 형성하여 염오의 현상세계로
전변하지만 그 자체는 불생불멸의 진여성을 유지하는 마음이다. 이 아
뢰야식에는 각의覺義와 불각의不覺義 두 의미가 있다. 이 중 우주와 인생
의 일체 제법을 생하는 것은 불각의이다. 이때에 불각의라는 것은 무명
이 근본이 되어 무명의 바람에 의해 현상계의 모든 법이 일어난다는 의
미이다.

이 불각의에는 근본불각과 지말불각이 있다. 근본불각은 진眞에 미
혹한 무명으로서 진여 자체를 자체 그대로 보지 못하는 것을 말한다. 불

---

120   마명,《대승기신론》(《대정장》576中, 08-11), "心生滅者, 依如來藏, 故有生滅心.
所謂不生不滅, 與生滅和合, 非一非異, 名爲阿黎耶識. 此識有二種義, 能攝一切
法, 生一切法. 云何爲二. 一者覺義, 二者不覺義."

생불멸의 진여를 대상으로 하는 무명이기에 근본불각이라 한다. 지말불각은 망忘에 집착하는 무명으로서 진여를 진여로 보지 못하는 근본불각에 의하여 생멸의 아뢰야식이 망심이 되고, 또 이 망심에 집착하는 것을 말한다. 불각의에는 비록 근본과 지말의 2종이 있으나 그 체는 하나인데 그것이 바로 무명이다. 무명은 망에 집착하여 갖가지 번뇌를 야기하게 되고, 또 이 번뇌에 의하여 갖가지 업을 짓게 되어 마침내 생사의 고과苦果를 초래한다. 그렇기 때문에 연기함에 있어서 추세의 구별이 있고, 전후의 순서가 생기는 것이다. 즉 무명에서 진여를 진여로 알지 못하는 근본불각이 일어나 진여에 접촉하면 진여의 체가 미동하여 처음으로 연기를 시작하는 것이다. 그러한 연기의 과정을 설명하는 것이 삼세三細와 육추六麤이다.

3세는 미동하는 행상이 미세하여 감지하기 어렵고, 6추는 그 행상을 알기가 용이하기 때문에 추麤라 한다. 즉 3세 6추는 일체잡염법이 미혹의 세계로 유전 연기하는 과정을 설명하는 것으로 이것은 모두 근본불각이 진여를 진여로 알지 못함에 의하여 일어나는 것이다. 무명의 힘으로 인해 전체로서의 마음이 스스로의 활동에 의해 이원화되면, 마음은 자신을 보는 자로서 알게 된다. 이렇게 무명의 힘에 의해 마음에 일어나는 자로서의 모습이 능견상이고, 이 보는 자에 의해 보여지는 것으로 나타나는 모습이 바로 마음의 대상, 즉 경계의 모습인 경계상이다. 만일 보는 자의 활동이 없다면, 보여지는 것으로서 경계 또한 없을 것이기 때문이다.

이처럼 무명에 의해 시작되는 마음의 활동인 무명업상과 그 마음의 활동을 통해 이원화된 두 모습, 즉 보는 자로서의 능견상과 보여지는 것으로서의 경계상은 모두 심층 마음인 아뢰야식이 형성하는 상이다. 그래서 이 세 가지 상을 《대승기신론》에서는 심층 마음인 아뢰야식이 형성하는 미세상微細相인 삼세상三細相이라 부르는 것이다. 마음이 무명을 움직여 주관과 객관, 능견과 경계를 형성하는 것은 심층 마음인 아뢰야식에서 일어나는 일이며, 그 활동 자체는 아주 미세하여 우리의 표층의식은 알아차리지 못한다. 그렇지만 그러한 활동의 결과로 형성된 경계상은 우리의 마음에 대상으로 주어지며, 우리의 마음은 그렇게 주어진 경계상을 대상으로 취하여 여섯 가지의 상을 일으킨다. 우리의 일상적인 표층 의식에 해당하는 여섯 가지 거친 마음의 상인 6추상은 지상, 상속상, 집취상, 계명자상, 기업상, 업계고상을 일컫는다.

지상은 6추의 제1상으로 대상에 대해 호오好惡를 판단한다. 그렇기 때문에 이 지상이 일어나기 전에 대상인 경계상이 이미 확립되어 있다고 볼 수 있다. 유식적으로 본다면 지상은 아뢰야식에 의해 경계상을 인연으로 하여 마음 표층에 가장 먼저 일어난 상이라 할 수 있다. 원효는 이 지상을 말나식으로 보았는데 아뢰야식이 그려낸 경계상의 바탕 위에 가장 먼저 작동하는 식이 바로 '나는 나다'라는 주관의식 또는 자아의식인 제7말나식이기 때문이다.

상속상은 생각이 끊어지지 않고 계속 이어지는 식이기 때문에 상속상이라 한다. 상속상은 앞의 지상을 대상화하여 애의 대상에 대해서는 낙수樂受를 일으키고, 불애의 대상에 대해서는 고수苦受를 일으켜 경계를 연하는 자아식이다. 이 고와 락의 느낌에 따라 생각을 일으켜 끊어지지 않고 안밖을 두루 계탁하여 각관하고 분별함이 깨어있는 것과 같다. 《대승기신론소》에서는 상속상을 오온 가운데의 식온識蘊이라 해석하며, 이 식온은 제6의식에 해당한다. [121]

집취상은 앞의 경계를 대상으로 취해 생각하며 고락苦樂의 대상에 대하여 집착을 일으키는 것을 말한다. 《대승기신론소》에서는 이것을 수온受蘊으로 본다. 고락의 감정을 잡고 버리지 않기 때문이다. 마음이 고락의 감정을 벗어나지 못해 감정에 따라 경계를 사려분별하면서 집착심을 내는 이것은 제6근인 의근이 여섯 경계에 대해 아는 식인 제6의식이라 할 수 있다. 그래서 이 집취상을 분별사식이라 부르기도 한다.

계명자상은 이름을 헤아리는 상으로 망집에 의거하여 명언상을 분별한다. 즉 제6의식은 낙수의 대상에 대해서는 집착을 일으키고, 고수의 대상에 대해서는 혐오를 일으켜, 이들의 대상에 대하여 경계를 보다 더 명확하게 분별하기 위해 명언 곧 개념적 언어로 이름을 붙여 헤아린다. 분별사식이 그려낸 경계 자체도 마음이 그려낸 허망한 상이지만, 그 경계에 덧붙여진 명자, 즉 이름 또한 거짓으로 시설된 허망한 것이다. 《대승기신론소》에서는 개념적으로 사유하는 제6의식의 산물인 이 상에 대해 상온想蘊으로 해석한다.

이렇듯 중생은 개념적으로 사유하여 대상에 대해 일상의 행위를 일

---

121 상속식이 제7말나식인가 제6의식인가에 대해서는 여러 주장이 있다. 상속식이 전념이 후념으로 이어져 염염상속하게 하는 식이기 때문에 지식과 더불어 제7말나식의 지위인 주상에 속하고, 상속식의 부단상응염이 의식 단계의 수행단계인 신상응지를 넘어 보살초지에서 극복될 수 있다는 점에서 말나식의 작용으로 볼 수 있다. 그러나 원효는 상속식을 말나식의 작용이 아닌 의식의 작용으로 해석한다. 그는 상속식이 의식을 일으키는 식이라는 의미에서 의에 포함시켰다. 그러나 의식을 일으키는 식이 곧 말나식이기에 의식보다는 말나식으로 해석하는 것이 더 타당하다고 보인다. 이에 대한 연구로는 전종식, 〈대승기신론에 대한 원효주석의 비판적 연구〉, 《대승기신론에 대한 원효·법장의 비교연구》; 은정희, 〈삼세·아리아식설의 창안〉, 《철학》 19 참조.

으킨다. 이처럼 이름과 문자를 좇아 업을 짓는 모습을 기업상起業相이라 한다. 이름과 문자에 집착하면서 짓는 기업상의 업은 직접적으로는 집취상과 계명자상에 근거하여 행해진다. 그래서 계명자상이 의업意業인데 대하여 기업상은 신업身業·구업口業이라 할 수 있다. 이 업이 발생하는 이유는 근저에 번뇌가 있기 때문이다. 번뇌가 있기 때문에 번뇌가 업을 일으키는 것이다.

이 번뇌가 바로 업계고상이다. 업계고상은 업에 의거하여 과보를 받아 자유롭지 못한 모습을 말한다. 앞의 선악의 업에 대하여 계박·속박을 당하는 것으로 업을 짓게 되면 그에 따른 과보를 받아 업에 매여 고통스럽기 때문에 업계고상이 된다. 이때의 과보는 특히 고苦를 받아서 고상苦相이라고 한다. 그러나 넓게 업계고상에 담긴 의미는 과보가 그 자체로 업의 구속력에 의해 한정되어 자유자재하지 못하고 구속받아 고통스럽다는 것을 말한다.

여기에서 이 6추를 유식으로 정리하면 경계에 의해 마음이 일어나 애와 불애를 분별하는 지상과 생각이 끊어지지 않고 계속 이어지는 상속상은 말나식의 작용과 유사하다. 말나식은 아뢰야식이 그려낸 경계상의 바탕 위에 나라는 자아의식으로 가장 먼저 작동하는 식이기 때문이다. 그러나 원효는 상속상을 의식으로 간주한다. 집취상은 자아와 경계에 집착하기 때문에 분별사식으로 제6의식에 해당한다. 왜냐하면 집취상은 식에 주어지는 객관적 사태를 분별하는 식으로 제6의식의 작용과 유사하기 때문이다. 계명자상 또한 이름과 문자에 집착하기 때문에 제6의식의 산물이라 할 수 있다.

이러한 3세상과 6추상은 모두 무명無明에 의거하여 일어난 것이다. 무명은 일체염법이 생겨나게 하는 원인으로, 만약 밝음이 없는 무명이 아니라 밝은 깨달음인 명明이었다면 무명의 활동인 무명업상이 있지 않고, 무명업상이 없다면 주객의 이분화도 일어나지 않았을 것이다. 주객의 이분화가 일어나지 않았다면 보는 자인 능견상도 보여지는 경계상도 없었을 것이며 일체의 거친 상도 존재하지 않을 것이다. 이러한 무명에 의해 3세상이 일어나고, 6추상이 3세상의 마지막 상인 경계상에 의거하여 일어나므로 3세 6추가 모두 무명에 의거해 일어난 허망경계상이라 할 수 있다.

> 무명이 일체 염법을 능히 생성한다는 것을 마땅히 알아야 한다. 일체 염법은 모두 불각의 상이기 때문이다.[122]

이처럼 미혹한 중생이 자신의 진여성을 자각하지 못함으로 인해 진여성이 어둠에 가려지기에 여래장이라 한다. 이러한 여래장에 의거하며 불생불멸과 화합하여 하나이지도 않고, 다르지도 않아 생멸의 모습을 띠는 중생의 마음을 생멸심이라 한다. 그렇다면 본래 불생불멸의 진여심 내지 여래장심이 생멸하게 되는 원인 내지 조건은 무엇인가? 왜 불생불멸의 진여심 내지 여래장심은 그 상태에 머물지 않고, 생멸하는 중생심으로 전환하여 의와 의식으로 전개하는 것인가? 그것 또한 무명이 훈습하기 때문이다.

일체 중생의 마음은 자성이 본래 청정한 자성청정심을 지니고 있다.

---

122 마명, 《대승기신론》(《대정장》 577上, 20-21), "當知, 無明能生一切染法. 以一切染法, 皆是不覺相故."

그러나 중생은 또 처음부터 무명을 지니고 있어 그 자성청정심을 오염시킨다. 그러나 비록 중생의 마음이 오염되었다고 해서 그 마음 자체의 청정성이 없어지는 것은 아니다. 중생은 무명에 물든 염오성과 본래 청정한 마음인 자성청정심을 함께 지니고 있기 때문에 염법 훈습과 정법 훈습이 둘 다 가능하다. 염오심의 생멸하는 특징과 자성청정심의 불변하는 특징은 서로 모순되기에 중생의 일반 논리로는 이해하기가 힘들다. 이러한 경지는 수행을 통해 진소유성과 여소유성의 일체지를 획득한 부처만이 깨달아 알 수 있는 존재의 궁극적 신비라 할 수 있다.

무명훈습에 의해 일어나는 식은 범부가 알 수 있는 것이 아니며, 이승의 지혜로 깨달을 수 있는 것도 아니다. [⋯] 오직 부처만이 궁극적으로 다 알 수 있다. 왜 그러한가? 이 마음은 본래부터 자성이 청정하지만, 무명이 있어 그 무명에 의해 오염됨으로써 '오염된 마음'(염심)이 있게 된다. 그러나 비록 염심이 있다고 해도 (마음은) 항상되고 변화하지 않는다. 이런 까닭으로 이러한 의미는 오직 부처만이 알 수 있다.[123]

무명에서 일어나는 식은 바로 무명업식과 능견식과 능현식이다. 이 미세한 제8아뢰야식의 활동은 심층 마음의 활동이므로 우리의 표층적인 분별 의식으로 알아볼 수 없다. 그러므로 무명 훈습에 의한 식을 일반 범부는 능히 알지 못한다. 이승은 개체적 자아의 공성만 알 뿐, 우리

---

[123] 마명, 《대승기신론》(《대정장》 577中 28-下 05), "依無明熏習, 所起識者, 非凡夫能知, 亦非二乘智慧所覺. [⋯] 唯佛窮了. 何以故? 是心從本以來, 自性淸淨, 而有無明, 爲無明所染, 有其染心. 雖有染心, 而常恒不變. 是故此義, 唯佛能知."

가 경험하는 현상세계 일체 제법의 공성은 알지 못한다. 법공을 모른다는 것은 아뢰야식의 식소변인 일체 제법에 대해 그 '유식성' 내지 '일체유심조'를 알지 못하고 그것을 마음 바깥의 실유로 여긴다는 것이다. 이처럼 일체 제법을 실유로 생각하는 것은 그러한 일체 제법을 그려내고 형성해내는 아뢰야식의 활동성, 즉 무명업식과 능견식과 능현식의 작용을 알아채지 못하기 때문이다. 결국 유식성은 대승 유가행파가 처음 발견한 것이기에, 이승의 지혜로는 알지 못한다.

대승의 수행자는 보살이다. 그러나 보살의 경지에 이르렀다고 해서 번뇌를 다 여읜 것이 아니기 때문에 일체지를 얻는 것은 아니다. 왜냐하면 10지의 보살이라 하더라도 부처의 경지가 아니기 때문에 일체지를 얻는 것, 아뢰야식의 청정성을 유지하는 것은 어렵다. 그렇다면 무념의 심 자체이자, 일법계 그 자체인 자성청정심을 망각하고 중생들로 하여금 염심을 일으켜 일법계에 상응하지 못하게 하는 무명은 어떻게 일어나며 어떻게 훈습하는 것인가?

식이 일법계에 도달하지 못하기에 상응하지 못하고 홀연히 염이 일어나는 것을 '무명'이라고 부른다.[124]

염을 떠난 마음은 청정한 마음, 일심이며 곧 진여법신이다. 이 진여법신의 세계가 곧 일법계이다. 그런데 우리 의식이 일법계에 이르러 그

---

124 마명, 《대승기신론》(《대정장》 577下, 05-07), "以不達一法界故, 心不相應, 忽然念起, 名爲無明."

것을 깨달아 알지 못하면, 그 의식 내지 그 마음은 일법계와 상응하지 않는 마음으로 그러한 마음은 무념에 머물러 있지 못하고 홀연히 염을 일으킨다. 이처럼 홀연히 염을 일으키는 마음은 자기 자신의 본성을 자각하여 알지 못하는 무명의 마음이다. 무명으로 가려있기에 일법계에 상응하지 못하고 홀연히 염을 일으킨다.

3. 3세상細相과 제8식에 대한 원효의 관점

원효는 《대승기신론》의 심생멸을 해석함에 있어 《대승기신론소》와 《대승기신론별기》를 통해 무명업상·능견상·경계상을 각기 유식 이론에 기본 바탕을 두어 제8식의 자체분·견분·상분으로 해석하였다. 즉 6염심과 3세 6추의 심식설을 유식학의 8식설로 해석한 것이다.[125]

이와 같이 경론(《사권능가경》과 《대승기신론》)의 글들은 현상現相에 의거하여 본식(제8식)을 드러낸 것이다. 이와같이 현상이 이미 본식에 존재하거늘, 하

---

125 3세6추의 심식설을 유식학의 8식설로 해석한 사람으로는 담연, 혜원, 법장 등이 있다. 담연은 3세에 대해 제7식에 해당하는 것으로 보고, 6추 모두를 6식에 배대하고 있다. 혜원은 3세와 함께 6추의 지상, 상속상을 제7식으로, 집취상·계명자상·기업상·업계고상을 6식으로 해석한다. 법장은 3세를 제8식으로, 육추를 육식에 배대하여 해석함으로써 제7식을 배제하고 있다. 《대승기신론》 심식설의 8식 배대에 대해서는 이평래, 《신라불교 여래장사상사 연구》, 270~282쪽 참조. 담연, 혜원, 법장의 기신론관에 대해서는 박태원, 《대승기신론사상 연구 1》, 제1부 참조.

물며 어찌 그 근본인 전상轉相과 업상業相이 도리어 육식이나 칠식 중에 존재한다고 말할 수 있겠는가?[126]

중생은 불생불멸의 마음 본체에 대한 깨달음이 없는 불각으로 인해 망념과 망분별과 망집착이 일어나 생멸의 경계를 형성한다. 근본무명에 의거한 3세상은 세 가지 미세한 상으로 우리의 심층식인 아뢰야식에서 발생하며, 우리의 표층적인 제6의식은 아뢰야식의 일어남을 알지 못한다. 원효는 3세상과 6추상에 대해 3세상은 미세하여 아뢰야식 지위에 있고, 뒤의 6추는 7식에 있다고 본다.

이 중 앞의 세 가지 상은 미세하여 아뢰야식의 지위에 있고, 뒤의 여섯 가지 추상은 나머지 칠식이다. 다만 저 근본무명에 대비하면 모두 근본무명으로 인해 일으켜진 지말이기에 통틀어 지말불각이라고 부른다.[127]

3세 6추의 첫 번째는 무명업상이다. 무명이란 근본무명을 가리킨다. 업은 무명에 의하여 마음이 움직이는 것을 말한다. 이 움직임에 의해 고苦의 인因이 일어난다. 원효에 의하면 무명업상은 동動과 인因의 의미를 포함하고 있다. 무명이 움직이는 것 자체가 곧 업상이므로 인과동시성으로 움직이지만 이는 지극히 미세하여 주관과 객관이 분화되지 않은

---

126 원효, 《대승기신론소》(한불전, 713上), "如是等文, 約於現相以顯本識. 如是現相既在本識, 何況其本轉相業相, 反在七識中說乎."

127 원효, 《대승기신론소》(한불전, 756上), "次中先三相是微細猶在阿賴耶識位, 後六麤相是餘七識. 担望彼根本無明, 皆是所起之末, 通名枝末不覺也."

상태이다. 왜냐하면 업상, 전상, 현상의 3세상은 그 작용이 지극히 미세하기 때문에 아뢰야식에 소속되기 때문이다.[128] 그러나 《대승기신론의기》를 쓴 법장은 대부분의 내용에 대해 원효의 영향을 크게 받았음에도 불구하고,[129] 3세細 6추麤와 4상相과의 관계에 대해서는 그 의견을 달리한다. 그는 무명업상만을 생상生相에 배속시킨다.

생상 하나는 업상을 말한다.[130]

그렇다면 원효와 법장은 생상에 대해 왜 이러한 차이를 보이는 것일까? 이러한 구도가 함의하는 바는 무엇이며 이러한 구도 속에서 원효와 법장이 의도한 바는 과연 무엇인가? 《대승기신론》에는 다음과 같은 구절이 있다.

마음을 오염시키는 것(염심)은 '번뇌의 장애(번뇌애)'라고 부른다. 능히 진여의 근본 지혜를 장애하기 때문이다. 무명은 '지혜의 장애(지애)'라고 부른

---

128 원효의 저작들을 유식적으로 읽어야 하는 가장 큰 이유는 바로 원효가 법장과는 달리 3세를 아뢰야식 위에 배대했다는 것이다. 무명업상, 전상, 현상은 미세념으로 무명에 의해 생기는 불상응심의 세생멸상細生滅相이다. 즉 현색불상응염, 능견심불상응염심, 근본업불상응염심이다. 이 세 가지는 식상이 최미세하여 주관과 객관이 분화하여 이루어지는 인식의 단계에까지 이르지 않은 상태로 각·과 불각의 화합식인 아뢰야식의 상태를 의미한다. 이 연구에 대해서는 은정희, 〈원효의 삼세·아라야식설의 창안〉,《철학》19; 유승주, 〈삼세상과 제8식에 대한 원효의 해석〉,《한국불교학》33 참조.

129 橫超慧日, 〈元曉の二障義について〉, 13쪽 참조.

130 법장,《대승기신론의기》(《대정장》제 44권, 257中), "生相一者, 名爲業相."

118

다. 세간의 자연적인 활동에 대한 지혜를 장애하기 때문이다.[131]

염심은 업식으로 작용하여 능견과 능현으로 나뉘어 경계상에 집착한다. 이 과정에서 평등성을 어겨 진여 근본지인 근본무분별지를 장애한다. 반면 무명은 세간 자연업지인 후득지를 막는다. 진여근본지를 막는 장애를 번뇌애라 하고 세간 자연업지를 막는 무명을 지애라고 한다. 여기서 우리는 무명에서 일어나서 마음을 오염시키는 것과 그러한 오염을 일으키는 근본무명을 구분할 수 있다. 마음의 오염은 마음에 번뇌를 일으켜 마음 본래의 진여성을 자각하지 못하게 하는 장애이기에 이를 '번뇌애'라고 부른다. 반면 무명은 세간에 대한 일체의 앎을 갖지 못하게끔 장애하는 것이기에 이를 '지애'라고 부르는 것이다.

그러나 원효는 《대승기신론소》에서 장障과 애礙를 구분하여 장은 현료문이고, 애는 은밀문이라고 설명한다. 그리고 다시 현료문에서 번뇌장과 소지장을 구분하고, 은밀문에서 번뇌애와 지애를 구분한다.

여섯 번째는 두 가지 장애의 뜻을 밝혔다. 현료문 중에서는 이장이라 하고 은밀문 중에서는 이애라 하였으니, 이 뜻은 자세히는 《이장장》에서 설명한 것과 같다. 이제 이 《기신론》 중에서는 은밀문을 말하였다.[132]

---

131 마명, 《대승기신론》(《대정장》, 577下, 20-22), "染心義者, 名爲煩惱礙, 能障眞如根本智故. 無明義者, 名爲智礙, 能障世間自然業智故."
132 원효, 《대승기신론소》(한불전, 764下), "第六明二碍義, 顯了門中名爲二障, 隱密門內名爲二碍, 此義具如二障章說, 今此文中說隱密門."

현료문은 밝게 드러난 것으로서 번뇌장과 소지장을 다루고, 은밀문은 비밀스럽게 감추어진 것으로서 번뇌애와 지애를 다룬다. 현료문은 의식 차원의 장애인 번뇌장과 말나식, 아뢰야식 차원의 소지장으로 이루어져 있다. 번뇌애와 무명인 지애로 이루어진 은밀문 현료문의 이장을 포섭한 의식, 말나식·아뢰야식 차원의 장애로 현료문보다는 심층적이다.

번뇌에는 견해에 미혹한 견번뇌와 애착에서 일어나는 애번뇌가 있다. 이장 중 번뇌장은 고통 소멸의 열반에 이르는 것을 막는 애번뇌, 소지장은 참된 지혜를 막는 장애라는 의미에서 견번뇌라 할 수 있다. 원효는 견번뇌를 견도에서 끊어지는 견혹이라 하고, 애번뇌를 수도에서 끊어지는 수혹이라 불렀다. 견혹은 머리의 번뇌로 바른 견해를 통해 제거될 수 있는 미혹이고, 수혹은 가슴의 번뇌로 수행을 통해 제거될 수 있는 미혹을 말한다.

또한 번뇌에는 분별기 번뇌와 구생기 번뇌가 있는데 의식의 분별에 따라 일어난 의식 차원의 번뇌인 분별기 번뇌는 의식의 변화인 견도에서 끊어질 수 있다. 그러나 말나식과 아뢰야식에 자리해서 의식적인 사려 분별에 앞선 구생기 번뇌는 의식보다 더 깊은 차원의 번뇌라서 심층적인 수도에서 극복된다.

이렇듯 분별기 번뇌와 구생기 번뇌는 모두 주지라는 이름의 번뇌들이다. 말나식·아뢰야식 차원의 구생기 번뇌는 근본무명주지라 한다. 의식 차원의 분별기 번뇌로는 견혹으로도 불리는 견번뇌인 견일처주지와 욕계에 머무는 욕애주지, 색계에 머무는 색애주지, 무색계에 머무는 유애주지가 있다. 이에 대해 원효는《대승기신론소》에서 다음과 같이 구별하여 언급하고 있다.

무명주지는 두 가지의 뜻이 있으니, 만약 작득주지의 측면으로 논한다면 초지 이상에서 점차 끊게 될 것이지만, 만약 생득주지의 문에 의한다면 오직 부처의 보리지菩提智라야 끊을 수 있는 것이다. [133]

이 구절에 따르면 분별기 번뇌들은 작득주지에 해당한다. 그러나 구생기 번뇌에 해당하는 무명주지는 부처라야 끊을 수 있는 근본무명주지이다. 이 근본무명은 6염심이 의지하는 근본으로 이 근본무명이 주지번뇌다. 무명은 이처럼 치단에 따라 둘로 나누어지는데 말나식, 아뢰야식 차원의 심층적인 근본 무명주지는 부처라야 끊을 수 있는 무명주지라면, 견번뇌, 애번뇌는 초지에서 끊을 수 있는 것이다.

위와 같은 원효의 구도는 아뢰야식의 진·망 화합식의 특성을 좀 더 부각시킨다. 아뢰야식 차원에서 무명은 비록 동념動念일지라도 지극히 미세한 상태로 주관과 객관이 분화되지 않은 상태이다. 따라서 무명과 아뢰야식의 관계를 통해 무명업상을 제8식으로 규정하는 효과를 가져온다. 이러한 원효의 구도는 유식의 삼성을 어떻게 볼 것이가의 문제와 밀접한 관련을 지닌다. 즉 의타기를 의타기된 자체로 알 때, 변계소집은 자연스럽게 극복되는 것처럼 상相을 상相으로 아는 것, 즉 식소변을 식소변으로 안다면 번뇌는 저절로 여의고 원성실성을 획득하게 되는 것이다.

그러나 법장의 구도는 근본무명을 보다 부각시키는 효과를 낳는다. 무명업상의 단절은 부처만이 끊을 수 있는 차원으로 상相을 상相으로 아

---

133 《대승기신론소》(한불전, 764上), "然無明住地有二種義, 若論作得住地門者, 初地以上能得漸斷, 若就生得住地門者, 唯佛菩提智所能斷."

는 것을 넘어 상이 일어나지 않는 차원의 수행을 요구한다고 볼 수 있다. 이러한 법장의 구도는 유식사상에서 여래장 사상으로 나아가게 하는 토대가 된다. 법장의 입장에서 보았을 때 아뢰야식은 번뇌를 일으키는 망식이 된다. 이러한 법장의 생각은 중생의 자성청정심을 부각하여 중생의 외연을 넓히고 중생심의 강조를 낳게 하였다. 나아가 생멸심을 강조하고 본각을 강조하였으나, 근본무명을 부각시켜 더욱 철저한 수행을 요구하는 역설적 구도라 할 수 있다. 그러기 때문에 여래장 사상은 번뇌론 조직 체계 내에 지애를 가장 근본적인 번뇌로 체계화한 것이다. 이러한 법장의 화엄사상은 유식에 비해 중생의 자성청정심을 강조하여, 중생의 외연을 확대시켜 대승화하는 데는 이바지하였지만, 부처의 경지를 아무나 도달하기 어려운 과정으로 인식하게 하는 숨은 의미도 포함한다.

또한 원효는 법장과 달리 주상을 말나식으로 보았다. 왜냐하면 의식의 기저에서 내외 분별이나 아·아소의 계탁분별을 행하는 아치·아견·아애·아만의 자아식이 제7말나식이기 때문이다. 이 제7말나식은 일체를 하나의 상속적 흐름으로 엮어 그것을 나로 여긴다. 왜냐하면 염念의 주住를 깨달아서 염에서 주상을 없애는 것은 곧 염에서 나라는 생각을 없애는 것이기 때문이다.

주상의 넷은 아치·아견·아애·아만으로 〔…〕 이 넷은 모두 제7식의 지위에 있다. [134]

---

134 원효, 《대승기신론소》(한불전 1권, 750中), "住相四者〔…〕我癡·我見·我愛·我慢…此四皆在第七識位."

그러나 법장은 아뢰야식 지위에 있으면서 불상응심인 전상, 현상과 분별사식의 미세한 분별의 지위에 있으면서 상응심에 속하는 지상과 상속상을 주상住相으로 보았다. 그래서 법장은 상속상, 지상, 경계상, 능견상까지를 주상住相으로 보았다. 그는 이 네 개의 상을 각각 여의게 되는 지위를 다음과 같이 설명했다.

> 이 네 가지 주상은 초지, 칠지, 팔지, 구지에서 각각 한 가지 상相씩 여의게 된다.[135]

원효는 제7식이 아뢰야식 자체를 연하여 아我라 하고 아뢰야식의 상분을 나의 소유라고 분별하는 식으로 본다. 경계상은 심외에 실체로서의 대상이 아니라 아뢰야식 중 현식이 나타낸 무실체의 상분일 뿐이다. 즉 지상은 상분인 경계상에 대해 나라는 생각과 나의 소유라는 생각을 일으켜 염정제법을 발생케 하는 것이며, 아와 아소라고 집착하는 것은 제7식이기 때문에 지상을 제7식에 해당되는 식으로 본다. 은밀문에서 번뇌애의 6염심에 대해서도 원효는 법장과는 생각이 다르다.

> 6염심이 번뇌애의 체이고, 근본무명이 지애의 체이다.[136]

---

135 법장, 《대승기신론의기》(《대정장》 44권, 258中), "此四種住相中, 於初地七地八地九地, 各離一相也."

136 원효, 《이장의》(한불전, 795上), "蜜門出二障體者, 六種染心是煩惱碍體, 根本无明是智碍體"

이는 지애가 번뇌애와 회통한다는 것을 의미한다. 지애의 체인 근본무명은 현료문 안에 드러나지 않으나 6염심에는 아집과 법집이 모두 들어 있기 때문에 번뇌장과 소지장도 이들 염심 속에 전부 포섭되어 있다. 가장 심층에 있는 지애의 자성인 근본무명은 진정한 의미의 심층 번뇌라 할 수 있다. 지애라고 부르는 이유는 근본무명이 여량지를 가로막기 때문이다.

법장은 6염심 중에서 집상응염과 부단상응염 외에 분별지상응염까지 제6식으로 보았다. 법장이 보기에 제7식은 의식과 함께 아뢰야식에 상응하기 때문에 제6의식이 외경을 연할 때에 반드시 말나식이 오염근이 되어 현행하게 되며 그에 따라 6추가 발생하는 것이다. 그러므로 법장이 보기에 6추가 전개되었다고 하는 것은 이미 내면의 말나가 작용하고 있다는 의미이므로 다시 말나를 설명할 필요가 없는 것이다. 말나는 아뢰야식처럼 본래 마음을 움직이는 작용도 없고 6식은 외경을 분별하여 생겨나지만 말나는 외경을 분별할 능력도 없다. 그러므로 제7식에 의해 분별되는 아我·아소我所 중에서 아我를 3세인 아뢰야식에 배속시키게 되면 별도의 제7식을 세우지 않아도 아뢰야식과 관련된 문제들을 해결할 수 있다고 보았다. 이처럼 법장은 아뢰야식이 본래 마음을 움직이는 작용을 하고, 제6식은 외경을 분별하여 생겨나지만 말나는 외경을 분별할 능력은 없기 때문에 제7식에 의해 분별되는 아我·아소我所 중에서 아我를 3세인 아뢰야식에 배속시키게 되면, 별도의 제7식을 세우지 않아도 아뢰야식과 관련된 문제들을 해결할 수 있다고 보았다. 그래서 법장은 원효가 제8식으로 배대시켰던 근본업불상응염, 능견심불상응염, 현색불상응염 중 근본업불상응염만 제8식으로 보고 현색불상응염과 능견심불상응염을 제7식으로 본 것이다.

3세 6추의 상은 무명을 반연하여 무명에 의하여 오염된 생멸상이므로 모두 염법, 곧 번뇌이다. 그러므로 무명이야말로 일체의 염법을 내는 근본이며, 본래는 청정했던 진여가 오염의 생멸심을 일으키는 이유가된다. 근본불각인 무명이 3세를 발생하게 하고, 3세는 다시 6추의 상을 파생한다. 즉 불각의 상에서 보면 미세한 법집무명에 의하여 3세와 6추가 전개되어 나오기 때문에 아뢰야식에 법집이 있다고 할 수 있다. 3세 6추에 대한 이러한 원효의 해석은 자성청정심을 강조하는 여래장 사상보다는 진과 망의 두 측면을 모두 포함하는 유식의 아뢰야식에 대한 해석에 더 가까운 것이다. 원효의 이러한 관점은 여래장에 비해 아뢰야식의 진망화합적 특성을 부각하여, 대승의 의미를 더욱 부각시킨다고 볼 수 있다. 왜냐하면 일체 제법의 현현은 단순한 망식이 아니라 진여성을 갖추고 있기에 망식을 망식으로 알면 집착하지 않게 되어 이공을 증득할 수 있게 된다는 의미가 내포되어 있기 때문이다.

III

번뇌의 구조와 종류

번뇌의 구조와 종류

번뇌의 종류

번뇌의 구조와
종류

번뇌煩惱는 산스크리트어 'kleśa'의 번역으로 '물들이다, 더럽히다'라는 어원에서 파생된 단어이다. 《청정도론》에 따르면 'kilesa'로도 번역되는데 이는 '괴롭히다'라는 말의 어원에서 파생된 단어이다.

번거롭고 괴롭게 하는 것을 자성으로 삼는다. 이는 이제 막 현행하여 몸과 마음을 괴롭고 혼란하게 하기 때문에 '번뇌'라고 이름한다. 유정을 핍박하고 괴롭게 하여 적정에서 떠나게 하기 때문에 번뇌라고 이름한다.[137]

스스로 오염된 것이며, 또한 상응법을 오염시키기 때문에 번뇌라 한다.[138]

---

137 원효, 《이장의》(한불전 1, 789下), "煩惱爲性. 適起現行惱亂身心故 名煩惱. 〔…〕
逼惱有情令離寂靜故 名煩惱."

138 붓다고사, 《청정도론》(Hos. Vol. 41, 586쪽).

번뇌에 대한 이러한 의미는 번뇌가 심신을 어지럽혀 적정을 방해한다는 의미에서 설일체유부의 논서 《입아비달마론》의 수면隨眠에 대한 설명과 의미를 같이한다.

> 심신心身을 번난핍뇌煩亂逼惱하여 상속하는 까닭에 번뇌라 이름한다. 이것이 곧 수면隨眠이다.[139]

수면隨眠은 범어로 'anuśaya'라 하는데, 이것을 구역에서는 사使로 번역하고, 신역에서는 수면이라 했다. 설일체유부에서는 수면을 번뇌와 같은 의미로 보았으나 유식에서는 번뇌의 습기 곧 종자로 간주했다. 즉 번뇌가 아뢰야식 속에 잠재된 상태를 수면이라 한 것이다. 경량부에서는 번뇌가 활동하고 있는 때를 가리켜 전纏이라 했고, 이것에 반해 번뇌가 잠복해서 잠자고 있는 종자의 상태를 수면이라 했다. 《구사론》에서는 수면에 대해 다음과 같이 언급한다.

> 근본번뇌는 현행할 때에 그 행상을 알기 어렵기 때문에 미세하다고 말한다. 두 가지 '따라 증장함(수증)'은 소연이나 '상응(심소)'에 대해 능히 혼미함과 막힘을 증장시키기 때문이다. '따라 쫓음(수축)'이라는 것은 능히 일어나서 항상 유정을 따라다니면서 허물과 근심이 되어 가행하지 않고 '저것(허물과 근심)'을 일어나게 함을 말한다. 혹은 힘들여 저것이 일어남을 막으려고

---

139 색건타라, 현장 역, 《입아비달마론》(《대정장》 28, 984上), "煩亂逼惱心身相續, 故名煩惱. 此即隨眠."

해도 자주 일어나게 되므로 계박을 따른다고 말한다. 이런 의미가 있기에 '수면'이라고 이름한다.[140]

초기 불교에서는 번뇌를 끊고 열반의 경지를 실현한 수행자를 아라한이라고 하여 수행의 목표를 열반의 증득에 두었다. 그러나 대승불교에서는 열반을 넘어 완전한 지혜인 보리에 이르는 것을 수행의 목표로 두며, 따라서 보리의 증득을 장애하는 더욱 깊은 차원의 번뇌를 논의한다. 열반 증득을 막는 번뇌를 번뇌장, 지혜 증득을 막는 번뇌를 소지장이라고 한다. 특히 유식학에서는 아비달마불교에서 보이는 인간의 심리분석을 계승하면서 잠재적인 심층의식인 아뢰야식을 세워 일체 유심을 확립했다. 따라서 열반을 추구하는 설일체유부의 학설과 보리를 추구하는 대승불교인 유식의 학설은 그 목적이 다르기 때문에 서로 차이를 보인다.[141]

설일체유부의 번뇌관은 일상의 표면심에 상응하며 탐·진·치·만·의·견 등의 6번뇌와 24수번뇌 등으로 구성되어 있다. 이 부파불교의 번뇌는 번뇌장에 상응하며 지엽적인 인집人執에 의한 장애를 유발한다. 그러나 대승불교 특히 유식에서는 그 잠재적 영역을 아뢰야식으로 규정하고 이것이 번뇌를 발현하는 종자이며 현실 생활을 전개하는 원인이라 규정한다. 이 본원적이고 근본적인 번뇌가 소지장이고 법집에 의한 장애를

---

140   《구사론》권 20(《대정장》29, 108 上), "論曰, 根本煩惱現在前時, 行相難知故, 名微細, 二隨增者, 能於所緣及所相應增惛滯故, 言隨逐者, 謂能起得恒隨有情常爲過患, 不作加行令彼生, 或設劬勞爲遮彼起而數現起故."

141   佐佐木現順 編著,《煩惱の研究》, 176~177쪽 참조.

유발한다. 즉 아공·법유의 맥락을 지니던 설일체유부는 법의 무자성과 공성을 주장하는 중관학파의 관점에 의하여 논박되어 재구성되어야만 했다. 즉 아공·법공을 주장하던 대승불교의 등장으로 법무아에 상응하는 번뇌의 문제가 제기되어 소지장의 등장을 맞게 된 것이다.

《구사론》에서는 깨달음을 장애하는 번뇌로 업장·번뇌장·이숙장의 삼장三障을 들고,《대비바사론》은 염오무지와 불염오무지의 두 가지 무지를 언급하는데, 이것은 아라한도와 불도의 차이에 기인한 것이다. 장障이라는 용어는 초기 불교에서나 부파불교에서 혹장·이숙장·번뇌장으로 사용되었지만 대승 유식학파에서 사용하는 의미와는 다르다.

유식학파는 중관의 공성을 계승하고 유부의 번뇌론을 재구성하여 번뇌를 표층적인 것과 심층적인 두 개의 것으로 나누게 되었다. 이 과정에서 유식학파는 색법을 위주로 한 설일체유부의 5법이 심법을 위주로 한 5위로 재편되고 깨달음의 지위에 있어서도 법공을 증득했느냐에 따라 이승, 보살, 부처의 계위를 나누게 되었다.[142] 즉 이장二障은 생사윤회의 근본 원인이 되는 아집·법집과 관련된 가장 미세한 번뇌로 궁극적 깨달음을 방해하는 기능을 한다. 따라서 이를 치단하는 단계에 따라 이승과 보살을 구분하는 기준이 된 것이다.

이 과정에서 유식학파는 번뇌장과는 별도로 소지장을 분리하여 이장을 인법 이무아와 연관시켜 소지장과 법무아를 하나로 묶게 되었다.

---

142 《대승기신론》에서는 그 양상과 정도의 차이를 네 가지로 나누어 설명한다. 본래적 깨달음을 알지 못하는 불각과 추분별집착상을 버린 상사각, 분에 깨달은 수분각, 그리고 마음의 근원을 깨달은 구경각으로 나눈다.《대승기신론》(《대정장》32, 576中).

즉 번뇌장은 실아에 대한 아집, 소지장은 제법에 대한 법집이라는 형태로 분류하게 된 것이다.《해심밀경》에서는 최미세장을 번뇌장, 최극미세장을 소지장이라 정의하고, 이장을 끊음으로써 일체지견을 증득한다고 언급한다.[143] 비록 번뇌장과 소지장을 처음 언급한 경전은《해심밀경》이지만 아집-법집, 아공-법공에 대응하는 개념으로서 번뇌장-소지장은《유가사지론》을 비롯한 유식 논서들에서 본격적으로 논의되었다고 할 수 있다.[144] 그러나 유식 논서들 사이에서도 이장에 대해 조금씩 용어가 다른 이유 중 하나는 번역상의 차이 또한 기인한 것으로 보인다. 대부분 학자들은 번뇌장-소지장은 현장 이후 신유식의 번역이고, 혹장(번뇌애)-지장(지애)은 진제로 대표되는 구유식의 번역으로 구분한다. 이와 같은 논의들을 통해서 볼 때 이장과 이애에 대한 본격적인 접근이 되기 위해서는 단순한 명의를 넘어 각각의 체와 이에 대한 특징과 작용을 살펴볼 필요성이 있음을 알 수 있다.

---

143 현장 역,《해심밀경》(《대정장》16, 702 上) 3권, "善男子, 此奢摩他毗鉢舍那, 於如來地, 對治極微細最極微細煩惱障及所知障."
144 이평래,〈번뇌소지이장과 인법이무아의 기초적 연구〉,《철학연구》34, 127쪽.

1. 표층의 현료문: 이장二障의 현료적 특징

가. 이장의 명의名義

원효의 《대승기신론별기》에서는 이장에 대해 다음과 같이 설명하고
있다.

> 이장의 뜻에 대략 이문이 있다. 첫째는 이승에게 공통되는 장애로 십사十使
> 번뇌를 유전케 할 수 있어 열반의 과보를 장애하는데 번뇌장이라 이름한다.
> 보살에게만 해당되는 장애는 법집 등의 미혹으로 소지所知의 경계에 미혹하
> 여 보리의 과를 장애하는데 소지장이라 이름한다.[145]

이 글에서 보면 번뇌장은 이승에게 공통되는 장애로 열반의 과보를
장애하고, 소지장은 보살에게만 해당하는 장애로 보리의 과果를 장애한
다. 번뇌장과 소지장이 열반과 보리의 증득을 장애한다는 것은 아집과
법집 등의 미혹으로 인한 것이라고 한다. 《이장의》에서 원효는 이장二障
의 이름을 다음과 같이 해석한다.

> 이장이라고 하는 것은 첫째는 번뇌장煩惱障이며 혹장惑障이라고도 한다. 둘
> 째는 소지장所知障이며 지장智障이라고도 한다. 혹은 다른 문이 있으니, 번

---

145 원효, 《대승기신론소·별기》, 은정희 역, 258쪽, "然二障之義, 略有二門. 一二乘
通障十使煩惱能使流轉, 障涅槃果. 名煩惱障. 菩薩別障, 法執等惑, 迷所知境, 障
菩提果, 名所知障."

뇌애煩惱碍와 지애智碍라고 이름한다.[146]

원효는 《이장의》에서 먼저 이장에 대한 개념을 분석하여 장障과 애碍
로 구분한다. 번뇌장, 소지장이라고 부르는 것과 혹장, 지장이라고 이름
하는 두 개의 장을 이장이라 한다. 원효는 이 이장 외에 다른 문이 있어
번뇌애, 혹은 지애라 이름하였다. 이때 문門이라는 것은 체를 나타내는
것으로 현료문과 은밀문을 의미한다.

두 번째로 체를 나타내는 것에는 대략 두 문이 있으니, 현료문과 은밀문이다.[147]

현료문에는 번뇌장과 소지장, 혹장과 지장이라는 두 쌍이 있고, 은밀
문에는 번뇌애와 지애가 있다.[148] 원효는 《이장의》에서 번뇌장에 대해
다음과 같이 정의를 내리고 있다.

번뇌장은 탐·진 등의 혹惑이니, 번거롭고 괴롭게 하는 것을 자성으로 삼는
다. 이는 이제 막 현행하여 몸과 마음을 괴롭히고 혼란하게 하기 때문에 '번

---

146 원효, 《이장의》(한불전 2, 789下), "言二障者, 一煩惱障, 亦名惑障. 二所知障亦
　　名智障. 或有異門, 名煩惱碍及與智碍."

147 원효, 《이장의》(한불전 2, 790上), "第二出體, 略有二門, 謂顯了門及隱密門."

148 오형근은 원효가 즐겨 쓴 현료와 은밀이라는 표현은 일체의 번뇌를 근본을 표
　　현하는 이장의 뜻에 담아 그 본래 표리表裏의 관계를 일차적으로 규명하고, 이
　　것을 다시 본체론, 현상론 차원에서 현료문과 은밀문으로 나누어 설명한 것이
　　라 보았다. 오형근, 〈원효元曉의 이장의二障義에 대한 고찰考察〉, 《신라문화》 5,
　　1988, 165~166쪽.

뇌'라고 이름한다. 이것은 체가 공능을 따르는 것에 의하여 명칭을 세운 것이다. 그리고 이것은 삼계 안의 번뇌의 과보를 초감해서 유정을 핍박하고 괴롭게 하여 적정寂靜에서 떠나게 하기 때문에 '번뇌'라고 이름한다.[149]

원효는 장障의 주요한 의미로 번뇌가 장애하는 것이 유정이 생사에서 벗어나는 것을 막는 것, 이성을 가려서 열반을 드러나지 않게 가로막는 것임을 명료히 하고 있다. 이러한 원효의 해석은 《성유식론》의 내용과 연결된다. 《성유식론》에서는 번뇌장에 대해 다음과 같이 정의한다.

번뇌장은 변계소집이 실아實我라고 집착하는 살가야견을 첫째로 하는 128 가지의 근본번뇌와 등류等流의 모든 수번뇌를 말한다. 이것이 모든 유정의 신심을 어지럽히고 괴롭혀서 능히 열반을 장애하므로 번뇌장이라 이름한다.[150]

원효는 《이장의》에서 소지장에 대해 다음과 같이 언급한다.

소지장所知障에서 소지란 진소유성盡所有性과 여소유성如所有性[151]의 두 가지 지혜로 비추는 대상이기 때문에 이를 '소지'라고 하고, 장障이란 법집法執

---

149 원효, 《이장의》(한불전 2, 789下), "煩惱障者, 貪瞋等惑, 煩勞爲性, 適起現行, 惱亂身心, 故名煩惱. 此當體從功能立名, 又復能惑界內, 煩惱之報, 逼惱有情, 令離寂靜, 故名煩惱."

150 《성유식론》(《대정장》31, 48下), "煩惱障者, 謂遍計所集實我薩迦耶見, 而爲上首百二十八根本煩惱, 及彼等流諸隨煩惱. 此皆優惱有情身心, 能障涅槃, 名煩惱障."

151 사물의 궁극성은 두 가지가 있다. 하나는 현상적인 모든 사물과 사상을 수평적

등의 혹惑이 지혜의 성품을 막고 그치게 하여 현관現觀[152]을 이루지 못하게 하고, 경계의 성품을 덮어 가려서 '관조하는 마음'을 나타나지 않게 하기 때문이니, 이러한 뜻 때문에 소지장이라고 한다.[153]

소지장은 우리가 가진 경계를 장애해서 드러나지 못하게 하고, 또는 소지의 지혜를 장애해서 나타나지 못하게 하는 것이다. 소지는 보살이 알아야 할 법이며, 닦아야 하는 것으로 진소유성과 여소유성을 말한다.

으로 포괄하는 전체성이다. 이것이 진소유성이다. 즉 존재하는 범위 안에서의 존재성으로 현상계의 법이 존재하는 한계성이나 차별성을 의미하는 것으로 5온·12처 등과 같다. 다른 궁극성은 존재자의 본질로서 사물을 수직적으로 파고들어가서 사물의 본질로서 발견된 궁극성을 말한다. 이것이 여소유성이다. 이것은 존재의 있는 그대로의 존재성을 말하며 현상계 제법의 생성, 즉 염정법 속에 있는 그대로의 진여법성을 말한다. 진소유성이 일체의 시간적·공간적 존재를 가리키는 말이라면 여소유성은 진여 자체를 의미한다. 진소유성과 여소유성은 보살이 요지了知해야 할 십종상十種相 가운데 보이고 있다. 십종상은 다음과 같다. ① 진소유성盡所有性 ② 여소유성如所有性 ③ 능취의能取義 ④ 소취의所取義 ⑤ 건립의建立義 ⑥ 수용의受用義 ⑦ 전도의顚倒義 ⑧ 무도의無倒義 ⑨ 잡염의雜染義 ⑩ 청정의淸淨義 등이다. 《해심밀경》 2권(《대정장》 16, 698下) 참조.

152 현관은 abhisamaya의 번역으로 자기 마음의 본성을 바르게 살펴 직접 명료하게 관하는 것을 말한다. 마음은 일체 만법의 주체로 마음을 관조하는 것은 곧 일체법을 보는 일이 된다. 그러므로 마음을 보는 것은 이理와 사事를 관찰하는 것 모두를 말한다. 유식에서는 유루·무루의 지혜로써 바로 명료하게 관하는 것에 대해 사현관思現觀·신현관信現觀·계현관戒現觀·현관지제현관現觀智諦現觀·현관변지제현관現觀邊智諦現觀·구경현관究竟現觀 등을 언급한다. 《성유식론》(《대장정》 31, 50下) 참조.

153 원효, 《이장의》(한불전 789下), "所知障者, 盡所有性如所有性, 二智所照, 故名所知, 法執等惑, 遮止智性, 不成現觀, 覆蔽境性, 不現觀心, 由是義故, 名所知障."

진소유성은 모든 일체를 다 아는 것으로 일체의 시간적·공간적 존재를 가리킨다. 즉 모든 현상계의 차별상을 아는 여량지如量智, 후득지後得智, 세속지世俗智를 말한다. 여소유성은 진여를 가리키며 여리지如理知, 무분별지無分別智, 승의제勝義諦를 말한다. 초기 불교나 아비달마 불교에서는 존재하지 않았거나, 그 의미가 불분명했던 소지장 개념의 등장과 그 개념이 진소유성과 여소유성을 가리는 의미로 중국의 사상가들에게 분명하게 인식된 것은 《성유식론》의 번뇌장과 소지장에 대해 다음과 같은 구절에 기인한다고 보인다. [154]

소지장所知障이란 변계소집의 실법實法에 집착하는 살가야견을 으뜸으로 하는 악견惡見과 의疑, 무명無明, 애愛, 진에瞋恚, 만慢 등이다. 인식하는 대상과 전도轉倒가 없는 본성을 가려서, 능히 보리를 장애하기 때문에 소지장이

---

154 원효가 《이장의》를 저술함에 있어 당시 현장이 번역한 신유식 계통의 경론에 근거하였다는 주장에 대해 다음과 같이 그 근거를 제시할 수 있다. 첫째, 《이장의》가 지닌 소지장의 개념은 현장이 번역한 신유식 계열의 경론이 번역되기 이전의 어느 사상 계통과도 동일하지 않다. 둘째, 《이장의》에 나오는 '진소유성'과 '여소유성'에 대한 언급은 《해심밀경》과 《유가사지론》에도 언급되어 있다. 셋째, 《성유식론》에서 언급하고 있는 소지장의 개념과 《이장의》에서 언급하는 소지장의 개념은 유사하다. 이 두 군데 모두 소지장에 대해 변계소집의 실법을 집착하는 살가야견을 으뜸으로 삼고, 근본번뇌와 수번뇌가 소지의 경계를 가리는 것과 전도성轉到性이 없는 실상을 가리고 막아서 보리의 지혜를 가린다고 언급하고 있다. 마지막으로 은밀문과 현료문의 번뇌장과 소지장을 《기신론》에서 언급하고 있는 3세와 6추에 배대하는 것 또한 원효가 현장이 번역한 신유식 계통의 경론에 근거하여 《이장의》를 저술했음을 알 수 있다. 김수정, 〈원효의 번뇌론 체계와 일승적 해석〉, 동국대 박사 학위 논문, 13~25쪽 참조.

라 이름한다.[155]

이처럼《이장의》의 번뇌장과 소지장 곧 현료문의 이장은《성유식
론》에서 그 출전 근거를 찾을 수 있으며 내용도 매우 흡사하다. 따라서
원효는 현장이 전한 신유식 경론, 특히《성유식론》에 의거하여 현료문
을 건립하고 있음을 알 수 있다.[156] 앞에서도 논했듯이 원효가《성유식
론》을 직접 접했다는 근거는 없지만 원효는 탁월한 독해 능력으로 당시
유가계 계통의 경전을 섭렵하여 독자적으로《성유식론》의 내용을 이미
통찰하고 있다고 볼 수 있다.[157] 다만 원효는 그 명의를 정의하는 방식에

---

155 《성유식론》(《대정장》31, 48下), "所知障者, 謂遍計所集實法薩迦耶見而爲上首,
見疑無明愛恚慢等, 覆所知障無轉倒性, 能障菩提, 名所知障."

156 오형근은 〈원효의《이장의》에 대한 고찰〉에서 원효가 현료문을 설명할 때는 유
가계 경전을 인용하고, 은밀문을 설명하는 부분에는《기신론》을 인용한 것을
들어 현료문은 유가론계이고 은밀문은 기신론계에 속한다고 보았다. 이에 이
평래는《이장의》현료문에 대해 현장이 번역한 신유식 계통, 특히《성유식론》
의 번뇌론이 영향을 미치고 있고, 은밀문의 경우 구유식 계통, 특히 정영사 혜
원의《대승의장》의 〈이장의〉의 내용을 정리한 것이라 주장하였다. 한편 김수
정은 〈원효《이장의》성립 배경에 대한 일고찰〉에서《이장의》전체 조직 구조
는 혜원의《대승의장》〈이장의〉에서 영향을 받은 것이며, 은밀문과 현료문에
서 설하는 심식설과 소지장, 지애는 신유식 계통의 영향을 받은 것이라 주장한
다. 이에 대해 최연식은 〈원효《이장의》은밀문의 사상적 특징〉에서《이장의》
의 번뇌설은《대승의장》의 번뇌설과는 많은 차이가 있다고 보고,《이장의》의
현료문과 은밀문은 신유식과《대승기신론》의 번뇌설을 종합하고 체계화하려
한 시도라고 보았다.

157 안성두, 〈원효의《이장의》〈현료문〉에 나타난 해석상의 특징〉,《불교연구》47,
불교학회, 126~130쪽 참조.

주목하여, 번뇌장과 소지장의 특성을 부각하여 드러냈다고 할 수 있다.

인집 등의 혹惑은 또한 약간의 경계와 지혜를 장애함이 있지만 무상보리까지 막지는 못하며, 또한 일체종지의 경계를 가리지도 못하여 비록 이미 이것 (인집)을 끊었어도 저것(경계와 지혜)을 얻지는 못하기 때문에 소지장이라는 이름을 세우지 않는다. 법집 등의 혹은 약간의 생사를 초감하는 의미가 있지만 이승의 열반을 가리지 않으며 또한 분단생사에 머물지도 않으니, 비록 이것(법집)을 끊지 못하였더라도 이理를 증득하기 때문에 번뇌장이라는 명칭을 받지 않는다.[158]

이 대목에서 우리는 인집과 법집, 번뇌장과 소지장의 차이를 찾을 수 있다. 인집 곧 번뇌장은 지智를 가리는 작용을 한다. 그러나 무상보리를 가로막거나 일체 종지의 경계를 가리지는 못한다. 무상의 지혜인 근본지를 막고 일체종지의 경계를 가리는 것은 인집의 번뇌장이 아니라, 그보다 더 심층에서 작동하는 법집의 소지장이다. 법집 등의 혹惑 역시 생사 과보와 관련이 없는 것은 아니지만, 그것 때문에 이승의 열반이 가려지거나 분단생사에 머무는 것은 아니다. 분단생사에 머문다고 하더라도 이理를 증득하기 때문에 번뇌장이라 하지 않고 소지장의 이름을 받는다. 그러므로 인집을 극복한다고 해도 아직 법집이 남아있는 한 일체 지

---

158 원효,《이장의》(한불전, 789下-790上), "然人執等惑, 亦有障於少分境智, 而未遮於無上菩提, 亦不弊於一切種境. 雖已斷此, 不得彼故, 是故不立所知障名. 法執等惑, 亦有少分感生死義, 而不弊於二乘涅槃, 亦不止於分段生死. 雖不斷此, 而證理故, 是故不受煩惱障名."

혜 및 그 경계가 다 드러나지 않는다. 따라서 인집의 번뇌는 소지장이라고 부르지 않는다. 《성유식론》에는 번뇌장과 소지장을 끊었을 때의 과果를 다음과 같이 언급하고 있다.

지금 이 논서를 짓는 것은 2공空에 미혹하고 잘못 아는 자로 하여금 바르게 이해하게 하기 위해서이다. 바르게 이해하도록 하는 것은 두 무거운 장애를 끊게 하기 위해서이다. 아와 법에 집착하기 때문에 2장이 함께 일어난다. 2공을 증득하면 장애도 따라서 끊어진다. 장애를 끊는 것은 두 가지 수승한 증과를 얻기 위해서이다. 윤회의 삶을 계속하게 하는 번뇌장을 끊음으로써 진해탈을 증득하고, 지혜를 장애하는 소지장을 끊음으로써 대보리를 증득할 수 있다.[159]

아집과 법집은 자아와 세계에 대해 잘못 앎으로써 생기는 집착이다. 이 집착으로 인해 열반과 보리를 장애하는 번뇌장과 소지장을 갖게 된다. 이 번뇌장과 소지장을 극복하는 것은 자아에 대한 집착을 벗어 아공을 깨닫고, 이 세계에 대한 집착을 벗어 법공을 깨닫는 것을 통해 가능하다. 이는 석가의 제법무아와 제행무상의 원리를 터득함을 통해 가능한 것으로 자아에 대한 해체의 상태인 인무아와 세상에 대한 법의 해체를 통한 법무아를 터득하는 것이다.

---

159 《성유식론》1권(《대정장》31, 1上), "今造此論, 為於二空, 有迷謬者, 生正解故. 生解為斷二重障故. 由我法執, 二障具生. 若證二空, 彼障隨斷. 斷障為得二勝果故. 由斷續生煩惱障故, 證眞解脫. 由斷礙解所知障故, 得大菩提."

법공에 도달하지 못해 분별하여 상相을 취하는 것을 무명이라 하고 법집이라 이름한다.[160]

번뇌장은 소지장보다 범위가 협소하며 거칠다. 소지장은 번뇌장에 비해 행상이 미세하고 삼계에까지 그 장애가 미친다. 번뇌장은 7지 이전까지 현행하지만 8지 이후에는 단절되어 현행할 능력을 잃고 습기로 남아있는 종자도 10지 이후 금강유정이 나타날 때 모두 끊어지기 때문에 이승도 끊을 수 있다.

미세 수면은 제8지 이상에서 일체의 번뇌를 이미 제거하여 다시 현행하지 않지만, 오직 소지장의 의지가 된다.[161]

법신의 원만함은 비유하면 큰 구름이 모두 다 능히 덮어 버리는 것과 같다. 그러므로 제10 법운지라 이름한다. 최극미세의 번뇌장과 소지장을 영원히 끊고 집착과 걸림이 없어서 모든 종류의 알아야 할 경계에 대하여 바르고 평등한 깨달음을 얻나니, 제11지 불지라고 이름한다.[162]

---

160 원효, 《이장의》(한불전, 792中), "未達法空, 分別取相, 說名無明, 亦名法執."

161 《해심밀경》4권(《대정장》16, 707下), "微細隨眠, 謂於第八地已上, 從此已去一切煩惱不復現行, 唯有所知障, 爲依止故."

162 《해심밀경》권4(《대정장》16, 704上-中), "法身圓滿, 警如大雲能遍覆, 是故第七名法雲地, 永斷最極微細煩惱, 及所知障, 無著無礙, 於一切種所知境界, 現正等覺故, 第十一說名佛地."

나. 이장의 체성體性

번뇌장을 일으키는 근본이 되는 것은 '나에게 아가 있다'라는 아집이다. 이 아집인 인집人執으로 인해 지혜를 장애하여 열반을 가로막는다. 그러나 이 인집이 모든 종류의 경계를 가려 덮는 것은 아니다. 마찬가지로 소지장을 일으키는 근본이 되는 것은 '세상이 있다'라는 법집法執이다. 이 법집으로 인하여 보리를 성취하지 못하지만 아집은 벗어나기 때문에 번뇌장이라 하지 않는다. 이러한 소지장은 법집, 망상분별, 법애만法愛慢, 무명 등을 그 체體로 한다. 아집이 오온의 화합물인 각각의 존재에 실체성을 주장한 것이라면, 법집은 인무아는 인정하면서도 오온의 각 요소는 실유한다는 견해다. 즉 일체가 무상과 공空인 연기적 존재임에도 불구하고 그것을 대상화하고, 실체화하여 세상이라 여기는 것이다. 이러한 법집에 의해서 우리는 일체 존재를 있는 그대로 보지 못하게 된다.

> 상相을 취해 분별하는 것은 무상의 진여를 깨닫지 못하였기 때문에 법집을 또한 무명이라 한다.[163]

번뇌장과 소지장이 아집과 법집에 의한 장애라면 이러한 '내가 있다', '세계가 있다'라는 생각은 어떻게 일어나며, 이러한 생각을 일어나게 하는 근본 원인은 무엇인가? 원효는 유식 체계에 의거한 현료문에 있어 이장의 본체에 대한 분석을 다섯 범주로 나누어 고찰하였다. 그중 이장의

---

163   원효, 《이장의》(한불전, 791中), "取相分別, 卽不了達無相眞如, 故名法執亦名無明."

자성에 대해 원효는 근본번뇌와 수번뇌에 기인한 아집과 법집과의 관계를 통해서 규정한다. 번뇌장은 인집이 위주가 되어 10가지 근본번뇌와 수번뇌를 자성으로 삼는다. 소지장은 법집을 위주로 하여 망상분별과 법애와 만·무명 등이 그 체를 이룬다. 《유가사지론》에서는 이장이 인무아, 법무아와 관계되어 이승과 보살승을 구별하는 기준이 되고 있음을 다음과 같이 밝히고 있다.

> 성문 독각은 인무아를 얻으나 오직 법은 있다고 하여 법유를 얻고, [⋯] 모든 보살과 불세존은 법무아에 들어간다.[164]

또한 《현양성교론》에서는 이장에 대해 다음과 같이 설명하고 있다.

> 성문과 독각은 전의하여 번뇌장을 끊어 해탈신을 얻지만 불보살은 번뇌장뿐만 아니라 소지장까지도 벗어나 해탈신과 법신을 증득하게 된다.[165]

이승은 번뇌장을 멸했으나 아직 소지장은 멸하지 못한 상태이지만, 보살은 소지장까지 단멸하였다. 그래서 이승은 아공을 획득하여 아집을 여의였으나 법집이 남아있어 부처를 이루지 못한다. 그러나 보살은

---

164 미륵, 《유가사지론》 35권(《대정장》 30, 486下), "聲聞獨覺能觀唯有諸蘊可得, [⋯] 諸菩薩諸佛世尊入法無我."

165 무착, 《현양성교론》 7권(《대정장》 31, 516下), "聲聞菩提獨覺菩提所證轉依, 解脫煩惱障解脫身攝. 無上正等菩提所證轉依, 解脫一切煩惱障及所知障, 解脫身攝及法身攝."

번뇌장뿐만 아니라 소지장까지 청정하여 법공에 다다른다는 것이 유식계의 이장에 대한 공통 견해이다. 번뇌장을 멸해 열반을 증득한 이승은 해탈신을 얻고, 소지장을 멸해 반야를 증득한 불보살은 법신을 얻는다. 이에 따라 해탈신은 열반, 법신은 보살로 나뉘며 번뇌장은 열반을 장애하고, 소지장은 보리를 장애한다는 이장의 체계가 완성된다. 번뇌장은 이승도 보살도 끊을 수 있지만 소지장은 그 작용이 미세하기 때문에 보살만이 끊는 장애이다. 결국 소지장의 유무에 따라 이승과 보살이 구별된다 하겠다.

다. 이장과 8식의 관계

자성분별을 방해하고 계탁분별을 하게 하는 번뇌장의 체성에 관해서 《이장의》에서는 다음과 같이 언급하고 있다.

인집을 필두로 하여 근본번뇌와 분忿·한恨·부覆 등의 모든 수번뇌가 번뇌장의 자성이 된다. 그 권속을 논한다면 저것(번뇌장)과 상응하는 법과 저것이 발생시킨 업과 (저것이) 낸 과보가 다함께 번뇌장의 체에 모두 들어간다. [166]

인집인 인아견을 우두머리로 하는 6종 염심과 이 염심에서 파생되어 나온 20종 수번뇌는 모두 번뇌장의 자성이 된다. 근본번뇌와 수번뇌라

---

166 원효, 《이장의》(한불전, 790上), "人執爲首, 根本煩惱忿恨覆等諸隨煩惱, 是爲煩惱部之自性. 論其眷屬彼相應法及所發業幷所感果報相, 從通入煩惱部體."

는 것은 유식학의 6품品 51심소법의 분류상에서 변행과 별경과 선과 부정不定의 4품品을 제외한 모든 번뇌를 말하는 것이다. 근본번뇌는 탐·진·치·만·의와 아견·변견·사견·견취견·계금취견 5종 악견을 합해 모두 10종이다. 근본번뇌는 무명을 원인으로 하여 일어나며, 무명은 의疑와 사견을 일으키고, 이 사견에 의하여 탐貪·에恚·만慢 등의 수번뇌가 차례로 발생하여 6종의 근본번뇌가 생겨나며 아울러 20종의 수번뇌가 함께 일어나 모든 잡염법이 이루어진다.

번뇌장의 체성 가운데 탐과 무명은 제8아뢰야식을 제외한 모든 식에 통하며, 만慢은 제7말나식과 제6의식에 통한다. 3불선근 가운데 하나인 진瞋은 오직 제7말나식에만 통하지 않고 의, 변견, 사견, 견취견, 계금취견 등 4종의 악견은 오직 제6의식에 상응하지만, 살가야견은 제7말나식과 제6의식에 모두 통한다. 이 살가야견 가운데는 아我·아소我所가 있다. 그런데 이 아와 아소는 제7말나식과 제6의식에 상응하며, 제7말나식은 아뢰야식의 자체(견분)를 반연해서 아我라고 하고 상분을 소의경으로 삼아 아소我所라고 인식 활동을 한다. 예를 들면 안식이 밝은 거울을 대할 때 두 가지 요별경了別境이 있는 것과 같다. 하나는 거울 자체의 밝은 색을 식별하는 것이고, 또 다른 하나는 거울 위에 비친 상을 요별하는 것이다. 이처럼 말나식도 직접 아뢰야식 자체를 반연하면서 또한 식 안에 나타난 상도 아울러 반연한다. 그렇지만 식 바깥에 법이 있는 것을 생각할 수 없기 때문에 총상으로써 아뢰야식을 반연하게 된다. 제7말나식의 두 가지의 행상도 이와 같다. 《현양성교론》에는 아견에 대해 두 가지를 언급하고 있다.

의意 가운데 하나는 자체를 반연하는 아견이고, 또 하나는 다른 실체를 반연하여 의지하는 아견이다.[167]

이 가운데 제7말나식의 생기生起는 오직 자체를 반연하며, 제6의식은 자체와 타체를 모두 반연한다. 그리고 자체를 반연하는 아견에는 분별기와 구생기의 2종 아견이 있는데, 이때 제7말나식은 구생기의 아견만을 일으키고, 제6의식은 분별기와 구생기의 두 아견 모두를 일으킨다. 《유가사지론》에서도 아견은 유분별 아견·구생 아견·자의지 아견·연타의지 아견 등 4종 아견에 의해 일어나고[168] 모든 번뇌에는 4종의 아견이 상응하는 바에 따라 7전식에도 있다고 언급하고 있다.

이장과 8식과의 관계에서 호법은 이장인 번뇌장과 소지장이 모두 칠전식에 통하고, 아집과 법집의 이집二執은 오직 제6의식과 제7말나식에만 있다고 보았다. 안혜는 번뇌장이 전5식, 제6의식과 제7말나식에도 통한다고 보았고, 아집은 제6의식과 제7말나식에만 있다고 본다. 그리고 소지장과 법집은 전5식과 제6의식과 제8아뢰야식에도 존재한다고 주장한다. 그렇기 때문에 안혜는 8식에도 두루 법집이 있다고 말한다.

호법은 소지장이 삼성 가운데서 오직 불선성일 뿐이고, 유부무기성

---

167 무착,《현양성교론》1권(《대정장》31, 480下), "意者, 謂從阿賴耶識種子所生, 還緣彼識, 我癡我愛我我所執我慢相應.(의는 아뢰야식의 종자 소생을 따르는 것을 이르며, 도리어 그 식을 반연하여 아치·아애·아·아소지·아만 등과 상응한다.)"

168 무착,《유가사지론》86권(《대정장》30, 779下), "復次有四種我見, 爲所依止, 能生我慢, 一有分別我見, 謂諸外道所起, 二俱生我見, 謂下至禽獸等, 亦能生起. 三緣自依止我見, 謂於各別內身所起, 四緣他依止我見, 謂於他身所起."

이기 때문에 이승의 성도를 장애하지 않지만 보살도를 가로막기 때문에 이승의 측면에서 보면 무부임에도 불구하고 보살의 측면에서 보면 유부가 된다고 보았다. 법집무명은 오직 제6의식과 제7말나식에만 있고, 나머지 식에는 없다는 것이다. 왜냐하면 법집무명은 추구성이기 때문이다.

호법이 생각하는 전5식은 현량지로서 사량하며 추구하는 힘이 없다. 추구성이 없다는 말은 제6의식과 제7말나식과 관계하는 법집무명과는 상관없으며, 아뢰야식도 무부무기성이므로 추구성의 집(執)이 통할 수 없다. 만약 이 아뢰야식에 법집이 있다면 소훈처의 자격을 상실하게 되고, 생각들이 유실되어 번뇌를 대치하는 것도 불가능하게 될 것이다. 호법이 볼 때 법집은 변계소집심인 제6의식과 제7말나식에만 있기 때문에 전5식은 제8아뢰야식과 마찬가지로 법집이 없다고 할 수 있다.

반면에 안혜에 의하면 소지장도 역시 삼성에 통하기 때문에 이승의 인공무루까지도 법집 분별을 면하지 못한다고 주장한다. 안혜는 아뢰야식이 법공관을 요달하지 못한 상태이기 때문에 취상분별이 있음을 들어 법집이 8식에 두루 통한다고 보았다. 즉 법집이 8식에 두루 통하는 이유는 8식이 법공을 통달하지 못하고 상을 취하여 분별하기 때문이다. 《해심밀경》에는 다음과 같이 언급하고 있다.

미세한 수면은 제8부동지 이상의 번뇌를 말하며, 그 이후부터는 일체의 번뇌가 다시 현행하지 않으며, 오직 소지장만 있을 뿐이다.[169]

---

169 현장 역,《해심밀경》4권(《대정장》16, 707下), "微細隨眠, 謂於第8地已上, 從此已去一切煩惱不復現行, 唯有所知障爲依止故."

이 구절에 따르면 제8부동지 이상이 되면 번뇌장은 없고, 오직 소지장만 있다. 따라서 소지장은 전식轉識에서 일어나지 않는다. 왜냐하면 전식은 수면과 상응하지 않기 때문이다. 아뢰야식이 번뇌와 상응하지 않는다고 한 것은 일체의 번뇌장이 없다는 말이지 아뢰야식에 미세한 소지장의 현행이 없다는 말은 아니다. 그러므로 이에 따르면 아뢰야식에는 미세한 소지장만 있다.

안혜에 따르면 제8아뢰야식에는 미세한 소지장이 있기 때문에 법집이 있다. 그 이유는 상想의 심소가 인식작용을 해서 표상을 분별하기 때문이다. 즉 상相이 무상의 진여를 바로 보지 못하게 하기 때문에 법집이 생기는 것이다. 그리고 법공관 시에 종자를 훈습할 곳이 없다고 하더라도 아뢰야식은 스스로 전멸후생의 인과관계로 부단상속하여 단절됨이 없기 때문에 제8아뢰야식 자체는 없앨 수가 없다. 그래서 안혜는 제8아뢰야식에 법집이 있어도 지극히 미세하여 전식득지에 장애가 되지 않으며, 또 제8아뢰야식은 무기성이기 때문에 훈습받을 수 있다고 본다. 그는 이승의 인공무루까지도 역시 법집분별을 벗어나지 못한다고 보았다. 왜냐하면 견도에서 현량지가 일어나 인공진여를 증득했다 할지라도 고사苦事에 대하여 고등상苦等相을 취한 것을 보면 법공진여에 미혹하여 법공분별을 일으킨 것이 되기 때문이다. 《유가사지론》에는 다음과 같이 언급한다.

견도에 오른 자가 지행智行을 가지고 중상衆相을 멀리 여읜 그때 성지聖智가 비록 고苦를 반연한다 할지라도 고사苦事에 대하여 분별을 일으키지 않는다. 그렇지만 이것이 고苦가 되어 상相을 취하게 되니 고제에서와 같다. 나머지 집멸도제도 그와 같다. 이때 선세先世의 세속지로써 진리를 관하는 중

에 모든 상상想相에 대하여 해탈하여 희론지를 끊고, 단지 그 뜻에 대해 진여
이理를 반연하여 상을 떠난다.[170]

　　이는 수행자가 수행함에 있어 명언을 취하지 않고 인공진여에 통달
한 뜻을 나타낸 것으로 견도소단에 이르면 분별지를 여의어 진리를 관
해 해탈한다고 언급한다. 이승은 다만 인무아에 의해 아공我空 상태를
증득하지만, 보살은 아공은 물론이고 법공法空을 증득한다. 그러기 때문
에 견도에 오른 이승은 비록 인공을 증득하여 전도됨이 없다 할지라도
법공에 미혹하여 전도된 상을 취할 수 있다. 제8식의 법집 유무에 대해
서 원효는 별상과 통상으로 나누어 두 주장을 회통하고 있다.

　　어떤 사람은 다음과 같이 말하였다. 두 논사가 말한 것이 모두 도리가 있
다. 그 까닭은 개별적인 문인 거친 도리에 의거한다면 처음 논사가 말한 것
에도 도리가 있고, 공통적인 미세한 도리에서 본다면 뒤의 논사가 말한 것에
도 도리가 있기 때문이다. 이러한 두 가지 이치의 문이 있기 때문에 모든 글
의 상위함이 다 통하게 된다. 만일 저 별상의 법집무명을 8식과 3성 모두에
둔다면 도리에 맞지 않기 때문에 과실이 있게 되고, 가령 이 통상의 법집을
2식(의식·말나식)에만 국한하고 선善에 통하지 않는다고 한다면, 도리에 맞지
않으며 또한 성언에도 어긋난다. 두 논사가 말한 것은 이미 이와 같지 아니

170　무착,《유가사지론》58권(《대정장》30, 625上), "昇見道者, 所有智行遠離衆相,
　　爾時聖智雖緣於苦, 然於苦事不起分別, 謂此爲苦取相而轉, 如於苦諦, 於集滅道
　　亦復如是. 爾時即於先世俗智所觀諦中, 一切想相, 皆得解脫絶戲論智, 但於其
　　義緣真如理離相而轉."

하니, 이 때문에 두 설명이 모두 도리가 있다.[171]

　호법의 별문추상도리는 제8식에는 집執이 없고 제6식과 제7식에만 집이 있다는 주장이다. 호법은 법집이 제6식과 제7식에만 통하며, 3성 가운데 불선과 유부무기로 보았다. 안혜의 통문거세도리는 제8식에 모두 집이 있다는 설이다. 제5식과 제8식에는 법집이 있고, 제6식, 제7식에는 아집이 있다는 주장이다.

　원효는 별문에서 보면 호법의 주장도 일리가 있고, 통문에서 보면 안혜의 주장도 일리가 있기에 만일 별상문에서 법집무명이 8식과 3성에 통한다고 하면 도리에 맞지 않으며, 통상문에서 법집이 제6의식과 제7 말나식의 2식에만 국한하고 선善에는 상통하지 않는다고 한다면 도리에 어긋나지만 둘의 주장은 그렇지 않기 때문에 모두 다 도리에 맞는다고 보았다.

　별문추상도리에 의거해 보면 만약 법공관이 초지 이전 삼현위 가운데 법집이 있다면 곧 인공관 전의 사선근에도 응당 아집이 있으나, 법공을 깨닫고 나서 법집이 남아 있지 않기 때문에 호법의 주장이 타당하다고 언급한다. 이는 법공을 증득했을 때에 이미 법집이 떨어진 상태라고 보았기 때문에 아뢰야식에는 미세한 수면이 남아 대원경지를 얻지 못하

171　원효, 《이장의》(한불전, 792下-793上), "或有說者, 二師所說, 皆有道理, 所以然者, 若依別門㣲相道理, 初師所說, 亦有道理, 於其通門巨細道理, 後師所說, 亦有道理. 由有如是二種理門, 諸文相違皆得善通. 設使將彼別相 法執無明通置八識及三性者, 不應道理, 故有過失, 縱令此通相法執, 局在二識, 不通善者, 不應道理亦乖聖言, 二師所說旣不如是, 是故二說皆有道理."

는 것일 뿐 법집은 없다고 보았다. 미세한 수면은 오직 아뢰야식 차원의 대치에 해당하는 것이지 법집의 차원은 아니기 때문이다.

통문거세도리에 의거해서 보면 진관眞觀에 들어가지 못할 때는 마음에 일체 망상이 없어지지 않고 미란迷亂이 있다. 즉 능취 소취에 집착함이 아직 끊어지지 않았기에 미란 망상이 있다고 보아 법집이 있다고 보았다. 만약 인공관 전의 방편도 중에 인집이 없기 때문에 법공관 전의 방편도 중에도 법집이 없다고 말하면 이것은 과실이라 보았다. 인공관 전의 방편도와 법공관 전의 방편도는 같은 것이 아니기 때문이다. 그러므로 제8식에도 법집이 있다는 것은 일리가 있다고 보았다.

원효는 제8식에 법집이 없다는 호법의 주장과 8식에는 법집이 있다는 안혜의 주장을 회통시킨다. 원효에 따르면 호법의 주장은 별문추상도리에 맞으며 안혜의 설은 통문거세통문도리에 맞기 때문에 이 두 가지 진리의 문은 서로 어긋나지 않는다. 이처럼 안혜와 호법설이 모두 도리가 있으며 번뇌장은 7전식에 통하나, 제8식과도 연결돼 있어 소지장은 8식 모두에 통한다고 보았다. 이를 통해서 볼 때 원효는 여러 학파들 간의 문제점들을 유식이라는 큰 틀 안에서 조율하면서도 편향되지 않게 핵심을 놓치지 않고 화쟁시키고 있다고 보인다.

라. 이장과 전纏·수면隨眠과의 관계

원효는 또한 전纏·수면隨眠과의 관계로 이장의 체성을 밝혔다. 전은 2혹이 일어날 때 염오심으로 번뇌가 현행하여 유정을 속박하는 작용을 한다. 수면은 현행하는 번뇌가 훈습하여 종자에 깊이 잠복한 불각상태를 말한다. 이는 생사유전의 근본 원인으로 끊임없이 상속하고 훈습하는 종자 번뇌라 할 수 있다. 전纏과 수면은 전纏이 훈습하여 발함에 따라서 2종 수면이 화합하여 장애를 일으키는 관계이다. 이때 일어나는 2종 수면은 종자와 추중 두 가지가 있다. 그러나 이 둘은 같은 하나의 전纏이 훈습할 때 함께 발생하기 때문에 2종 수면인 종자수면과 추중수면은 모두 장애의 체성體性이 된다.

종자수면이 깊이 자체自體를 지닌 채 자류성自類性, 상속성相續性을 지녔다면 추중수면은 불조유성不調柔性을 의미한다. 불조유성은 수면이 염오심을 훈습하여 발생할 때 조유성이 없고, 감능성堪能性이 없으며, 이숙식에 있어서 현행번뇌의 작용을 일으키지 않는 것을 말한다. 즉 전변하기는 하지만 아직 독자적 감능성이 없어 잡염을 따라 청정하지 못한 것이 추중 수면이다. 만약 종자와 비교하여 추중을 논한다면 추중은 이숙품이나 무기에만 관련한다. 즉 추중은 종자에 비해 현행할 수 있는 힘이 미약하고 염오가 적기 때문에 끊기 쉽다는 말이다. 만약 이숙식 가운데 있는 염오심이 현행할 수 있는 힘을 지닌다면 염오의 속성인 체성을 지닌 종자이기 때문이다. 이처럼 8식 가운데 현행을 가능하게 잠재하는 힘을 지닌 것을 종자라 할 수 있다.

이 종자가 선천적인 것인가 후천적인 것인가에 대해서는 앞서 논의한 것과 같이 《성유식론》에서는 본유와 신훈을 종합하였다. 즉 제8식 가운데 무시이래로 저절로 제법을 생하는 공능을 갖추고 있으니 이를 본유종자라 하고, 무시이래로 현행한 현재의 세력에 의해서 자주 쉬지 않고 훈습한 공능이 제8식에 있으니 이를 신훈종자라 하여 본유와 신훈을 종합하였다. 원효의 견해 또한 《성유식론》과 크게 다르지 않다. 원효는 본유종자가 선천적 아견과 몸과 정신을 이루어 세계를 형성하고, 신훈종자가 후천적 아견과 몸과 정신을 이루어 장애를 일으켜 현행한다고 보아 본유와 신훈을 모두 인정하고 있다. 원효는《이장의》에서 다음과 같이 본유·신훈설을 회통시키고 있다.

> 종자에는 본성계와 습성종자가 있다. 〔…〕 이 두 종자에 따르는 의가 반연하는 대상인 법계는 숙세의 악한 설법과 비나야(계율)에 의하여 낸 분별기의 살가야견을 의지로 삼기 때문에 지금의 계를 모아 둔 것이다. 곧 이 계의 증상력 때문에 구생기의 살가야견을 일으키며, 선한 설법과 비나야 중에서도 다시 현행하여 장애가 될 수 있다.[172]

소지장에서의 성연과 성분별은 번뇌장의 전과 수면에 대응된다. 즉 성性에 의해 연緣과 분별分別을 통해 번뇌가 일어나기 때문이다. 원효는《현양론》의 내용을 인용하여 의타기 자체의 두 가지 변계소집의 분별을 들어 성연과 성분별을 설명하고 있다. 즉 소지장의 연緣에 의해 발현한 것은 번뇌장의 전纏처럼 미세하고 심오한 그 자체의 분별을 낳고, 소지장의 분별에 의해 발현한 것은 그 분별이 자주 반복되기 때문에 생기는 미세한 습기를 일어나게 한다.

원효는《대승장엄경론》의 유각 분별상과 무각 분별상, 상인 분별상의 삼종 분별상을 들어 소지장의 심층에 대해 언급하고 있다. 곧 승각을 자주 따르는 유각 분별상은 번뇌장의 전과 수면에 속하며, 이를 성연이

---

172 원효,《이장의》(한불전 793中), "種子內亦有二種, 謂本性界及習成種子. 〔…〕此二種子所隨逐意, 所緣法界, 彼由宿世依惡說法, 及毗那耶所生分別薩迦耶見, 以爲依止集成今界. 卽由此界, 增上力故發起俱生薩迦耶見, 於善說法毗那耶中, 亦復現行, 能爲障碍."

라 하고 자주 익힌 습기의 수면을 따르는 무각 분별상은 소지장의 경계로 성분별이라 보았다. 상인 분별상은 번뇌장의 전·수면과 상호 연관관계에 있는 소지장의 깊은 무명이 상호작용을 보인 것으로 전·수면의 번뇌도 그 종자의 영역을 추구하면 분별이면서 동시에 소지장으로 연결되는 것이다. 원효는 이러한 현행의 종자는 모두 분별로서 소지장의 체가 된다고 보았다.[173]

마. 이장과 습기

원효는 출세간의 성도를 장애하는 번뇌의 체를 정장正障 혹은 정사正使라 하였다. 이를 습관의 기氣로 남아 있는 것이라 규정하고 번뇌장과 소지장은 출세간의 성도를 장애하므로 정장이라 하고, 정장의 번뇌가 멸한 뒤에도 그와 유사한 기운이 남아있는 상태를 습기라 규정하였다.[174] 원효는 습기를 다시 별습기와 통습기로 나누고, 번뇌장과 소지장과의 관계로 조명하였다. 별습기는 번뇌장에만 있고 소지장에는 없는 것으로 현행과 종자로서의 성질을 모두 가지고 있는 것을 말한다. 별습기는

---

173 원효, 《이장의》(한불전 793下) "又釋曰此偈顯分別相有其三種, 一有覺分別相, 二無覺分別相. 三相因分別相. 意言者謂我想, 我卽想境, 想卽心數, 由此想於義, 能如是如是起. 意言解此是有覺分別相, 習光者習謂意言種子光謂從種子, 直起義光未能如是如是起. 意言解此是無覺分別相. 互光起者, 謂依名起義光, 依義起名光, 境界非眞唯是分別相, 此是相內分別相. 故依此等文, 當知現行種子皆是分別爲所知部體."

174 원효, 《이장의》(한불전 793下), "四就正習簡部體者, 如上所說二部體性直碍聖道名爲正部. 由前數習滅, 後有氣髣髴相似. 故名習氣."

수도하여 교만한 번뇌를 일으키는 종자를 단절하였더라도 옛 습관인 취상분별 종자는 단절하지 못한 상태로 원효는 다음과 같은 예를 들어 별습기를 설명하고 있다.

어떤 한 사람이 고귀한 집안에 태어나 여러 생을 거치면서 오랫동안 교만을 익혀, 교만한 마음속에 노비라는 명언을 자주 익히고 그 가운데 상을 취하여 분별하였다. 훈습된 종자에 곧 두 가지 뜻이 있으니, 교만의 번뇌를 내는 것과 상을 취함을 내는 것이다. 이 사람이 도를 닦아 성인의 과를 얻은 후에 교만의 번뇌를 내는 쪽의 종자는 끊어지게 되었으나, 상을 취함을 내는 쪽은 그것에 의하여 끊어지지 않는다. 따라서 이 종자가 현행을 내어서 교만한 마음이 없는 중에 문득 노비라고 말한다.[175]

이처럼 수도인이 끊은 것은 교만의 번뇌를 내는 방면의 종자이지 상을 취해 내는 종자는 끊어지지 않아 옛날 노비에 대한 분별심은 남아있게 되는 것이다. 그러므로 이 교만을 일으키는 만사습기慢使習氣는 번뇌장의 습기로 이승의 도를 장애하지 않는다. 그러나 노비에 대한 분별심은 취상분별로 법공의 진리에 미혹된 것이 되어 소지장의 체성이 된다.[176]

---

175 원효, 《이장의》(한불전 793下-794上), "且如有一生高貴家, 庭歷多生長習憍慢. 憍慢心中數習奴婢名言. 於中取相分別所薰種子, 卽有二義. 謂生慢使及生取相, 此人修道得聖果後, 生慢使邊種子被斷, 生取相邊非其所斷, 故此種子能生現行, 無慢心中輒言奴婢."

176 원효, 《이장의》(한불전 794上), "此等煩惱性部之習氣, 不入煩惱部中所攝, 以非能障二乘道. 故取相分別迷法空理, 是故正爲所知障體."

통습기는 현행의 능력도 없고 종자도 아닌 것으로 추중습기에 해당한다. 바로 이장 모두에 남아있는 기운을 말하는 것이다. 즉 무루도가 생하여 번뇌의 종자가 끊어져서 번뇌품의 추중이 경미하게 되면 이숙식의 추중이 되는 것이다. 이것은 염染의 남아있는 기운일 뿐 염染 자체가 아니기에 번뇌 자체가 아니다. 마치 아들의 몸이 아버지의 유기遺氣이지만 아버지가 아닌 것과 같기 때문이다.

모든 번뇌품에 있는 추중을 아라한 등이 영원히 남김없이 영구히 끊어 버렸는데, 다시 어떤 품의 추중이 있기에 그가 아직 끊지 못하고, 이것을 끊음으로 말미암아 '여래가 영구히 습기를 끊었다'고 하는가? 〈답〉 이숙품의 추중은 아라한 등이 아직 끊지 못하였고, 오직 여래라야 완전히 끊었다고 할 수 있다.[177]

원효는 《유가사지론》을 인용하여 추중습기를 다시 두 개로 나누고 있다. 염추중은 안은성安隱性과 감능성堪能性이 없는 수면번뇌로써 이승의 번뇌가 끊어지는 때에 영원히 끊어지는 습기종자이다. 유염추중有染麤重은 이숙식의 추중으로 염오의 남은 기운이지 염오 자체는 아닌 것이다. 따라서 유염추중은 수면이 단멸할 때에도 염오를 따라 생겨나고 훈습하기 때문에 이승은 끊지 못하며 여래의 구경위에서만 끊어지는 것이다. 이처럼 이장의 종자가 모두 끊어질지라도 습기가 남게 되는 이유는 이

---

177 원효, 《이장의》(한불전 794上), "諸煩惱品所有麤重, 阿羅漢等永斷無餘, 復有何品麤重, 彼所未斷, 由斷此故, 說名如來永斷習氣 〈答〉異熟品麤重阿羅漢等所未能斷, 唯有如來, 名究竟斷."

장에 습기가 통하기는 하지만 이장 내에 포함되는 것은 아니기 때문이다. 그래서 소지장의 종자는 지상보살이 끊지만, 소지장의 습기는 여래가 끊는 것이다.

이러한 습기를 원효는 습기장習氣障이라고 칭했다. 원효는 이 습기장을 이장에 소속시키지 않고 별도로 다루고 있다.[178] 원효가 제시한 습기장은 이장보다 더 미세한 장애로 이장이 끊어진 후에라도 남게 되는 미세한 습기를 말한다. 습기장은 두 종류가 있다. 이 두 습기장의 성은 서로 종류는 다르지만 서로 유사한 최극미세장이다. 종자가 끊어지기 전부터 이미 있는 습기가 전생습기이고, 종자가 끊어지고 나서 기운이 미박해진 습기가 무간생습기다. 이것으로 볼 때 원효는 습기장을 이애二碍 가운데 세간자연업지를 장애하는 무시무명과 같은 심불상응으로 설명함으로써 번뇌장과 소지장을 은밀문의 이애에 포함시키고 있다고 볼 수 있다.

바. 5법과 이장과의 관계

5법은 색법, 심소법, 심법, 불상응행법, 무위법을 말한다. 원효는 5법과의 관계를 통해 이장의 체를 설명한다. 이장에 대한 원효의 이러한 접근 방법은 이장을 유식학의 일법계 체계 위에서 살피기 위한 것으로 보인다. 5위는 유식학의 일체 제법을 분류하는 기준으로 원효는 이장을

---

178 원효, 《이장의》(한불전 794中), "一切菩薩, 所未能斷故, 此習氣非二障攝, 別爲第三名習氣障."

5법 곧 일체법의 유식적 인과 관계를 분석함에 있어 이장의 현행을 심소유법의 권속으로 보았다. 왜냐하면 번뇌는 의식의 내면과 관련된 심소상응의 작용이기 때문이다.

이장의 현행은 심소유법에 속한다.[179]

그러나 그는 심소유법뿐만 아니라 심법, 색법, 심불상응행법도 이장과 상응하여 현행하는 이장의 권속에 속한다고 보았다. 먼저 종자수면과 그 현행은 심법과 심소유법에 포섭된다. 종자수면은 아직 현행하지 않은 심층식이지만 자성을 반연하는 분별심이 있기 때문이다. 그리고 전생습기, 즉 이장 종자를 다 끊지 못한 별습기 현행과 종자는 심과 심소에 속한다.

또한 추중수면과 통습기인 무간생습기는 심불상응행법 가운데 이생성異生性에 속한다. 왜냐하면 심과 심소가 상응하지 않기 때문이다. 이생성은 견도에 들기 전의 번뇌를 의미하는데 성법聖法을 증득하지 못하거나, 성聖과 다르거나, 무루성도를 얻지 못한 지위에서 가립假立했을 때 이생이 된다.[180] 이러한 이생에는 추麤와 세細가 있다. 추중수면은 추중생麤衆生의 추이생麤異生이 견도하여 끊을 수 있는 번뇌를 끊지 못해서 생기는 수면으로 심법도 아니고 색법도 아닌 불분명하고 미정未定의 지위

---

179 원효, 《이장의》(한불전 794下), "如前所說二障現行, 直是心所有法所攝."
180 원효, 《이장의》(한불전 794下), "一切麤重隨眠及無間生習氣, 唯是不相應法攝, 以非性相應故, 廿四種不相應內, 是異生種類所攝, 以下堪能諸聖法故."

이기 때문에 불상응행법이다. 반면 미세한 무간생습기는 이장 종자를 끊고 나서야 있는 것으로서 중생에게는 무간생습기가 있다고 할 수 없다. 그래서 무간생습기는 성불하기 이전의 지상보살에게만 있다. 원효는 추중수면과 무간생습기를 이장에도 포함되지 않는 습기장으로 보아 심·심소법과도 상응하지 않는 이생성으로 보고 유정이 성도에 이르기까지 얼마나 많은 한계를 극복해야 하는가를 보여주고 있다. 그러나 결국 원효는 이 5법이 모두 심법에 소속되는 것이라 보았다.

원효는 현료문 번뇌의 특성을 8식과 5법의 관계로 해석하고 있다. 즉 번뇌장의 체성은 아집을 정점으로 하는 근본번뇌이자 수번뇌이고, 소지장체는 7종 전식에 모두 통하는 것으로 보았다. 8식에서의 소지장 유무에 관해서 원효는 논란이 되는 주장들에 대해 별문추상도리·통문거세도리로 각각의 타당성을 인정하고 회통하였다. 또한 수면과 종자에 관해서도 전과 수면으로 번뇌장, 본성계, 습성종자를 소지장으로 관통하였으며, 이장 밖에 습기장을 세우는 등 새로운 관점을 제시하였다. 또한 원효가 이장을 5법과의 관계로 해석, 심법을 강조하는 것은 이장을 해석함에 있어 유식적 해석을 가장 기본으로 삼고 있음을 보여주는 것이라 하겠다.

2. 심층의 은밀문: 이장의 은밀적 특성[181]

원효는 현료문에서는 실상과 관련된 현상의 문제에 비중을 두었다. 그러나 은밀문에서는 현상과 상응하는 제법의 특성에 좀 더 초점을 맞추었다고 보인다. 이는 원효 사상의 특징이 본체론과 현상론을 관통하여 성性과 상相을 아우르는 불이不二의 사상이기 때문이다.

원효는 《이장의》의 은밀문에서 번뇌를 다시 번뇌애와 지애로 나눈다. 번뇌애는 6염심에 의해 여리지의 적정한 성품에 어긋나는 것이고, 지애는 근본무명에 의해서 여량지의 작용을 방해하는 것이다. 번뇌애의 체성은 6염심이고, 지애의 자성은 근본무명이다. 표층적 구조의 번뇌장과 소지장은 이 번뇌애의 6염심 가운데 포함되고, 이 번뇌애의 6염심은 다시 근본무명에 포섭된다. 따라서 지애의 체성인 근본무명은 모든 번뇌를 낳는 모태가 된다고 할 수 있다.

---

181 화엄계의 규봉종밀은 《원각경약소》에서 앞의 현료문의 이장설은 추세 상관적 번뇌구조로 이승과 보살을 구별하는 횡적번뇌설인 데 비해 은밀문의 이애설은 본말상의관계로 번뇌를 파악하는 종적 번뇌구조로 보았다. 그는 장애를 이장理障과 사장事障으로 분류함으로써 이장을 본체와 현상에 대한 장애라고 보고 있다. 즉 이장이란 본래청정한 마음의 근원이 무명으로 인해 진여의 이理에 이르지 못하는 것을 말하며, 사장이란 중생이 무명으로 생사에 상속하여 벗어나지 못하는 것을 장애로 칭하는 것이다. 신규탁, 〈규봉 종밀의 진심 사상 연구〉, 동경대 박사 학위 논문, 210쪽.

가. 번뇌애와 6염심

원효는《이장의》의 은밀문에서 번뇌를 다시 번뇌애와 지애로 나누고 있다.

> 어떤 경우(은밀문의 경우)에는 번뇌애·지애라고 한다. 6가지 염심은 망념을 일으켜 상을 취하여, 상을 떠나 움직임이 없는 평등한 자성과는 다르니, 이처럼 적정과 어긋나기 때문에 '번뇌애'라고 한다. 근본무명은 제법의 무소득성(진여성)에 바로 미혹하고, 세속지(후득지)가 얻지 못할 것이 없는 것을 장애하니, 깨닫지 못한다는 뜻 때문에 '지애智礙'라고 한다. 이 중에서 '번뇌'는 장애하는 주체인 허물에 의하여 이름 붙였고, '지智'는 장애되는 대상인 덕으로부터 이름 붙였다. 세우고 세우지 않은 뜻은 앞의 내용에 준거해 보면 알 수 있을 것이다.[182]

번뇌애는 6염심에 의해 여리지의 적정한 성품에 어긋나는 것이고, 지애는 근본무명에 의해서 여량지의 작용을 방해하는 것이다. 6염심은 ①집상응염 ②부단상응염 ③분별지상응염 ④현색불상응염 ⑤능견심불상응염 ⑥근본업불상응염을 말한다.[183]

---

182 원효,《이장의》(한불전, 789上), "或名煩惱碍智碍者, 六種染心動念取相, 平等性離相无動, 由乖寂靜名煩惱碍. 此中煩惱, 是當能碍過名, 智是從彼所碍德稱, 廢立之意, 准前可知. 根本無明, 正迷諸法無所得性, 能障俗智無所得, 由不了義, 故名智碍."

183 원효,《이장의》(한불전, 795上), "言六染者, 一執相應染, 二不斷相應染, 三分別智相應染, 四現色不相應染, 五能見心不相應染, 六根本業不相應染."

집상응염은 제6의식에 속한 견·애 번뇌가 증장시킨 추번뇌의 분별에 집착하여 상응하는 것으로서 이승은 아라한위에서 견혹과 수혹의 번뇌를 다 여읜다. 부단상응염은 상속식 지위의 법집과 상응하는 번뇌로 초지 보살이 삼무성三無性을 증득하여 여의게 된다. 분별지상응염은 지식智識에 상응하는 번뇌로 제7지의 무상방편지에서 여읜다. 현색불상응염은 현식現識으로 맑은 거울에 색상을 나타내는 것과 같다. 8지의 색자재지에서 정토자재를 얻음으로 여읜다. 능견심불상응염은 전식轉識으로 마음이 동함에 의해 능견을 이룬 것으로 제9지의 심자재지에서 사무애지四無碍智를 얻어 여읜다. 근본업불상응염은 무명의 힘에 의해 마음이 움직인 것으로 보살지가 끝나는 십지에서 여읜다.

지애는 근본무명이 제법의 진여성에 미혹하여 세속지인 후득지를 얻지 못하게 장애한다. 이 근본무명으로 인하여 마음이 동하여 염染을 일으키기 시작하여 6염심이 생겨난다. 따라서 6염심의 근거가 되는 것이 근본무명이고, 이 근본무명에 의해 6염심이 생겨난다. 그러나 지애의 무명은 근본이 되는 무명이지만, 6염심의 무명은 근본무명에 따라 생겨나는 지말무명이다.

이러한 번뇌애와 지애는 번뇌장과 소지장 두 장애와 결과론적으로 비슷한 속성을 갖지만 심생멸의 동인動因을 바라보는 관점에 따라 둘로 나뉘게 된다. 물론 번뇌장과 번뇌애 또한 열반 적정과 어긋나게 되어 열반 적정을 장애한다는 점에서는 동일하지만 번뇌장이 계내界內에서 감수하는 번뇌의 보報가 주체가 되어서 적정 열반을 여의게 했다면, 번뇌애는 6염심이 망상을 일으켜 상을 취하고, 그것이 적정과 평등성에 어긋나게 된다는 데 차이가 있다.

소지장과 지애의 차이 또한 소지장이 지혜의 성품이 가려지고 막히는 것에 초점을 두는 장애의 명칭이지만, 지애는 근본무명 때문에 소지의 무소득성을 장애하여 지혜의 덕성이 발휘되는 것을 가로막는다는 것에 초점이 있다.

원효는 6염심을 번뇌애라 칭하여 번뇌애 중에 현료문의 번뇌장과 소지장을 모두 포함시켰다.[184] 왜냐하면 번뇌애는 진여 평등성을 혹惑하게 하여 여리적정의 근본지를 장애하는 번뇌이기 때문이다. 이처럼 제8아뢰야식은 현료문의 입장에서는 심층의 잠재의식으로 극히 미세한 능소이전의 상태이기 때문에 소지장으로 보았다. 그러나 은밀문에서는 아주 깊은 최극미세한 최초 근본무명의 경지가 있기 때문에 제8아뢰야식이 거친 번뇌애가 된다. 왜냐하면 은밀문에는 근본무명이 있기 때문에 여래의 지혜만이 이를 극복하기 때문이다. 그래서 원효는 《이장의》에서 다음과 같이 말한다.

6염심이 번뇌애의 체이고, 근본무명이 지애의 체이다.[185]

주지번뇌는 현료문 가운데에는 나타나지 않으며 오직 은밀문의 지애에 포섭된다.[186]

이는 현료문이 은밀문의 번뇌애와 회통한다는 것을 의미한다. 은밀

---

184 원효, 《이장의》(한불전 795 上), "此煩惱碍六染之中, 已攝前門二障皆盡."
185 원효, 《이장의》(한불전 796 上), "六種染心是煩惱碍體, 根本無明是智碍體."
186 원효, 《이장의》(한불전 802 中), "住地煩惱者, 顯了門中不顯, 此惑唯隱蜜門智碍所攝."

문 지애의 체인 근본무명은 현료문 안에 드러나지 않으나 6염심에는 아집과 법집이 모두 들어 있기 때문에 번뇌장과 소지장도 이들 염심 속에 전부 포섭되어 있다. 가장 심층에 있는 지애의 자성인 근본무명은 진정한 의미의 심층 번뇌라 할 수 있다. 지애라고 부르는 이유는 근본무명이 여량지를 가로막기 때문이다. 이 근본무명은 6염심이 의지하는 근본이 된다. 이 근본무명을 주지번뇌라고 한다.

나. 지애와 근본무명

지애의 자성은 근본무명이다. 이 근본무명은 6염심이 의지하는 근본으로 세간자연업지를 장애하는 가장 미세한 불각상이다. 이 근본무명을 지애라고도 하는데, 근본무명이 최초의 불각 상태로서 여량지의 밝게 깨어 살피는 작용을 가로막기 때문이다. 안으로 자성의 일여평등을 미迷했지만, 밖으로 차별상을 취하지는 않으므로 능취, 소취의 다름이 없어 마치 낮은 사미와 높은 화상의 자리가 가까운 것과 같이 근본무명은 진리광명에 가깝기 때문에 오히려 진리광명에 가장 위배된다. 즉 근본무명은 능취·소취와 주·객과 심·심소의 차별이 없는 최극미세한 무명이므로 진리광명에 가장 가까우면서도 가장 멀다.[187]

또 이 근본무명은 주지번뇌라고도 한다. 초목과 종자가 다 대지에 의존하는 것처럼 모든 번뇌도 여기에 의지하여 일어나기 때문에 무시무명

---

187 원효, 《이장의》(한불전 795 上), "根本無明者, 彼六染心所依根本寂極微細, 冥闇不覺, 內迷自性一如平等, 未能外向, 取差別相. 故能取所別異乃至與眞明其相太近. 故此無明於彼最遠, 如下沙彌與和上坐近也."

주지라 하고, 또 홀연히 처음 일어나기 때문에 무시무명이라고도 한다.

> 생사 중에 어떠한 법도 무명보다 미세하여 그것(무명)의 근본이 되는 것이 없으며, 오직 이 무명만이 원래 홀연히 처음 일어나니, 이 때문에 '무시무명'이라고 한다. 이것은 《본업경》에서 "그 주지住地 전에는 곧 어떤 법도 일어남이 없기 때문에 무시무명주지라고 한다."라고 하고, 《기신론》에서 "일법계를 깨닫지 못하였기 때문에, 마음과 상응하지 아니하여 홀연히 망념을 일으키니, 이를 무명이라고 한다."고 말한 것과 같다. **188**

무시무명은 이 무명보다 더 앞선 무명은 있을 수 없다는 의미를 내포한다. 그래서 원효는 이 무명이 최극미세하여 능소주객의 차별이 있기 전이어서 심불상응이라 했으며, 이것보다 더 미세한 염법은 없기에 홀연히 일어났다고 하였다. 능소의 차별이 없는 최극미세한 이 무명이 아뢰야식 지위에 있지만 범부나 보살은 이 사실을 알지 못한다. 무명을 없애버리면 곧바로 진여가 현시하는 것이다. 무명은 또 종자가 아니므로 이숙식과 상응하지 않지만, 이숙식에 의지하여 무명의 모습을 말할 수 있기 때문에 아뢰야식과는 불가분의 관계이다. 《대승기신론》에서는 일법계를 통달하지 못했기 때문에 심心과 상응하지 않고 홀연히 생각이 일어나는 것을 무명無明이라고 하고 있다. 이 근본불각이 본本이 되고, 이것보다 더 미세한 염법이 별도로 앞에 있지 않기 때문이다.

---

188 원효, 《이장의》(한불전 795 上), "於生死中, 無有一法細於無明而作其本, 唯此爲元忽然始起, 是故說名無始無明. 如《本業經》言, "其住地前, 便無法起, 故名無始無明住地. 《起信論》云, 以不達一法界故, 心不相應, 忽然起念, 名爲無明."故."

근본무명은 진여에 대한 무지로 모든 염법을 내는 근본이며, 본래 자성이 청정한 여래장으로 하여금 망炎과 화합게 하여 아뢰야식으로부터 어떤 결과를 일으키게 한다. 원래 마음의 본성은 차별적 상 너머 하나의 진여성이며 따라서 모두가 하나로 여여한 평등성이다. 이때 마음의 본성은 자성청정심으로 본래의 마음은 여여하고 적적함에도 장애가 이를 가리고 덮기 때문에 번뇌가 생겨난다. 이런 의미에서 과果로서의 아뢰야식은 6염심이며, 또한 6염심을 일으키는 것이 근본무명이다.

이 6염심은 유정의 마음을 번뇌케 하는 성질이 있어 청정하고 적정한 진여를 움직여 상을 취함으로써 평등성에 위배되어 진여의 근본지인 조적혜照寂慧를 가로막아 일체 사물을 적정하게 그대로 보지 못하게 한다. 이처럼 진여가 이분하여 능견상과 경계상으로 나타나고, 또 이 경계상에 지식이나 상속식이 그릇된 세상을 비추어 능취와 소취의 대립을 만들어낸다. 그것 때문에 유정이 진여의 평등성에서 벗어나게 되는 것이다. 결국 이 6염심이 동함으로써 유정은 차별적 상을 형성하고, 그 상을 좇아 생사를 반복하고 괴로워하여 진여근본지를 가로막고, 무명은 세간자연업지를 가로막는다.

이처럼 근본무명은 절대평등과 모순되는 관계 속에서 차별의 세계를 전개하지만 무명의 실체가 따로 있는 것이 아니므로 무명이 멸하는 것과 진여실상이 현전하는 것은 동시에 이루어진다. 이 6염심 중 집상응염은 아집, 부단상응염과 분별지상응염은 법집에 해당한다. 아집과 법집은 현료문의 번뇌장과 소지장의 작용과 유사하다. 그리고 이 현료문의 번뇌장과 소지장은 은밀문의 번뇌애에 포섭된다.

현료문에서 열반과 보리를 장애하는 아집과 법집은 결국 근본지를 장애하는 번뇌애에 해당한다. 번뇌애는 진여근본지를 장애하는 번뇌로 열반과 보리를 동시에 포함하여 막는다. 이처럼 현료문에서 열반을 장애하는 아집은 번뇌장이고 보리를 장애하는 법집은 소지장이므로 번뇌장과 소지장이 은밀문의 번뇌애에 포섭되는 것은 당연하다.

번뇌애의 6염심은 지애의 체인 근본무명에 의지한다. 그러므로 근본무명은 모든 번뇌의 근원이 된다. 《이장의》에서 근본번뇌는 기반이 되는 번뇌라는 의미에서 주지번뇌라고 한다. 주지번뇌는 모든 번뇌가 의지하는 토대가 되고, 모든 번뇌를 일으키기 때문에 주지住地라고 하는 것이다. 즉 근본무명이 진여를 움직여서 생사에 유전하게 되고, 또한 진여를 훈습하여 일체의 식 등의 존재를 변화시켜 생겨나게 할 수 있어 모든 번뇌의 뿌리가 된다.

> 근본무명은 제법의 무소득성에 바로 미혹하고, 세속지의 얻지 못함이 없음을 능히 장애하니, 깨닫지 못한다는 뜻 때문에 지애라고 한다.[189]

근본무명은 6염심이 동하게 하는 근거가 되며 진여에 미혹함이 시작되는 그 최초의 무명인 근본무명에 따라 6염심인 지말무명이 생겨난다. 번뇌애는 이 지말무명인 6염심으로 인해 생긴 장애로 보살진지, 등각 위에서 극복 가능하지만 근본무명으로 인한 지애를 벗어나는 것은 불위에 이르러야 비로소 가능하다. 왜냐하면 근본무명은 진여에 미혹한 것으로 여래의 지혜만이 이 무명을 극복할 수 있기 때문이다.

---

189 원효, 《이장의》(한불전, 789上), "根本無明, 正迷諸法, 無所得性能鄣俗智無所不得, 由不了義, 故名智碍."

지애는 근본무명으로 세간업지世間業智인 후득지後得智를 가려서 막는 것이다. 근본무명이 진여에 미혹하여 세속에서의 차별적인 지혜를 부정하기 때문에 혼미한 가운데 아무런 분별이 없는 모습을 취하게 되고, 세상의 차별상을 명백히 살피어 아는 후득지인 세간자연업지世間自然業智를 가로막는다. 그것은 제법이 본래 실체성이 없음을 바로 알지 못하여 후득지를 장애함으로써 헤아리지 못하게 하는 것이다. 이 근본무명으로 인해 진여에 미혹하고 나아가 진여로부터 형성되는 일체 세계의 차별적 상에 대한 세속지를 다 얻지 못하게 된다. 그래서 이처럼 앎이 궁극에 이르지 못하고 제한되어 있어 '불료의'라고 한다.

이러한 은밀문의 지애는 아뢰야식 개념을 통해서 재해석될 수 있다. 왜냐하면 근본무명은 고요한 본래 마음을 움직여서 3세가 성립되는데, 지극히 미세한 작용이기 때문에 아뢰야식에 속하게 된다. 근본무명인 지애는 그 자체로 아뢰야식은 아니지만, 아뢰야식의 무명상을 생하게 하는 최초의 불각이다. 무명은 종자가 아니므로 이숙식과 상응하지는 않지만 이숙식과 화합하여 불리不離되지 않아 무명상을 생하게 하기 때문에 아뢰야식 지위에 배대될 수 있는 것이다.

이처럼 지애의 근본무명은《이장의》에서 번뇌장과 소지장이 번뇌애에 소속되기 때문에 이 현료문과는 구별된다. 그렇다면 원효는 왜 현료문의 번뇌장과 소지장을 은밀문의 번뇌애에 포함시켰을까? 이러한 구도를 통해 원효가 진정으로 의도하고자 한 것은 무엇인가? 이장이 이애의 번뇌애에 포함되는 경우, 번뇌는 진여근본지를 장애하는 번뇌가 되며, 지애는 근본무명으로서 세간자연업지를 장애하는 번뇌가 된다. 즉 현료문의 이장 구조는 은밀문에서는 진지眞智와 속지俗智를 장애함으로써 대응을 이루어 진속이지眞俗二智를 장애하는 이애 구조로 전환한다고 볼 수 있다. 원효의 이러한 구도는 중관학파의 이제二諦 구도를 계승하는 한편 진제와 속제의 깨달음은 근본지와 후득지의 증득으로 이어지며 결국 일심一心으로 귀결된다는 것을 보여준다. 이 일심은 심진여문과 심생멸문을 아우르기 때문에 현상계와 본체를 하나로 하며, 번뇌가 보리이고 중생과 부처가 둘이 아니라는 대승적 의미로 나아간다.

번뇌의
종류

번뇌는 드러나는 것도 있지만, 은미하여 알기 어려운 것도 있다. 번뇌는 유정과 늘 함께하며 자주 일어나 유정의 청정함을 물들이고 괴롭게 한다. 이러한 번뇌는 인식과 불가분성을 지닌다. 이 장에서는 번뇌의 종류와 이들 번뇌들에 대해 유식적으로 접근하고자 한다.

1. 표층적 번뇌

원효는 《이장의》에서 크게 6가지로 구분하여 번뇌의 종류를 설명한다. ①128번뇌 ②104혹惑 ③98사使 ④8종 망상 ⑤3종 번뇌 ⑥2종 번뇌이다. 이 중 ①128번뇌 ②104혹惑 ③98사使는 현료문의 번뇌장에 속하며 ④8종 망상은 소지장에 해당한다. ⑤3종 번뇌는 견도見道와 수도修道에서 단절되는 번뇌로 은밀문에 해당하며, ⑥2종 번뇌는 주지번뇌와 기번뇌를 말한다. 기번뇌는 현료문 내의 이장에 포함되지만, 또한 은밀문의 번뇌애에도 포섭된다. 주지번뇌는 현료문 가운데에서는 혹惑을 나타내지 않고, 오직 은밀문의 지애에만 포섭된다. 그러므로 주지번뇌가 모든 번뇌의 근원이며 근본무명인 지애가 모든 장애의 근원이라 할 수 있다.

가. 128번뇌

128번뇌설은 아비달마 불교의 98수면설을 기초로 발전한 것으로 《유가사지론》의 본지분本地分에 나오는 설이다. 보통은 《구사론》의 98수면설이 발전된 형태로 추정하는 것이 일반적이지만, 엄밀하게 말하면 사제四諦에 미혹한 분별기分別起라는 관점이 128번뇌를 분류한 근거이다. 즉 열 가지 근본 번뇌가 3계의 경계에 대하여 어떻게 분별기의 미혹된 집착을 일으키는가에 따라서 번뇌를 분류한 것이다. 근본에 전도된 것과 체에 전도된 것 그리고 등류에 전도된 것이란 3종 분류 역시 전도顚倒된 관점에 초점이 있는 128번뇌의 분류라고 할 것이다. 원효는 《이장의》에서 128번뇌에 대해 다음과 같이 언급하고 있다.

처음 128번뇌라고 한 것은 4제에 미혹한 분별기를 말하니, 3계를 통틀어 취하여 128가지가 있다.[190]

128번뇌는 4제의 진리에 미혹하여 욕계·색계·무색계의 삼계에 집착

---

190 원효, 《이장의》(한불전, 798中), "初言一百二十八煩惱者, 謂迷四諦分別起 通取 三界有百二十八種."

하는 10종 근본번뇌를 수행단계에 따라 배당하여 128번뇌가 되었다. 즉 열 가지의 근본 번뇌인 탐·진·치·만·의·신견·변견·사견·견취견·계금취견을 삼계에 걸쳐 견도와 수도로 나눈 것이다. 즉 색계의 고제, 집제와 멸제, 도제에는 진瞋을 제외한 나머지가 있다. 무색계 또한 그러하다.

이 10번뇌는 4성제의 경계에서 어떻게 각각 분별기의 미혹된 집착을 일으키는가? 그 근본에 따라 4가지 구별이 있다.[191]

이 10종 근본 번뇌가 4성제의 경계에서 각각 별도로 미혹된 집착을 일으키는 이유는 그 근본에 따라 4가지 구별이 있기 때문이다. 고제와 집제를 여실지견하는 것은 곧 나를 이루는 오온의 색수상행식이 각각 무상無常하고 고苦이며 따라서 무아無我라는 것을 여실하게 아는 것이다. 그런데 이 무아를 여실하게 보지 못하고 고통을 받는 내가 존재하고, 고통스런 행을 하는 내가 존재한다고 생각하는 아견에 따라서 나머지 번뇌도 일어나므로 결국 10근본번뇌를 갖게 된다. 이는 색수상행식이 각각 고苦이므로 고苦의 쌓임이라는 것, 즉 번뇌의 인연과 소의처인 고제와 집제를 제대로 알지 못해 미혹함으로 인해 번뇌가 생겨나는 것이다. 이처럼 고제와 집제, 번뇌의 인연과 소의처에 미혹함으로써 10근본번뇌가 일어나게 된다. 10근본번뇌는 4제 아래에 각각 미혹한 집착이 있다.

128번뇌 중에서 살가야견과 변견은 분별기이면서 구생기이기도 하

---

191 원효, 《이장의》(한불전, 798中), "此十煩惱於四諦境, 云何各別起, 迷執者, 隨其根本有四別故."

다. 왜냐하면 안으로 자체를 계탁하여 자주 훈습하기 때문이다. 사견과 견취견·계금취견과 의意가 수도소단인 구생기에는 없고, 분별기인 견도소단에만 속하는 이유는 도리를 추구함에 여실하게 알지 못하고 자주 일어나지 않기 때문이다. 즉 수도에서 끊어지는 구생기 번뇌는 의식 차원의 번뇌도 있지만 말나식 차원의 번뇌도 있음을 알 수 있다. 이러한 4제에 미혹한 번뇌는 제6의식에만 상응하여 탐 등의 전纏은 없으나 여실하게 간택하지 못한 채 덮고 장애하고 어두워진 모든 심법을 말한다. 이 멸제를 추구함으로 말미암아 자아를 청정아淸淨我라고 계탁하는 아견을 내어 혹惑을 일으킨다면, 이와 같은 10가지는 모두 멸제에 미혹한 것이다. 또한 도제를 추구하여 번뇌가 멸한 열반에 대해 그것을 적멸 내지 공 또는 무소유라는 생각에 오히려 두려워하는 마음을 일으키면, 이러한 두려움에서 생겨나는 번뇌를 멸제와 도제에 미혹함에서 생겨나는 번뇌가 된다.

욕계에 대치하는 수도修道 중에는 6가지 미혹된 집착이 있으니, 사견과 견취견과 계금취견과 의를 제외한 탐·진·치·만·신견·변견이다. 또한 색계와 무색계에 다섯 미혹된 집착이 있으니, 앞의 6가지 중에서 각각 진瞋을 제외한 것이다. 색계와 무색계에서 진瞋이 번뇌가 아닌 이유는 진을 내는 것은 때로 선善이 되기도 해서 무기에 해당하기 때문이다. 또한 이 계에는 식욕과 성욕이 없기 때문에 진瞋을 일으켜야 할 대상이 존재하지 않기 때문이다. 128번뇌에서 번뇌를 견도소단 번뇌와 수도소단 번뇌로 나눈 것은 분별기 번뇌가 견도소단 번뇌에 해당하고, 구생기 번뇌는 수도소단 번뇌에 해당하기 때문이다. 10가지 근본 번뇌 중 6가지 미혹된 집착은 분별기면서도 구생기에 해당한다. 10가지 분별기 번뇌 중 사견과 견취견, 계금취견과 의疑가 분별기이기만 한 것에 대해《이장의》에서는 다음과 같이 언급하고 있다.

　　또 (128번뇌를 주장하는) 이 문 중에서 (살가야견과 변견의) 두 가지 견에는 (분별기도 있고) 또한 구생기도 있으나 (사견·견취견·계금취견의) 세 가지 견見과 의疑가 오직 분별기인 까닭은 (무엇인가?) 저 두 가지 견은 안으로 자체를 계탁하여 항상 자주 훈습하여 이 때문에 또한 수시로 현행함이 있으나, 세 가지 견見과 의疑는 도리를 추구함에 여실히 알지 못하고 바르게 계탁하지 아니하되 자주자주 일어나는 것은 아니기 때문에 구생(기의 현행)은 없다. 비록 모든 일에 대하여 수시로 의심을 일으키거나 염오한 것이 아니기 때문에 수혹에 포섭되지 않는다. 그러므로 수도에서 끊는 혹에 오직 여섯 가지가 있다.[192]

　　4제에 미혹하여 일어난 번뇌는 4제의 이치를 깨닫는 견도에 의해 끊어진다. 즉 견도소단의 번뇌이다. 이승은 분별기 번뇌로서 무간고를 이루지만, 안립사제에 미혹하거나 악취에 떨어질 인을 끊지 않은 것은 아니다. 이승은 4제의 이치를 깨달았다 해도 언어적 개념에 따라 차별을 시설하는 안립제에 의거했기 때문에 언어적 분별에만 머물러 있고, 언어적 차별과 분별을 넘어서서 절대 평등의 진여를 체득하는 비안립제의

192　원효, 《이장의》(한불전, 799上), "又此門中, 所以二見, 亦有俱生, 三見及疑, 唯分別起者, 以彼二見, 內計自體, 恒時數習, 是故亦有任運現行, 三見及疑, 推求道理, 不如實知, 不正計度, 非數數起, 故無俱生. 雖於諸事, 任運起疑, 不染汚故, 非惑性攝. 故修斷惑, 唯有六種."

진여 평등에 이르지 못하면 대승을 비방하게 된다. 그러나 만일 이승이 무루지無漏智의 현관으로써 비안립제의 경계를 관하면 사견邪見을 끊을 수 있다.

이 사견을 끊을 수 있는 것은 이승이 무루제의 현관지로써 또한 비안립제의 경계를 관하기 때문이다. 그러므로 이 사견은 4제에 미혹한 것에 따라 들어가 포섭되니, 사제문의 공·무아의 이치는 그 불성과 둘로 구별됨이 없기 때문이며, 반드시 아견으로 말미암아 대승을 비방하기 때문이다.[193]

나. 104혹

104혹은 《유가사지론》의 섭결택분에서 논하고 있는 설이다.

《유가론》〈결택분〉에서 "어떻게 미혹과 끊음의 차별을 건립하는가? 욕계의 고제에 미혹한 것에 열 가지 번뇌가 있고, 나머지 3제의 미혹한 것에 각각 8가지가 있으니, 살가야견과 변집견을 제외한다. 상계에서는 진瞋을 제외하고 나머지는 욕계와 같다."라고 한 것과 같다.[194]

---

193 원효, 《이장의》(한불전, 799上), "所以能斷此邪見者, 二乘無漏諦現觀智, 亦觀非安立諦境故. 故此邪見相從入於迷四諦攝, 以四諦門空無, 我理與其佛性無二別故, 必由我見謗大乘故."

194 원효, 《이장의》(한불전, 799上), "如瑜伽論決擇分說, 云何建立迷斷差別, 欲界迷苦有十煩惱, 迷餘三諦各有八種, 除薩迦耶及邊執見, 上界除瞋餘如欲界."

104혹이란 견도에서 단절되는 94가지 번뇌에 수도에서 단절되는 번뇌에 10가지를 합한 것이다. 견도에서 단절되는 94번뇌 가운데 욕계의 고제에 미혹한 번뇌는 10종 근본번뇌이다. 나머지 집제와 멸제와 그리고 도제 등 3제에 미혹한 것에는 고제의 살가야견과 변집견을 제외한 각각 8종이 있다. 그리고 색계와 무색계에서는 진瞋을 제외하고 나머지는 욕계와 같다. 수도소단 번뇌는 욕계에 진瞋이 있고, 욕계와 색계 그리고 무색계 등 삼계에는 탐·만·무명 등 세 가지가 있다.

종합하면 견도소단 번뇌는 욕계의 고제苦諦 아래에 10종 근본번뇌와 집集·멸滅·도道 아래에 각각 8종이 있으므로 24가지가 된다. 이것을 합치면 욕계의 4제에서 끊는 번뇌는 모두 34종이 되고 색계의 고제에 9종, 집제에 7종, 멸제에 7종, 도제에 7종 등의 번뇌를 합하면 모두 30번뇌가 된다. 여기에 무색계의 사제四諦에 단절될 30번뇌를 합하면 견도소단의 번뇌는 모두 94가 된다.

수도에서 끊는 것은 욕계의 진에와 3계의 3가지 탐·만·무명이다. 신견과 변견 두 가지 견이 다만 고제에만 미혹한 까닭은 이를 대치함에 의해 미혹함을 말하기 때문이다. 이 뜻이 무엇인가? 이와 같은 두 가지 견은 바로 고제에서의 무아·무상의 두 가지 행상에 반대되기 때문이다. 나머지 (집제·멸제·도제의) 3문에서 일어나는 (신견·변견의) 2견은 모두 고제에 미혹하여 사행을 일으킨 것이고, 고제에 미혹하여 일으킨 두 가지 견 이외의 나머지의 모든 혹은 이러한 뜻이 없다. 이 때문에 저것(고제)에 경계를 의탁해 미혹함을 말하였다.[195]

104혹惑의 분류는 주로 신견과 변견이 고제苦諦에서만 미혹하고, 나머지 집제와 멸제 그리고 도제에서 일어나는 신견과 변견이 없어, 98사使에 신견과 변견을 제외한 여섯이 더해졌음을 보여준다. 왜냐하면 98사使에 더하여 신견과 변견이 고제의 무아無我·무상無常의 두 가지 행상과 부딪치기 때문이다. 즉 수도에서 끊어야 할 번뇌는 욕계 하에 단절해야 할 진瞋과 욕계, 색계, 무색계에서 탐·무명·만 3종을 각각 끊어야 하므로 9가 된다. 이들을 모두 합치면 수도소단의 번뇌는 모두 10이 된다. 그래서 견도와 수도에서 끊어야 하는 번뇌의 총 수를 전부 합치면 104가 되는 것이다.

128번뇌에는 신견과 변견이 고제뿐 아니라 집멸도제에도 들어가 있는 데 반해 104번뇌에는 신견과 변견이 오직 고제에만 등장한다. 왜냐하면 신견은 '자아가 있다'라는 아견이고, 변견은 '자아가 항상되다'라는 상견이거나 '자아는 단멸한다'라는 단견의 양 극단적 견해를 말한다. 그런데 고제의 이치인 무상, 고, 무아를 여실지견하게 되면, 무아를 깨달아서 신견을 극복하고, 무상을 깨달아서 변견을 극복한다. 그래서 신견과 변견은 고제에만 나타나고 집멸도제에서는 나타나지 않는다.

수도에서 끊는 것에 두 가지 견이 없는 까닭은 견도를 얻은 후에 이것을 일으키는 경우가 적기 때문이다.[196]

---

195 원효, 《이장의》(한불전, 799上-中), "如欲界脩所斷者, 欲界瞋恚, 三界三種, 貪慢無明故, 所以身邊二見但迷苦諦者, 由於此中對治說迷故. 是義云何, 如是二見, 正返苦下無我無常二種行相, 故餘三門所起二見, 皆迷苦諦而起邪行其餘, 諸惑無如是義, 是故於彼純境說迷."

196 원효, 《이장의》(한불전, 799中), "所以脩斷無二見者, 得見道後起此者少."

또한 수도에서 단절되는 번뇌에 신견과 변견이 없는 까닭은 견도를 증득하고 나면 그 작용이 미미해지기 때문이다. 제7말나식과 상응하는 아애·아만·아치 등 세 가지 번뇌는 수도소단 번뇌의 탐·만·무명과 의미는 같지만 수도에서 단절되는 탐·만·무명의 세 가지 번뇌 가운데는 들어가지 않는다.

다. 98사使

98사使설은 《구사론》에서 체계화시킨 98수면설을 잇고 있다.[197] 대승 불교에서는 용수의 《십주비바사론》에 의해 형성되어 체계화되었

---

197 세친, 《구사론》19권(《대정장》29, 98中-99下), "隨眠諸有本, 此差別有六, 謂貪瞋亦慢無明見及疑. 論曰. 由此隨眠是諸有本故, 業離此無感有能. 何故隨眠能爲有本. 以諸煩惱現起, 能爲十種事故." 수면은 모든 유有의 근본이다. 이 수면에는 여섯 가지가 있다. 즉 탐·진·치·무명·견·의를 말한다. 이 여섯 가지 수면은 또 탐의 차별에 따라서 일곱 가지로 나누어진다. 즉 욕탐수면·진수면·만수면·무명수면·견수면·의수면 등이다. 이 가운데서 욕탐수면은 색계와 무색계의 상이계上二界에 통하는 혹이다. 그리고 이 여섯 가지 수면은 견見의 차별에 따라서 열 가지로 나누어진다. 즉 유신견·변견·사견·견취견·계금취견을 말한다. 이 여섯 가지 수면은 행상行相과 부部와 계界의 다름에 따라서 98가지를 이루게 된다. 즉 욕계의 견고見苦 등의 소단은 10·7·7·8·4종이다. 색계와 무색계에는 진이 제외된다. 나머지는 욕계와 같다.

198 《십주비바사론》권16(《대정장》26, 108 中-下), "번뇌와 번뇌구煩惱垢란 사使에 포함되는 것을 번뇌라 하고, 전纏에 포섭되는 것을 번뇌구라 한다. 사使에 포섭되는 번뇌는 탐·치·만·무명·신견·변견·견취견·계금취견·사견·의 등이다. 이 열 가지 근본번뇌는 삼계견사제유소단분별三界見思諸惟所斷分別에 따라서 98사로 세분된다."

다. [198] 98사에 대해《이장의》에서는 다음과 같이 언급하고 있다.

세 번째는 98사를 설명한 것이다. 견도에서 끊는 것에 여든여덟 가지가 있고, 수도에서 끊는 것에 열 가지가 있어서 전체적으로 아흔여덟 가지다. 여든여덟 가지라고 한 것은 다음과 같다. 욕계의 고제 아래 열 가지가 있고, 도제 아래 여덟 가지가 있으니 (신견·변견) 두 가지 견을 제외한 것이며, 나머지 두 가지 제 아래에 각각 일곱 가지가 있으니 두 가지 견을 제외하고 계금취를 제외한 것이다. 두 상계에서 각각 진에를 제외하고, 나머지는 욕계와 같다. 수도에서 끊는 것에 열 가지가 있으니, 앞에서 설명한 것과 다르지 않다. [199]

98사는 먼저 욕계에서 끊어야 할 번뇌의 수를 36개로 보았다. 즉 견도소단見道所斷의 번뇌에 10종과 집제와 멸제 아래에 각각 7종이 있다. 집제와 멸제에 대해서는 신견·변견·계금취견 등이 현행하지 않는다. 따라서 탐·진·치·만·의·사견·견취견의 일곱 가지가 된다. 도제 아래에는 8종의 번뇌가 있다. 도제에서는 계금취견을 일으키기 때문에 위의 7종에 이것을 더하면 8종이 된다. 이상과 같이 욕계 견도소단의 번뇌는 32사使가 되며, 여기에 수혹의 4종, 즉 탐·진·치·만을 합치면 36사使가 된다.

색계와 무색계에는 진瞋이 없다. 따라서 4부에 각각 진을 멸하기 때문에 색계의 혹은 고제 아래 번뇌가 9종, 집제 아래 번뇌가 6종, 멸제 아

---

199 원효,《이장의》(한불전, 799中), "三明九十八使門者, 見道所斷有八十八, 修斷有十, 總九十八, 八十八者 謂於欲界苦下, 有十道下有八謂除二見餘二諦下, 各有七種謂除二見及除戒取上, 二界中各除瞋恚, 餘如欲界脩斷有十, 不異前說."

래 번뇌가 6종, 도제 아래 번뇌가 7종 등 견혹 28과 수혹 3종을 합하면 31종의 사使가 된다. 여기에 욕계의 혹 36을 합하면 총 98사가 된다. 즉 98사는 견도소단의 88과 수도소단의 10을 합한 것이다.

98사의 분별 이유는 욕계, 색계, 무색계의 4제의 사유에 의해 끊어지는 것에 따라 분별되기 때문이다. 곧 사使를 분류하는 기본적인 관점이 3계의 4제의 사유에 따라 끊어지는 것에 의해서 분별했다는 것이다. 때문에 원효는 이어지는 문장에서 98사使로 분류되는 모든 번뇌는 아견我見을 근본으로 삼는다고 언급한다. 왜냐하면 아견이 있기 때문에 사제를 두루 비방하고, 네 가지 사견邪見에 의하여 그 응하는 바에 따라서 나머지 번뇌를 일으켜 사제에 대하여 미혹하고 집착하여 차별하기 때문이다. 아견은 모든 번뇌의 근본으로 이 아견이 존재함으로 말미암아 4제를 두루 비방하고 4가지 삿된 견에 의거하여 그 대응하는 바에 따라 나머지 번뇌를 일으킨다.

아견이 있기 때문에 4제가 없다고 말하니, 저자가 말하기를 '나에게는 고가 없다'고 한다면 이것은 고제를 비방하는 것이고, '나에게는 인이 없다'고 한다면 곧 집제를 비방한 것이며, '나에게 멸이 없다'고 한다면 곧 멸제를 비방하는 것이고, '나에게는 대치가 없다'고 한다면 곧 도제를 비방하는 것이다.[200]

따라서 아견은 반드시 현재 자신의 체인 오온을 연하고, 이 때문에 고제에 미혹한다. 또 변집견은 있는 나를 연하여 그 단상을 계탁하니,

---

200　원효, 《이장의》(한불전, 799中-下), "以有我見故言無諦, 彼作是言我無有, 苦即是謗苦, 我無有內即是謗集, 我無有滅即謗滅諦, 我無有對治即謗道諦故."

고제에 미혹한 것이다. 그러므로 아견과 변집견은 집제·멸제·도제에는 통하지 않는다. 계금취견에 대해서는 다음과 같이 설명한다.

계취가 오직 고제와 도제에 미혹한 까닭은 다음과 같다. 모든 계취하는 것은 두 가지에서 벗어나지 않으니, 첫째는 독두계취로서, 삿된 계율을 반연하여 인因이라고 계탁하는 것이고, 둘째는 족상계취로서, 자신의 삿된 견해를 반연하여 도라고 계탁하는 것이다. 독두계취는 고제와 집제를 반연하는데, 집제에 대해서는 바로 상반되지 않으며, 인에 대해서는 인이라고 계탁하기 때문이고, 고제의 경우에는 곧 바로 상반되니, 과에 대해서 인이라고 계탁하기 때문이다. 이 때문에 다만 고제를 보는 것에 의하여 끊어지게 된다. 족상계취는 오직 도제에서 비방하는 삿된 견해를 도라고 계탁하고, 나머지 그 이외의 삿된 견해에 대해서는 도라고 계탁하지 않는다. 그 까닭은 도제를 구하는 마음으로 말미암아 견해를 일으켜 도제를 비방하고, 이 견해를 구하여 얻고서 도리어 도제라고 계탁하기 때문이다. 나머지 3제를 비방하는 것은 도제를 추구하는 것으로 말미암은 것이 아니니, 이 때문에 저 견해를 도제라고 계탁하지 않는다. 이 때문에 계취는 집제·멸제에 통하지 않는다.[201]

계금취견은 오직 고제와 도제에 미혹한다. 왜냐하면 고제에서 계율

---

201 원효, 《이장의》(한불전, 799下), "所以戒取唯迷苦道者, 凡論戒取不出二種一獨頭戒取, 緣邪戒事計爲因等, 二足上戒取, 緣自邪見計爲道等, 獨頭戒取, 是緣苦集而於集諦, 非正相返於因計因故. 若望苦諦卽爲正返於果計因故. 是故但爲見苦所斷, 足上戒取, 唯緣道下謗道邪見計以爲道, 於餘邪見不計爲道, 所以然者, 由求道心, 起見謗道, 求得此見還計爲道, 謗餘三諦, 不由求道, 是故彼見不計爲道, 是故戒取不通集滅."

에 대한 집착적 견해가 고통의 원인으로 인식됨으로써 고제에서 끊어지게 되므로 멸제에서는 등장하지 않는다. 도제에서 도를 비방하는 계율에 대해 다시 계탁 분별하여 등장하지만, 도제에서 집착적 견해는 다시 끊어진다. 98사에서는 수도소단에서 구생 2견을 말하지 않았다. 그 까닭은 탐·진 등에서 보면 결과의 우환이 미세하므로 번뇌 중에 속하는 것에 들어가지 않고, 다시 수도소단의 삿된 지혜에 속하기 때문이다. 이상의 128번뇌, 104혹, 98사에 대해《이장의》에서는 현료문 내 번뇌장에 배속하였다.

> 이상의 세 문은 단지 현료문 내 번뇌장에 포섭된다. 그러나 이 세 문은 다만 하나의 상에 따라 그 삿된 행위의 미혹과 집착의 차별을 말한 것이지, 한결같이 반드시 그렇다는 것은 아니다.[202]

2. 심층적 번뇌

가. 8종 망상

8종 망상의 분별은 크게 3가지로 분류하는데, 이러한 분별의 주체는 바로 마음이다. 마음이 일으키는 분별은 허망분별로서 결국 번뇌이므로 번뇌의 한 문門으로서 8가지 분별을 논한다. 이 8종 분별은 크게 3가

---

202 원효,《이장의》(한불전, 799下), "上來三門, 直是顯了門內煩惱障攝. 然此三門但隨一相, 說其邪行, 迷執差別, 未必一向定爲然也."

지로 분류할 수 있다. 하나는 분별 희론의 소의·소연사를 내는 자성분별, 차별분별, 총집분별이다. 그리고 아분별과 아소분별은 신견과 아만을 내기 때문에 같은 종류이다. 마지막으로 애분별·불애분별·애·불애분별은 탐진치를 내기 때문에 하나로 묶을 수 있다. 8종 분별에 대해《이장의》에서는 다음과 같이 설명하고 있다.

> 분별에는 여덟 가지가 있어 세 가지 일을 내니, 분별의 체는 삼계의 심과 심법임을 알아야 할 것이다. 〈논〉여덟 가지 분별이라고 한 것은 다음과 같다. 첫째, 자성분별은 색 등의 상사想事에서 색 등이 가지고 있는 자성을 분별하는 것이다. 둘째 차별분별은 색 등의 상사에서 모든 분별을 일으키는 것이다. 즉 이것은 유색이고 이것은 무색이며, 이것은 볼 수 있고, 저것은 볼 수 없다고 하는 것 등이니, 자성분별을 의지처로 삼기 때문에 여러 가지의 차별된 뜻을 분별하는 것이다. 셋째 총집분별은 색 등의 상사에서 가립된 아我와 유정과 명자와 생자 등을 가상으로 시설하여 이끌어낸 분별이니, 적취된 많은 법에 대하여 총괄적으로 집착한 것이 원인이 되어 분별이 일어나기 때문이다.203

자성분별은 색 등에 대해 그 자성을 분별하는 것이다. 차별분별은 색 등에 대해 유색, 무색, 유견, 무견 등의 차별을 분별하는 것이다. 색 등

---

203 원효,《이장의》(한불전, 799下-800上), "頌曰分別, 有八種, 能生於三事, 分別體應知, 三界心心法, 論曰八種分別者, 一自性分別, 謂於色等想事, 分別色等所有自性二差別分別者, 謂卽於色等想事起諸分別, 謂此有色. 此無色, 有見無見等以自性分別爲依處故. 分別種種差別之義. 三總執分別, 謂卽於色等總事所立我及有情, 命者生者等, 假想施設所引分別. 由攝積聚多法, 總執爲因分別轉故."

에 대해 아·유정·명자·생자체를 가상으로 시설하여 끌어낸 분별이나 집, 군대, 숲 등이 설립된 것에 대해 가상으로 시설하여 끌어내어진 심사는 총집분별이다.

아분별은 유루유취의 습習에 인한 아집에 의한 분별이며 유루유취의 습으로 인한 아소집에 의한 분별은 아소분별이다. 의意에 맞는 사물 경계를 연한 분별은 애분별이다. 의에 맞지 않는 사물 경계를 연한 분별은 불애 분별이며 서로 위배된 것을 다 가지고 있는 것은 애·불애 분별이다. 8종 분별에 대해《이장의》에서는 다음과 같이 설명하고 있다.

> 이와 같은 것을 대략 설명하면 두 가지가 있으니, 분별 자체와 분별의 소의所依·소연사所緣事이다. 이 중 처음의 세 가지 분별은 능히 분별 희론의 소의·소연사를 낼 수 있고, 아와 아소의 분별은 다른 나머지 견 등의 근본인 신견과 다른 나머지 만慢 등의 근본인 아만을 낼 수 있으며, 애와 불애와 애·불애와 모든 상위하는 분별은 그 응하는 바에 따라 탐과 진과 치를 낸다. 이 때문에 이와 같은 여덟 가지 분별이 이 세 가지 일을 일으킨다.[204]

이 중 첫 번째 자성분별, 차별분별, 총집분별은 소의·소연사를 낸다. 즉 명언종자를 훈습하고 이로 인해 12처법을 나누어 낸다. 6식이 훈성된 과거세의 명언종자는 과거를 분별하여 현재 분별의 소의·소연이 되어 6근과 6식으로 현행한다. 이는 다시 종자에 훈습되어 미래세의 소의·

---

204 원효, 《이장의》(한불전, 800上), "如是略說有二種, 謂分別自體及分別所依所緣事, 此中初三分別能生分別戲論, 所依所緣事, 我我所分別能生餘見, 根本身見, 餘慢根本我慢愛不愛俱相違, 知其所應生貪瞋癡, 是故如是八種分別爲起, 此三種事."

소연을 내게 된다. 여기서 과거의 6식은 현재의 6근과 6경을 만들어 내어 이를 합하면 18계를 총섭하게 되는 것이다. 이 세 분별은 번뇌장에 속하는 분별이 아니라 소지장의 분별이다.

이 가운데 다섯 가지 분별은 소지장이 낸 것이고, (신견·아만과 탐진치의) 두 가지 일은 번뇌장이다. 자세히 논한다면, 세 번째 마음의 뒤에 번뇌를 일으킬 때 곧 이와 같은 다섯 가지 분별이 있으니, 이는 소지장의 성질이며 번뇌장의 근본이 되지만, 다만 거친 상의 도리에 의하여 곧바로 전후로 일어나는 것을 말했을 뿐이다. 이러한 뜻 때문에 여덟 가지 분별은 모두 바로 네 번째 진실을 잘 모르는 것이 된다.[205]

위의 3가지 분별은 번뇌장을 일으키는 분별에 증상연[206]으로 작용

---

205 원효, 《이장의》(한불전, 800下), "此中五種分別, 是所知障所生, 二事是煩惱障子. 細而論第三心後, 起煩惱時即有如是五種分別, 所知障性作煩惱本, 但約麤相道理, 直說前後相生耳, 由是義故, 八種分別悉是正迷, 第四眞實."

206 연緣에는 4가지가 있다. 인연因緣·등무간연等無間緣·소연연所緣緣·증상연增上緣을 일컬어 4연이라 한다. 인연은 직접적 원인이 되어 친히 자과를 내는 것을 말한다. 등무간연은 8식과 그 심소의 무리가 간격 없이 각각 자류自類의 심왕과 심소가 되는 연緣을 말한다. 소연연은 친소연과 소소연으로 구분되는데 유법有法(원성실성의 실유 또는 의타기의 가유)이 심이나 심소에 의해 사려되고 의탁되는 것을 말한다. 능연能緣하여 영상으로 이분화되는 것이 친소연이며, 능연하여 본질로 분화되는 것이 소소연이다. 증상연은 유법이 능히 다른 법에 수순하거나 혹은 거스르는 것을 말한다. 즉 증상연은 다른 유법이 생기게 하는 데 힘을 주는 적극적이거나 소극적인 원인을 말한다. 《성유식론》 권7(《대정장》 권31, 40上-下).

할 수 있다. 아분별이나 아소분별은 번뇌장의 견·만을 일으키고, 애분별은 탐貪, 불애분별은 진瞋, 애·불애분별은 치痴를 일으키는 분별이다. 8가지 분별은 모두 소지장 너머 바른 지혜에 의해 알려질 진실에 미혹하여 일어나는 것이다. 소지장의 진실에 미혹함으로 인해 아·아소 분별 및 애·불애·애불애분별의 허망분별이 일어나고, 결국 그로 인해 견·만·탐·진·치의 번뇌가 일어난다. 그러므로 소지장의 분별이 결국 번뇌장을 일으키는 증상연의 역할을 한다고 말할 수 있다. 따라서 8종 망상은 소지장의 체성이 된다. 《이장의》에서는 8종 망상에 대해 다음과 같이 언급한다.

> 《신론》에서 "모든 범부는 진실을 알지 못하여 이 인연으로부터 여덟가지 분별이 전변하여 세 가지 일을 낸다."고 한 것과 같다. 이와 같은 여덟가지 망상의 분별은 현료문의 소지장에 포섭된다.[207]

원효가 8종 망상을 별도의 번뇌로 분류한 이유는 8종 망상이 모두 소지장에 포섭되는 것이기 때문이다. 즉 128번뇌, 104혹, 98사는 모두 번뇌장에 포섭되는 것으로 10종의 근본 번뇌를 어떤 견지에서 포착하느냐에 따른 번뇌의 분류를 핵심으로 하는 것이었는데, 이 8종 망상은 모두 번뇌장과는 무관한 소지장 포섭이라는 특징을 지닌다. 그래서 별도로 분류하고 있는 것이다. 곧 인집이 아니라 법집에 해당하는 분류이기

---

207 원효, 《이장의》(한불전, 801上), "新論中言, "又諸愚夫不了眞實, 從此因緣, 八分別轉, 能生三事."故. 如是八種妄想分別, 是顯了門所知障攝."

때문에 별도로 범주화하여 설명하고 있는 것이고, 그렇기 때문에 자연 소지장에 포섭되는 분류에 해당한다.

나. 3종 번뇌

3종 번뇌는 수도의 계위와 관련하여 견도소단 번뇌와 수도소단 번뇌, 견도와 수도에서 단절되지 않는 이이소단 번뇌를 말한다. 첫째, 견도에서 단절되는 번뇌는 128번뇌 가운데 112의 견혹, 104번뇌 가운데 94의 견혹, 98사 가운데 88사 견혹, 10종 근본번뇌 가운데 5견見 등이다. 둘째, 수도에서 단절되는 번뇌는 128번뇌 가운데 16의 수혹, 104번뇌 가운데 10의 수혹, 98사 가운데 10의 수혹, 10종 근본번뇌 가운데 탐·진·치·만 등 5둔사鈍使이다. 견혹은 후천적이고, 이론적이며, 지적인 번뇌로서 바른 이론을 듣고 잘 이해하기만 하면 바로 제멸될 수 있는 번뇌이다. 반면에 수혹은 선천적인 번뇌로서 이론적으로 이해를 한다고 해도 잘 끊어지지 않는 습관성 번뇌이다. 셋째, 견도와 수도에서 단절되지 않는 번뇌는 이장소단 번뇌로 습기와 심층적 구조의 6종 염심과 근본무명이다. 《이장의》에서는 이 삼종 번뇌를 이승과 보살에 따라 나누어 다음과 같이 설명하고 있다.

> 만일 이승에 의하여 세 가지를 밝힌다면, 번뇌장 안의 분별기는 견도에서 끊는 것이고, 구생기의 번뇌는 수도에서 끊는 것이며, 소지장은 두 가지에서 끊지 못하는 것이다. 만약 보살에 의하여 세 가지를 밝힌다면, 이 이장 중의 모든 분별기는 견도에서 끊는 것이고, 임운기 중의 제8식을 제외한 것은 수도에서 끊는 것이며, 이 앞에서 제외된 미세한 소지장과 또 앞에서 끊긴 2장

의 습기와 은밀문의 번뇌애 안의 근본업염과 지애의 무명주지, 이러한 것들은 모두 두 가지에서 끊지 못하는 것이고, 오직 구경도에서 끊을 수 있는 것이다. 이것은 거친 상에 의하여 그 차별을 나타낸 것이다.[208]

이승은 첫째, 번뇌장 가운데 분별기의 번뇌가 견도에서 단절되고, 둘째, 번뇌장 가운데 구생기 번뇌는 수도에서 단절되며, 셋째 소지장의 번뇌는 견도와 수도에서 단절되지 않는다.

보살은 첫째, 번뇌장과 소지장 가운데서 모든 분별기 번뇌를 견도에서 단절한다. 둘째, 임운기의 번뇌 가운데서 제8아뢰야식을 제외하고 7전식과 상응하는 미세한 소지장은 수도에서 단절한다. 이것은 견도에서 제거되지 못하고 남은 미세한 지장을 말한다. 셋째, 수도위에서 단절하지 못하고 남는 이장의 습기와 심층구조의 번뇌애 가운데 근본업염과 심층구조의 지애 가운데 무명주지는 견도와 수도에서 단절되는 번뇌가 아니다. 왜냐하면 그것은 오직 불위인 구경도에서 단절되는 번뇌이기 때문이다.

이승과 보살은 각각의 견도와 수도에서 끊는 것에 차이가 명료하다. 또한 이것에 의해서 대치하는 정도에 거칠고 미세한 차이가 있다. 이것이 이승과 보살도를 구분하는 기준이라고도 이해할 수 있다. 다만 여기

---

208 원효,《이장의》(한불전, 800下-801上), "若約二乘明三種者, 煩惱障內分別起者, 是見道所斷, 俱生煩惱是修所斷, 所知障, 是非二所斷, 若就菩薩明三種者, 此二障中諸分別起, 是見道所斷, 任運起中除第八識, 是脩所斷, 此前所除微細知障, 又前所斷二障習氣及隱密門煩惱碍內根本業染, 及與智碍無明住地. 此等皆是非二所斷, 唯究竟道所能斷故. 此約麁相顯其差別."

서 기준은 장애의 분류 그 자체보다는 끊어지는 계위와 번뇌의 추세麤細
에 따른 구분이 더 큰 비중을 차지한다고 볼 수 있다.

다. 2종 번뇌

2종 번뇌는 주지번뇌와 기번뇌를 말한다. 원효는 주지번뇌와 기번뇌
의 분석을 통해 다시 한번 현료문의 이장과 은밀문의 이애를 종합·체계
화한다. 기번뇌는 다른 말로 기혹起惑이라고도 한다. 왜냐하면 주지번뇌
에 의지하여 생하기 때문이다. 주지번뇌와 기번뇌의 이종 번뇌설은 본
래는《본업경》과《승만경》에 따른 번뇌설이다. [209]《승만경》에 의하면
마치 초목과 종자가 대지에 의지하여 싹이 트고 자라나는 것과 같이 기
번뇌는 주지번뇌에 의지하여 발생한다는 설명이다. 기번뇌는 현료문의
이장으로 모든 심상응의 전과 수면을 말한다. 이것은 기혹起惑이라고도
한다. 그래서 원효는《이장의》에서 다음과 같이 언급한다.

　　기번뇌라는 것은 현료문에서 설명한 이장을 말하니, 모든 심心과 상응相應
　　하는 전纏과 수면隨眠은 모두 주지에 의하여 일어나기 때문에 기혹起惑이라
　　고 이름 붙인다 하였다. [210]

209　최연식, 〈원효《이장의》은밀문의 사상적 특징〉,《동악미술사학》10; 김수정,
　　　〈원효의《이장의》성립 배경에 대한 일고찰〉,《불교연구》39, 참조.
210　원효,《이장의》(한불전, 801上), "起煩惱者, 謂顯了門所說, 二障諸心相應纏及隨
　　　眠, 皆依住地而得生起,故名起惑."

원효는 심과 상응하는 전纏과 수면隨眠을 기혹起惑이라 하여 현료문의 이장에 배당한다. 다만 그 기혹은 무명주지에 의존하여 일어난 것이다. 수도에서 단절되는 번뇌는 은밀문에 해당하며, 2종 번뇌 중 기번뇌는 현료문 내의 2장에 포함되지만, 또한 은밀문의 번뇌애에도 포섭된다. 주지번뇌는 현료문 가운데에서는 혹惑을 나타내지 않고 오직 은밀문의 지애에만 포섭된다. 그러므로 주지번뇌가 모든 번뇌의 근원이며 근본무명인 지애가 모든 장애의 근원이 된다.

주지번뇌에는 다섯의 주지번뇌가 있다. 이 5주지번뇌는 중생이 삼계구지三界九地의 생사에 집착하여 유전하게 하는 다섯 번뇌를 일컫는다. 이 주지번뇌를 《본업경》에서는 무시무명주지라고 한다. 왜냐하면 4주지 이전에는 일어나는 일이 없기 때문이다. 주지번뇌는 생득주지와 작득주지로 나뉘며 작득주지가 다시 욕애주지와 색애주지, 유애주지로 나누어져 5주지번뇌가 된다. 이때 생득주지는 견일처주지로 일여一如를 깨닫지 못해 홀연히 생긴 삼유처三有處에 미혹한 것으로 삼유三有에 대한 애착으로 인해 일으킨 것과는 다르다. 《이장의》에서는 생득주지에 대해 다음과 같이 설명한다.

생득이라고 한 것은 일여一如를 깨닫지 못하여 홀연히 생긴 것이니, 그 앞에 비롯되는 것이 없기 때문에 생득이라고 하였다. 그것이 미혹한 곳은 이미 일여이니, 작득이 3유처에 미혹한 것과는 같지 않기 때문에 일처라고 하였다. 일처는 일상一相으로서 평등하고 평등하여 능견과 소견의 차별이 없는데, 이를 깨닫지 못하기 때문에 견見이라고 하였으니, 만일 깨닫는다면 곧 보는 것이 없다. 이 때문에 견일처주지라고 하였다.[211]

생득이란 시작도 끝도 없이 홀연히 일어나므로 생득이라 한 것이다. 즉 생득주지란 일여一如를 깨닫지 못하는 무명이다. 일여는 일체가 능소의 분별이 없는 경지를 말한다. 일여를 일여로 알지 못하는 생득 무명주지에 근거해서 다시 3계의 3유처에 각각 미혹한 무명주지가 일어나는데, 이것을 지어서 일으키는 무명주지라는 의미에서 작득주지라고 부른다. 《이장의》에서 작득주지에 대한 설명은 다음과 같다.

　　작득주지라고 한 것은 생득주지에 의하여 3유심을 일으켜 저 경계가 곧 여여한 것임을 깨닫지 못한 것이니, 이와 같이 3유 번뇌를 일으킬 수 있는 것이다. 이것은 곧 저 마음을 일으킴으로 말미암아 저 경계를 깨닫지 못한 것이요, 저절로 미혹한 것은 아니기 때문에 작득이라고 하였다. 그리고 유애와 미혹된 경계를 같이하기 때문에 유애수 중에 들어가 포섭되니, 이 때문에 또한 유애수주지라고도 한다. 또 이 작득주지는 3유에 대한 애착을 일으키기 때문에 세 가지 주지로 나누어지니, 욕계주지, 색계주지와 무색계주지를 말하며 혹은 욕애주지, 색애주지, 유애주지라고도 한다.[212]

211　원효, 《이장의》(한불전, 801上), "言生得者, 不覺一如忽然而生, 其前無始. 故言生得, 其所迷處旣是一如, 不同作得, 迷三有處, 故言一處, 一處一相, 平等平等, 無有能見所見差別, 於此不覺, 故名爲見, 如其覺者卽無見故, 是故名見一處住地."

212　원효, 《이장의》(한불전, 801上-中), "言作得住地者, 謂依生得住地, 起三有心, 不了彼境卽是如. 是能起三有煩惱, 此卽由起彼心不了彼境, 非任自迷故言作得, 由與有愛同迷境故, 入有愛數中所攝. 是故亦名爲有愛數住地. 又此作得住地, 起三有愛, 是故分作三種住地, 謂欲界住地, 色界住地, 無色界住地, 或名欲愛住地, 乃至有愛住地."

작득주지는 3계, 즉 3유의 경계가 모두 여여하다는 사실을 제대로 요지하지 못하는 무명주지이다. 이로 인해 3유에 대한 번뇌 내지 애착을 일으키기 때문에 3유애주지라고 부른다. 즉 그 이전의 생득주지가 일으킨 삼유심三有心 곧 욕계와 색계, 무색계라는 경계가 곧 진여인 것을 알지 못해서 삼유三有의 번뇌를 일으키는 것이다. 삼유三有의 마음이 있기 때문에 경계를 일으킨다는 것을 알지 못하는 것이지만 본래부터 존재하는 생래적인 것에 대한 미혹이 아니기 때문에 작득이라 부른다. 또 삼유심三有心이 자신에 대응하는 대상인 경계를 탐착하고 애착하기 때문에 그 경계에 대해 한 가지로 미혹함이 있게 된다. 그러므로 이와 같은 마음은 다 탐착과 애착의 마음 작용에 속하므로 유애수에 포함된다고 하였기 때문에 유애수주지라고 한다.

이처럼 작득주지에는 욕애주지와 색애주지와 유애수주지가 있다. 이 3유애주지는 생득주지와 마찬가지로 그 불각의 모양에 있어 추세麤細에 따른 차이가 존재하지 않는다. 그러므로 이 넷을 다 함께 무시무명주지라 부른다. 3유애주지는 다시 하나로 통합된다.

이 가운데 별도로 하면 오직 네 가지 주지가 있고, 총괄하면 오직 하나의 무명주지가 있음을 알아야 할 것이다. 네 가지 외에 하나가 없기 때문에 오직 '주지에 네 가지가 있다'고 말하였고, 네 가지가 곧 하나이기 때문에 '마음과 상응하지 않는 무명주지'라고 말하였다. 만약 총괄한 것과 별도로 한 것의 수를 합하면 곧 다섯 가지 주지가 있으니, 이것이 곧 무명이다. 무명에 전체적인 것과 별도의 것이 있다.[213]

이처럼 하나의 생득주지와 세 종류의 작득주지를 합하면 모두 4종

주지가 되지만 그 무명상의 추세麤細가 본래 같기 때문에 이 4종을 통틀어 무명주지라고 한다. 또 이 4종 주지는 모두 서로 상응하지 않으며, 혹을 일으키는 찰나에도 서로 상응하지 않기 때문에 심불상응주지라고도 한다.

유식에서는 앞의 넷은 번뇌장의 종자라고 간주하고, 뒤의 무명주지를 소지장의 종자라고 보았다. 견일처주지는 견혹으로 견도소단이며, 다음의 셋은 수혹으로 수도소단이고, 나머지 하나는 삼계에 존재하는 일체의 무명으로 심체의 지혜를 덮는 어리석음이기 때문에 일체 혹의 근본이 된다.

이 무명주지는 표층적 구조에서는 나타나지 않지만 심층적 구조의 지애에서는 나타난다. 기번뇌는 표층적 구조에서 번뇌장과 소지장의 2애에 포함되며, 심층적 구조에서는 번뇌애에 소섭된다. 그리고 심과 상응하는 모든 전과 수면도 역시 여기에 소섭된다. 이를 통해서 보면 심층적 구조의 번뇌 속에 표층적 구조의 번뇌가 포함된다는 것을 알 수 있다. 이는 주지가 근본적인 의지처라는 의미이다. 왜냐하면 5종의 주지 번뇌를 비롯하여 여러 가지 기번뇌가 이것을 바탕으로 하여 나오기 때문이다.

이러한 무명주지에는 통상과 별상이 있다. 생득주지와 작득주지 3개를 합한 4종 주지를 별상무명주지, 이 4종 주지에 모두 통하는 무명주지를 통상무명주지라 한다. 이 4종 주지에 무명주지를 더하면 5종 주지가

213　원효, 《이장의》(한불전, 801下), "當知此中別卽唯有四種住地, 總卽唯一無明住地, 四外無一故唯言住地, 有四種四卽是一. 故言心不相應無明住地, 如其總別合數卽有五種住地, 是卽無明, 無明有通有別."

된다. 이와 같이 통상과 별상으로 나눈 이유는 무명주지의 힘이 가장 수승한 것임을 나타내기 위함이다. 예를 들어 종자와 통상무명주지를 비교해보면, 종자의 수는 비록 많지만 그 힘이 미약하며, 무명의 수는 오직 하나지만 그 힘이 가장 센 것과 같다.

이러한 무명주지는 다른 유애주지 등 4종 주지보다 그 힘이 최대이기 때문에 아라한이나 벽지불로써는 끊을 수 없고, 오직 불보리지佛菩提智로써만 단절할 수 있다. 또 무명주지는 태어나면서부터 가진 번뇌로서 그 미혹한 바가 광대무변하기 때문에 일체의 작은 지혜로써는 끊을 수 없고, 오로지 대원경지로써만 제멸할 수 있다. 그러므로 무명의 힘이 가장 크다. 비유하자면 방 안의 어둠은 하나의 등으로써 그 어둠을 사라지게 할 수 있지만, 온 천하의 어두움은 태양만이 사라지게 할 수 있는 것처럼 무명의 힘도 또한 이와 같다.

> 비유하자면 밤의 어둠이 천하에 두루하는데 그 중에 3중의 정자를 세우면, 정자 안의 어둠은 정자에 속하기 때문에 별도로 3정자의 어둠이라고 이름하지만, 그러나 이 3정자 안에 있는 어둠의 상은 천하의 어둠과 같고 차별이 없으므로 다시 두루 하나의 밤의 어둠이라고 이름하는 것과 같으니, 이 도리도 역시 이와 같음을 마땅히 알아야 한다.[214]

---

214 원효, 《이장의》(한불전, 802中), "喩如夜闇, 遍一天下, 於中有起三重榭者, 榭內之闇爲榭所攝, 是故別名三榭之闇, 然此三榭內所有闇相, 與天下闇等無差別, 故還通名爲一夜闇, 當知此中道理亦爾."

이러한 이장과 주지번뇌 및 기번뇌와의 관계를 보면, 기번뇌는 이장과 번뇌애에 속하고, 주지번뇌는 오직 지애에만 속한다. 이와 같이 지애를 무시무명에 배당하고 있기 때문에 일체의 모든 번뇌는 이 지애에 포섭되지 않는 것이 없다. 그러므로 좁게는 2장에, 넓게는 2애에 모든 번뇌가 포함된다고 볼 수 있다.

3. 이장二障과 이애二碍의 유식적唯識的 회통回通

원효는 《이장의》에서 유식사상의 중심적 번뇌설인 이장설과 여래장사상의 대표적 번뇌설인 이애설을 종합적으로 분석하여 원융을 꾀하고 있다. 원효는 이들 번뇌설을 128번뇌, 104혹, 98사, 8종 망상, 3종 번뇌, 2종 번뇌 순으로 분류하고 있다. 그중 128번뇌와 104혹, 98사는 《아비달마구사론》의 영향을 받은 98수면설에 근거하여 발전한 것이다.[215] 이 《구사론》의 98수면설에 근거하여 발전한 것이 《유가사지론》〈본지분〉에서 설하는 128번뇌이고, 이 둘의 중간 단계의 형태라고 추정되는 것이 《유가사지론》〈섭결택분〉에서 언급되는 104혹이다.[216] 이 셋은 이장 중 번뇌장에 포섭되는 것이다. 《이장의》에서는 다음과 같이 정리하고 있다.

---

215 유승주, 〈원효의 유식사상 연구〉, 동국대 박사 학위 논문, 170쪽 참조.
216 김수정, 〈원효의 번뇌론 체계와 일승적 해석〉, 동국대 박사 학위 논문, 75쪽 참조.

총괄하여 말하면 대략 여섯 구절이 있다. 번뇌문에 있는 경우는 오직 번뇌장에 포섭되고, 혹문에 있는 경우에는 오직 소지장에만 포섭되며, 어떤 혹문인 경우에는 통틀어 이장에 포섭되니, 이 세 가지 문은 이미 앞에서 말한 것과 같다. 혹은 어떤 혹문은 오직 현료문 중의 이장에만 포섭되고 습기에는 포섭되지 않으니, 3주에서 끊어지는 6가지 추중 등이며, 혹은 어떤 혹문은 통틀어 이장의 정장과 습기에 속하니 11지(10지＋여래지)에서 끊는 11가지 장애문 등이며, 혹은 어떤 혹문은 2장의 정장과 습기와 2애에 속하니, 22우치 및 11가지 추중 등이다. 이 나머지 일체 모든 번뇌문은 그 응하는 바에 따라 총섭됨을 알아야 하니, 이와 같은 2장과 2애가 일체의 혹문을 모두 다 총섭함을 알아야 할 것이다.[217]

이에 따르면 오직 번뇌장에만 속하는 번뇌는 128번뇌, 104혹, 98사이다. 소지장에만 속하는 혹문은 8종 망상이 있다. 그리고 통틀어 이애에 모두 포섭하는 혹문惑門은 3종 번뇌이다. 나머지 경우는 이장과 이애의 포섭을 구분한 것이다. 원효가 설명한 이 번뇌소섭의 구조는 《성유식론》을 중심으로 하는 유가계 경론에서 설하는 번뇌설을 표층적 구조로 삼고, 《승만경》과 《기신론》 계통에서 설하는 번뇌설을 심층적 구조

---

217 원효, 《이장의》(한불전, 802中), "摠而言之略有六句, 或有煩惱門唯煩惱所攝. 或有惑門唯所知障所攝. 或有惑門通二障所攝. 此三種門己如前說. 或有惑門唯顯了門中二障所攝. 非習氣攝, 如三住所斷, 六種麁重等. 或有惑門通二障正及習氣攝謂十一地所斷十一種障門等. 或有惑門二障正習及二碍攝. 謂二十二愚癡及十一種麁重等, 此餘一切諸煩惱門 隨其所應想攝, 應知當如是二障二碍總攝一切惑門, 旣盡諸門相攝分竟."

로 삼고 있다.[218]

《이장의》서두에는 아집과 법집을 끊었을 때 아공과 법공을 증득할 수 있다고 언급하고 있다. 《성유식론》에서도 아집과 법집에서 벗어나 열반과 보리를 증득한다는 데 논을 쓴 목적을 두었다고 밝힌다. 법의 실체에 대해서 법의 자성이 없음에도 망견을 일으켜 실법이 있는 것으로 집착하는 것이 법집이라면, 자아가 없는데도 실아가 있다고 집착을 일으키는 망견이 아집이다. 자아가 오온 화합물임을 알지 못하여 상일주재의 아我가 있다고 집착하는 것이 아집, 실법이 있다고 집착하는 것이 법집이다. 아집과 법집의 관계에 대해서 논하자면 실체에 대하여 미혹된 법집이 근본이고, 아집은 지말이다. 따라서 법집만 있고, 아집은 없는 경우는 있지만, 아집이 있는데 법집이 없는 경우는 없다. 왜냐하면 아집은 반드시 법집에 의지해서 일어나기 때문이다. 이처럼 《이장의》의 저술 의도는 우리 마음의 번뇌들인 아집과 법집을 심층적으로 분석하여 아공과 법공을 증득하여 열반과 보리에 도달하기 위한 것으로 《성유식론》과 다르지 않다.

원효는 《기신론소》를 저술하기 전에 차례로 《기신론별기》와 《이장의》를 저술하는데, 《기신론별기》에서 두드러진 중점 중의 하나가 바로 《유가론》·《불지경론》·《성유식론》 등 신유식 계열의 심식설과 《능가경》·《기신론》 계통 심식설의 회통이다. 원효는 128번뇌·104혹·98사와 8종 망상 및 3종 번뇌가 각각 신유식 계열 경론의 번뇌설을 종합하는 입장으로 정리하여 거기에서 설해지는 번뇌장과 소지장의 이장 곧 현료문

---

218 김수정, 〈원효의 번뇌론 체계와 일승적 해석〉, 동국대 박사 학위 논문, 80쪽 참조.

으로 범주화한다. 그리고 거기에《승만경》과《본업경》을 전거로 하는 주지번뇌와 기번뇌의 2종 번뇌설을《기신론》의 이애설과 결합시키면서 이애 곧 은밀문으로 범주화한다. 즉《기신론》이 설하는 이애설과 심식설의 구조는 번뇌애로 6염심과 제법 무소득성에 미혹되어 세속의 인식을 방해하는 근본무명을 말할 뿐《승만경》의 2종 번뇌 및 심식설과는 다른 것이다. 그러나《승만경》에서는 무시무명주지로 말해지는 주지번뇌와 기번뇌를 제시한다. 이는《기신론》의 번뇌애가 번뇌장뿐만 아니라 소지장 문제까지 포함하는 것이라는 말이다.

지애를 설정하는 시각 역시《기신론》은 지애를 설정하는 데 있어 세간자연업지의 발휘 여부에 두고 있다. 반면《승만경》에서는 무시무명주지로 말해지는 주지번뇌와 기번뇌를 제시하여 객진번뇌가 처음 일어남에 그 초점을 맞추었다. 곧 무시무명주지가 객진번뇌의 홀연기념에 초점을 두고 생사유전을 설명하였다면 지애는 세간자연업지 곧 후득지의 발현에 대한 장애로 설정하고 있는 것이다.

앞에서 논한 6가지 번뇌들 중 견도와 수도에서 단절되지 않는 번뇌는 표층적 구조의 2장 습기와 심층적 구조의 6종 염심과 근본무명이다. 그리고 2종 번뇌는 심층적 구조의 2애에 속한다. 그러므로 주지번뇌를 가장 심층에 있는 번뇌로 보아야 하고, 지애를 무시무명에 배당하고 있기 때문에 일체의 모든 번뇌는 이 지애에 포섭되지 않는 것이 없기 때문에 진정한 의미의 심층적 번뇌는 무명주지라고 생각할 수 있다.

《이장의》의 번뇌 발생은 우리 삶 자체가 법계임을 요달하지 못한 근본무명으로부터 오온 자체를 나라고 집착한 아집을 근본으로 하여 탐진치의 번뇌장이 일어나고, 일체법에 자성이 있다는 법집이나 무명인 소지장이 일어난다. 소지장에 해당하는 8종 망상 중에 자성분별, 차별분별, 총집분별은 희론을 분별하고 소의·소연사의 12처법을 생하게 함으로써 명언종자를 훈습하고 성숙케 하여 모든 분별의 근본이 된다. 즉 18계법은 모두 이 삼종 분별의 훈습으로 생긴다. 이와 같이 소지장의 본성인 근본무명이 번뇌장의 근본이 되고, 모든 현행과 종자는 분별이며 소지장체가 된다. 그러나 번뇌장과 소지장의 종자는 서로 다르니, 번뇌장에 전과 수면이 있는 것처럼 소지장에도 유각분별상인 성연과 무각분별상인 성분별 두 종자가 있다. 아뢰야식에 의해 현상세계가 형성되는 것이 성분별이고, 그렇게 형성된 현상세계를 의언依言으로 인식하여 이해하여 아는 것이 유각분별인 성연이다. 이러한 의언에 의해 형성된 종자습기에 따라 경계가 형성되는 것이 아뢰야식의 무각분별이다. 그러나 이 유각분별과 무각분별도 서로 원인과 결과가 맞물려 상인분별하여 근본무명이 소지장과 연결됨을 알 수 있다.

이장과 8식 상응관계를 보면, 번뇌장체는 아뢰야식과 더불어 상응하지 않고 오직 7종 전식과 함께 일어난다. 소지장체는 통문의 거세도리로 보면 제8식에 모두 법집이 있으며 3성 모두에 통한다는 안혜설이 맞으며, 별문의 추상도리로 보면 법집은 제6, 제7식에만 통하며 오직 불선이며 유부무기라는 호법설도 맞는다고 한다.

모든 번뇌는 번뇌장→ 소지장→ 습기장, 번뇌장→ 소지장→ 근본무명, 2장의 종자→통상무명주지→별상무명주지의 순서로 깊어지고 힘이 강력해진다. 유가계 경전에서는 2장을 가장 미세한 번뇌로 보았지만, 원효는 습기와 근본무명을 최고로 미세한 번뇌로 보았다. 즉 일체 범부는 번뇌장, 소지장, 습기장이 다 있는 반면 모든 성문과 벽지불은 이들 중 번뇌장이 없으며, 모든 보살 마하살은 습기장만 있다.

습기장은 2장과 통하지만 2장에 속하지 않고, 오직 여래만이 일체 번뇌장·소지장 및 그 습기를 영원히 끊는다. 습기는 별습기와 통습기로 나뉜다. 별습기는 오직 번뇌장에만 있으며, 현행과 종자가 있다. 통습기는 오직 이장 중에 남아있는 기운으로서, 현행이 없고 종자가 아니고, 감능성이 없어서 추중이라 한다. 추중은 아라한·독각이 끊고, 견일처주지는 오직 여래만이 끊는다. 또 견일처주지와 유애수 3주지를 합하여 심불상응무명주지라고 한다. 그리고 여래만이 끊을 수 있는 비이소단중의 번뇌는 2장의 습기, 번뇌애의 근본업염, 근본무명의 세 가지이므로 습기와 근본무명은 서로 다른 번뇌이다.

여기에서 우리는 원효가 근원적인 장애로써 지애를 상정, 근본무명을 강조하고 있음을 알 수 있다. 이를 통해 원효는 깨달음과 깨달음의 실천을 구분하여 보다 대승의 실천적 의미를 강조하고 있다. 이는 여래장 사상이 중생심의 중요성과 확대를 표방하여 생멸심을 강조하고 본각을 강조한 것처럼 번뇌론 조직 체계 바깥에 도道와 지애가 다르지 않음을 시설하는 새로운 관점을 원효가 제시하였다고 보인다. 그래서 그는 은밀문에서 번뇌애를 넘어선 근원적인 장애로 지애를 상정하고, 중첩되고 경계가 모호한 번뇌론 조직 체계 바깥에 여래의 지위를 설정한 것이다. 그러나 이 모든 문은 마음의 생성과 변화에 의해 생겨난 것이므로 결국 이 또한 일체유심의 또 다른 이름이라 할 수 있다.

IV

번뇌의 발생

표층적 번뇌의
발생

1. 현료문의 발업發業

《이장의》에서 현료문 중 번뇌장은 두 가지 작용을 한다고 언급한다. 그 두 가지는 즉 업을 일으키는 발업發業과 생을 맺는 결생結生이다. 업業에는 무명에 의하여 업을 이끄는 인업引業과 애취에 의하여 업을 생하는 생업生業이 있다. 전자는 현생現生을 일으키는 현기업現起業이 일어나는 것이며 후자는 종자를 발생시키는 종자업種子業이 일어나는 것이다. 이는 인업이 선행先行의 종자를 훈습·발생시킴으로써 삼계의 존재로 전변하게 하는 것이다. 업에서 전변한 이 존재는 애취에 의해 다시 업력이 종자에 남겨진다. 이것이 생업이다. 전체적으로는 일체 번뇌가 모두 인업을 일으키고 생업을 일으키나 무명은 인업을 일으키고, 애와 취는 생업을 일으킨다고 할 수 있다.

현료문 중에서 번뇌장의 공능에 대략 두 가지가 있으니, 업을 일으킬 수 있는 것과 생을 맺을 수 있는 것이다. 업을 일으키는 공능에 또한 두 가지가 있으니, 먼저 인업을 일으키고, 뒤에 생업을 일으킨다.[219]

12지 중에서 두 가지는 업에 포섭되니(행·유를 말하고), 세 가지는 번뇌에 포섭되고(무명과 애와 취를 말한다.) 또 두 가지 업 중에 처음은 인업에 포섭되니(행을 말하고), 뒤는 생업에 포섭되니 (유를 말한다.) 세 가지 번뇌 중에 하나는 인업을 일으키고 (무명을 말하고), 둘(애와 취)은 생업을 일으킨다.[220]

무명이 인업을 일으킨다는 것은 무명으로 인하여 3계 안 6취 중생 중 하나로 태어나게 된다는 의미이다. 존재가 성립하는 원인은 연기와 무아임을 알지 못하는 무명의 어리석음 때문이다. 그로 말미암아 업을 끌어당겨 욕계, 색계, 무색계 중생 중 하나로 태어나게 하는 원인이 된다. 그중 욕계 중생의 경우 지옥, 아귀, 축생, 인간, 아수라, 천상의 6취 중생 중 하나로 태어나게 하는 작용을 일으킨다. 그렇다면 무명은 3계 6취 중생으로 태어나게 하는 인업의 역할을 어떻게 하는가? 원효는 다음과 같이 언급한다.

인업을 일으키는 데는 두 가지가 있으니, 죄업을 일으킬 때에는 현행의 박

---

219 원효, 《이장의》(한불전, 795中), "顯了門中, 煩惱障能略有二種. 謂能發業及能結生. 發業之能亦有二種, 先發引業, 後發生業."

220 원효, 《이장의》(한불전, 795中), "十二支中, 二業所攝, 三煩惱攝, 又二業中初是引業, 後是生業, 三煩惱中 一能發起引業, 二能發起生業故."

縛이 일으키고, 복업과 부동업은 수면隨眠이 일으킨다.[221]

인업을 능히 발하게 하는 데에는 두 가지가 있다. 죄업이 발할 때에는 현재의 계박이 복부동업을 능히 생기게 하고, 수면이 능히 발한다. 생업이 발할 때에는 죄업과 복부동업에 모두 현행이 있게 되고 애·취가 능히 발한다. 이처럼 무명은 보를 이끄는 인업이 된다. 복업은 욕계에서 중생을 이익되게 할 즐거운 과를 내는 유루선업이고, 죄업은 욕계에서 중생을 손상시킬 괴로운 과를 내는 유루악업으로 비복업 즉 죄업이다. 부동업은 색계와 무색계의 과를 내는 업이다. 무명이 인업을 일으킬 때, 죄업은 현행하는 무명박에 의해 일으켜지고 복업이나 부동업은 무명박이 아니라 무명 수면에 의해 일으켜진다. 즉 고苦와 과果를 낳을 죄업을 짓게 하는 것은 단순히 '잠재된 무명'에 의해서가 아니라 구체적으로 현행하는 무명에 의해서라는 것이다. 《이장의》에서는 이에 대해 《유가론》의 구절을 인용하여 다음과 같이 설명한다.

이것은 《유가론》에서 다음과 같이 설명한 것과 같다. 〈문〉 복업과 부동업은 정사택의 공력으로 말미암아 일어나는 것인데, 무엇 때문에 무명을 연으로 삼는다고 말하였는가? 〈답〉 세속의 고의 인因을 깨닫지 못하는 것이 연緣이 되어 비복업을 일으키고, 승의의 고의 인因을 깨닫지 못한 것이 연이 되어 복업과 부동업을 일으키기 때문이다.[222]

---

221 원효, 《이장의》(한불전, 795中), "引業能發, 卽有二種, 發罪業時, 現縛能發, 福不動業, 隨眠能發. 發生業時, 罪福不動. 皆有現行愛取能發."

세속의 고苦의 이치를 안다면 세속의 고과를 받을 죄업을 받지 않을 것이고, 승의의 고의 이치를 안다면 승의의 고과를 받을 업을 짓지 않기에 죄업뿐 아니라 복업이나 부동업도 짓지 않게 된다. 《이장의》에서는 이에 대해 다음과 같이 결론짓고 있다.

> 업을 일으키는 무명은 모두 바로 4진제의 뜻에 바로 미혹한 것이며, 또한 모두 이숙의 인과를 깨닫지 못한 것이나, 다만 선업을 일으킬 때에는 비록 아직 4제의 도리에 통달하지 못했어도 이숙의 인과는 믿고 이해할 수 있기 때문에, 이때의 무명은 '수면'이다. 만약 이숙인의 뜻을 깨닫지 못하여 죄업을 일으킬 때라면, 4제의 도리를 깨닫지 못하는 것일 뿐 아니라 또한 이숙의 인과를 믿고 이해하지 못하는 것이니, 그러므로 이때의 무명을 별도로 이숙의 우치라고 한다.[223]

이숙의 인과는 '선업악과 악업고과'라는 속제의 인과를 말한다. 속제의 인과에 대해 알지 못하면 죄업을 짓는 데 반해, 알면 고과를 받을 죄업을 짓지 않게 된다. 속제의 이숙인과를 알지 못해 불선행을 짓는 무명은 이숙우이다. 그러나 승의의 이치는 고집멸도인 사성제의 원리를 알

---

222 원효, 《이장의》(한불전, 795下), "如《瑜伽》說, "〈問〉何因緣故, 福不動業, 由正思擇功力而起, 仍說用無明爲緣耶. 答由不了世俗苦因爲緣, 發非福行, 由不了勝義苦因爲緣, 生福不動業故."

223 원효, 《이장의》(한불전, 795中-796上), "發業無明, 皆是正迷四眞諦義, 亦悉不了異熟因果, 但發善業時, 雖未通達四諦道理, 而能信解異熟因果故, 於此時無明隨眠. 設其不了異熟因義, 發罪業時, 非直不了四諦道理, 亦無信解異熟因果故, 於此時無明別名異熟愚也."

아야 죄업뿐 아니라 복업과 부동업까지도 짓지 않게 된다. 이때 이숙의 인과는 알되 사성제를 알지 못하는 무명을 현행의 전纏과 구분해서 수면 이라고 부른다. 만약 삼계가 모두 고임을 요달하였다면, 고가 생하는 원인도 알 것이며, 자연히 고의 원인이 되는 업을 짓지 않게 된다.

발인업發引業 중에서 구생 번뇌는 별보업을 발생시키고, 오직 분별기만이 그 상응하는 바에 따라서 삼종의 총보인업을 생기게 한다.

> 인업을 일으키는 중에 구생기 번뇌는 별보업을 일으키고, 오직 분별기 번뇌만이 그 응하는 바에 따라서 세 가지(죄업·복업·부동업)의 총보인업을 일으킨다.[224]

무명 번뇌가 인업을 일으키는데, 그중 총보업을 일으키는 번뇌는 분별기 무명이고, 별보업을 일으키는 번뇌는 구생기 무명이다. 그렇다면 왜 분별기 번뇌는 총보인업을 일으키고, 구생기 번뇌는 별보업을 일으키는 것인가? 총보가 결정된 이후 그 총보의 과체를 완성하여 이루는 만업은 별보업으로 그 별보업을 일으키는 것은 분별기 무명이 아니라 구생기 무명이다. 예를 들어 인간으로 태어나는 것은 분별기 무명으로 인한 것이고, 인간 중에서 어떤 삶을 살게 되는가는 구생기 무명으로 인한 것이 된다. 무명으로 인해 태어나게 될 때, 총보인업을 일으키는 것은 의식상의 사려분별을 거친 분별기 번뇌를 말한다. 인간으로 태어나게

---

224 원효, 《이장의》(한불전, 759中), "又發引業中, 俱生煩惱發別報業, 唯分別起, 隨其所應, 能發三種總報引業."

되는 것은 의식의 분별 때문이지 분별의 질 때문이 아니기 때문이다.

총보업을 일으키는 번뇌가 분별기인 이유는 3계가 모두 고라는 것을 알지 못하고 생을 이끄는 업을 일으키게 되기 때문이다. 또 무아와 자타평등을 알면 총보의 업業을 일으키지 않겠지만 그것을 모르기 때문에 총보인업을 일으킨다. 만약 무아와 자타의 평등을 요해한다면 스스로 과보를 받는 업을 짓지 않을 것이다. 그러므로 무아를 요달하지 못한다면 무명이 그 세력으로 총보를 이끄는 업을 능히 발하게 된다. 만약 수도에서 미사번뇌가 단멸된다면 총보의 인업은 일어나지 못하게 된다. 왜냐하면 요달하거나 이해하는 것은 의식적 사려분별작용인 분별기 번뇌로 말미암은 것이기 때문이다. 그렇지만 일단 총보업이 일어나고 나면 그것을 보충하여 이루는 만업인 별보업은 구생기 번뇌가 일으킨다.

그 까닭은 만일 3계가 모두 고임을 깨닫고 또한 고를 내는 원인을 안다면, 자연히 고의 원인이 되는 업을 짓지 않을 것이며, 이러한 도리로 말미암아 만약 고의 원인을 깨닫지 못한다면, 무명의 그 세력이 생을 이끄는 업을 일으키게 되기 때문이다. 또 만일 무아와 자타평등을 이해한다면, 무슨 이유로 스스로 과보를 받는 업을 짓겠는가? 이 때문에 무아를 깨닫지 못한다면, 무명의 그 세력이 총보업을 일으킨다. [225]

---

225 원효, 《이장의》(한불전, 759中-下), "所以然者, 若達三界皆苦, 亦知生苦之因, 自然不作苦因之業, 由是道理, 若有不了苦因, 無明其勢, 能發牽生之業, 又復若解無我自他平等, 何由强作自受報業, 是故不了無我, 無明其勢, 能發引總報業"

애와 취는 그 종자가 전전해서 내생의 존재(有)가 생겨나게 되어, 생업(종자업)을 일으키게 된다. 애취는 무명이 의지를 일으켜 인식을 낳고, 명색으로 정신적·육체적 감각과 인식의 기관으로 화하여 대상을 포착, 애착하여 무명에서 발한 종자가 현생의 애착을 훈습하여 다음 종자를 남기게 된다. 무명의 종자는 애취에 의해 현생의 업을 다시 훈습하여 종자로 전전한다. 이 종자는 결국 다음 생의 중생인 보報가 현행한다. 이 때 애와 취는 의식의 활동에 따라 일어나는 것이므로 늘 현행의 애취이며 이에 따라 죄업, 복업, 부동업이 모두 일어날 수 있다.

정리하면 분별기 번뇌는 이理에 미혹한 번뇌로 총보업을 일으키고 구생기 번뇌는 사事에 미혹한 번뇌이다. 견도 이전에는 분별기 번뇌와 더불어 구생기 번뇌도 함께 작용하여 인업과 생업을 일으킬 수 있지만, 견도를 이루어서 분별아견이 사라지고 나면 구생아견 즉 구생기 번뇌만으로는 인업이나 생업을 일으킬 수는 없다. 견도가 이루어지기 전에는 무상, 고, 무아를 알지 못하는 분별기무명에 따라서만 총보업을 일으키고, 견도를 이루어 무상, 고, 무아를 알아 분별아견이 사라지면, 총보업을 일으키지 않는다고 할 수 있다.

2. 결생―분단생사의 초감

결생은 생을 맺어 중생으로 태어나는 것을 말한다. 결생은 정생正生과 방편생方便生으로 구분된다. 정생을 맺는 시기도 두 가지가 있다. 생유生有는 색계에서 죽어 사유死有에서 중유中有를 거쳐 생유生有로 다시 태어나는 것을 뜻한다. 유색계 정생에서 생을 맺을 때는 중유에서 생을 맺는다. 무색계에서는 사유 시에 생을 맺는다. 그러나 방편생에서는 오직 사유에서 생을 맺는다.

> 정생을 맺을 때에 또한 2가지가 있으니, 유색계(욕계·색계)에 태어날 경우에는 중유中有 때에 맺고, 무색계에서 태어날 경우에는 사유死有 때에 맺는다.[226]

또 사유에 임하는 마음에는 세 가지 지위가 있다. 처음 선, 악, 무기의 마음인 삼성심三性心과 삼성심에서 악은 빼고 선과 유부무기만을 가진 마음인 염오심染汚心, 무부무기만을 지닌 마음인 이숙심異熟心의 지위가 그것이다. 이 중 앞의 두 가지는 의意, 의식意識에 해당하며 마지막은 제8식에 해당한다.

삼성심은 세간의 고의 이치를 알지 못하는 마음으로 생을 맺지 못한다. 한편 세간의 고의 이치는 알되 승의의 고의 이치는 알지 못하는 마음이 염오심이다. 이 염오심의 지위에서는 현행의 박纏이 생을 맺는다. 즉 거친 번뇌가 발생하는 것이다. 말나식 내지 의식의 마음은 삼성심 내지 염오심에 해당한다. 승의의 이치까지 요달한 이숙심은 염오성을 벗은 무부무기의 마음으로 이 지위에서는 미세한 수면隨眠의 번뇌가 발생한다. 만약 임종시 최후 염심이 이숙심이라면 사유에서 생을 맺어 다시 태어나게 되는 것 또한 이숙식이 된다. 그러나 염오심에서 최후 염심을

---

226 원효, 《이장의》(한불전, 796上), "結正生時, 亦有二種生, 有色界中, 時結生, 無色界死有時結, 二結方便, 生唯在死有."

가진다면 사유가 아닌 중유에서 생을 맺게 되는 것이다.

> 이 중 어떠한 번뇌가 생生을 맺을 수 있는가? 통상으로 말한다면 자신이 처한 곳에서 가지고 있는 일체 번뇌가 모두 생을 맺을 수 있고, 가장 수승한 것을 논한다면 오직 구생의 무기인 아애我愛로 말미암아 생을 맺어 상속한다.[227]

분별아견과 상응하는 무명이 총보의 인업을 능히 발생시키고, 경계애와 상응하는 무명이 저 업을 능히 보조하여 생의 업을 이루어지게 한다. 통상으로 말하면 모든 번뇌가 다 생을 맺지만, 그중에서도 특별히 생을 맺게 하는 번뇌는 아애我愛라 할 수 있다. 이처럼 생을 맺는 아애는 분별기 아애가 아닌 구생기 아애다. 곧 그 자체 선이나 악이 아닌 무기성의 아애가 생을 맺게 하는 기본 번뇌가 되는 것이다.

별상으로 말하면 일체 번뇌가 모두 결생하지만, 그중에서도 특별히 결생을 하는 번뇌로 아애를 꼽고 있다. 별상에서 임종시 아애我愛는 사유가 아니라 중유에서 생을 맺는 번뇌이다. 이때 아애는 선이나 악이 아닌 무기인 염오의 유부무기로 대상을 반연하지는 않지만 자아 자체를 요별하여 차별 경계를 낸다. 아애가 생을 이루는 경우는 범부가 상지에서 아견을 조복 못해서 하지에 태어나게 될 때이다. 《이장의》에서는 다음과 같이 설명하고 있다.

---

227 원효, 《이장의》(한불전, 796上), "此中何等煩惱能結生者, 通相而言, 自他所有一切煩惱, 皆能結生, 論最勝者唯, 由俱生無記我愛, 結生相續."

범부가 상지에 태어남에 아견을 조복하지 못한 경우는 아직 조복하지 못한 아견의 세력으로 말미암아 장차 하지에 태어날 때에 아애를 일으킬 수 있다. 즉 세간도에 의하여 능히 무소유처의 모든 탐욕에서 벗어나기까지 모든 하지에서 그 번뇌심을 벗어날 수 있지만, 아직 살가야견을 벗어버리지 못하였으니, 이 견으로 말미암아 하지와 상지의 모든 현상이 뒤섞여있는 자체에서 차별을 보지 못하고 전체적으로 아라고 계탁하고 혹은 아소라고 계탁한다는 것과 같다. 이러한 인연으로 말미암아 비록 유정천에 오르더라도 다시 (상지에서) 물러나게 (하지로) 돌아오게 된다.228

아애는 분별기가 아니므로 구생기 번뇌이다. 비록 무색계의 제3 무소유처에 있는 모든 탐욕을 벗어도 이 아견이 있으면 아와 아소를 계탁하여 하지로 후퇴하게 된다. 따라서 앞서 조복한 수도소단 번뇌를 조복하였어도 죽음에 임했을 때 감능이 다시 일어나게 되는 것이다. 그래서 《이장의》에서는 이에 대해 다음과 같이 언급하고 있다.

3계의 생을 맺는 것은 바로 수도에서 끊는 번뇌이고, 총보의 업을 일으키는 것은 바로 견도에서 끊는 번뇌이지만, 서로 좇아서 말한다면 공통으로 일으키고 공통으로 맺는다.229

---

228 원효, 《이장의》(한불전, 796中-下), "凡夫生上非伏我見, 由此未伏我見力故, 將生下時, 能起我愛. 如說依世間道, 乃至能離無所有處所有貪欲, 於諸下地, 其煩惱心得解脫, 而未能脫薩迦耶見, 由此見故, 於下上地所有諸行和雜自體, 不觀差別, 總計爲我, 或計爲我所. 由是因緣, 雖昇有頂而後退還故."
229 원효, 《이장의》(한불전, 796下), "由是言之, 結三界生, 正是修道所斷煩惱. 發總報業, 正是見道所斷煩惱, 相從而說, 通發通結."

즉 3계의 생을 맺는 것은 바로 수도소단 번뇌이고, 총보업을 일으키는 것은 바로 견도소단 번뇌 즉 아견을 주로 하는 분별기 번뇌이며 아애는 수도소단 번뇌인 구생기 번뇌로 생을 맺게 하는 것이다. 이때 견도소단 번뇌는 총보업으로 이것이 없으면 모든 행이 생기지 않는다. 수도소단 번뇌는 생을 맺게 하는 것으로 이 수도소단 번뇌가 없으면 제행이 익지 않는다.

이러한 발업과 결생은 6식에 의해 일어난 번뇌이다. 결생은 번뇌장의 공능으로 3가지 연생문 중에서 분별애비애연생문과 분별수용연생문에 해당한다. 3가지 연생문 중 분별자성연생문은 아뢰야식으로부터 제법이 생기하는 것으로 번뇌장을 생기하게 하는 데 연결되지 않고, 제법자성차별을 분별하여 18계를 훈성하는 데 인연으로 작용하기 때문에 소지장과 연결된다. 3가지 훈습 중 번뇌장은 아견훈습과 유지훈습에 있으며 명언훈습과는 관계하지 않는다. 명언훈습은 제법자성차별을 분별하여 18계를 훈성하기 때문에 이 또한 소지장의 공능이다.

이와 같이 업을 일으키는 것과 생을 맺는 것의 뜻은 세 가지 연생문 중에 애·비애와 수용受用의 두 가지 연생문에 있고, 세 가지 훈습 중에 오직 유지有支와 아견의 두 가지 훈습문에 있다. 이것이 바로 번뇌장의 공능이다.[230]

230　원효, 《이장의》(한불전, 797上), "如是發業結生之義, 三種緣生門中, 在愛非愛及與受用二緣生門, 三種熏習之中, 唯在有分及與我見二熏習門. 是謂煩惱障功能也."

소지장은 4제의 인공의 이理에 미혹한 것이 아니어서 발업과 결생의 공능이 없는 대신 다른 작용이 있다. 그것은 소지장을 인연으로 하여 모든 법의 자성차별을 분별하여 능히 18계를 훈성하여 제법 체상을 변하여 생기게 하는 작용을 한다. 또한 명언훈습이 소지장의 공능으로 제법 자성차별을 분별하여 18계를 훈성하게 한다.

소지장은 3계 중에 업을 일으키고 생을 맺는 공능이 없으니, 4제의 인공 이치에 미혹한 것이 아니기 때문이다. 그러나 여기에 별도로 두 가지 공능이 있으니, 무엇이 두 가지인가? 첫째는 모든 법의 자성차별을 분별하기 때문에 18계를 훈습하여 이루니, 이로 말미암아 모든 법의 체상을 만들어낸다. 이것은 인연의 공능이니, 세 가지 연생緣生 중에 자성 연생이고, 세 가지 훈습 중에서 언설 훈습이다. [231]

이 소지장은 두 번째로 증상연의 공능으로 자와 타, 위와 순 등의 상을 분별하여, 능히 견·만·탐·진 등의 사事를 내는 작용을 한다.

---

231 원효, 《이장의》(한불전, 797中), "所知障者, 於三界中無有發業結生功能非迷四諦人空理故. 然此別有二種功能, 何等爲二, 一者分別諸法自性差別故, 能薰成十八界, 由是辨生諸法體相, 此是因緣之功能也. 三種緣生中自性緣生, 三種薰習中, 言說薰習."

심층적 번뇌의
발생

1. 은밀문의 발업

은밀문에서는 《대승기신론》의 번뇌설에 의거하여 번뇌애와 지애의 체상과 공능을 논한다. 《대승기신론》에서는 유식의 교학 체계와는 달리 진여를 무명에 연하여 훈습하면서 일체법을 생기하는 가훈성可勳性의 진여로 상정하고 있으며, 이에 따라 번뇌에 대한 이론도 유식의 번뇌론과는 다른 차원에서 전개한다.

업을 일으킨다는 것은 무명주지가 무루업을 일으켜 3계 밖의 변역생사를 받는 것이니, 이것은 무작無作의 4제도리이다.[232]

---

232 원효, 《이장의》(한불전, 797中), "言發業者, 無明住地發無漏業, 能受界外變易生死, 此是無作, 四諦道理."

은밀문의 발업은 일상 범부의 발인업 내지 발생업이 아니라 아라한, 벽지불, 대력보살 등이 수행을 통해 번뇌 없는 무루업을 일으켜 3계 바깥의 수승한 몸을 과보로 받는 것을 말한다. 이렇게 생겨난 몸을 변역생사, 부사의 변역생사, 변역신, 변화신 등이라고 부른다. 이는 일반 범부가 업에 따라 받게 되는 분단생사와는 다르다. 이렇듯 수행을 통해 무루업을 일으켜 변역생사를 받게끔 하는 것은 바로 무명주지이다.

> 무명주지가 생사를 이끄는 업을 일으킨다는 것은 이 무명으로 말미암아 자신의 심성이 본래부터 움직임이 없어서 끝내 변하거나 달라짐이 없음을 모르는 것이니, 이 세력으로 인하여 의생신의 변역생사를 일으키거나 없애는 업을 발생시킨다.[233]

이 무명주지는 현료문의 무명 번뇌와 구분되는 은밀문의 무명주지이다. 그러기에 무명주지에서 발하는 무루업은 방편도 중 도분의 선근으로 3루漏에 의하지 않고 3유有를 받지 않는다. 즉 출세간의 과보를 일으키는 발보리심 행을 하여 출세간으로 나아가게 하는 수행상의 선근을 말한다. 이 선근의 무루업에 의해 얻어진 의생신은 3계를 넘어선 몸이다. 이처럼 무명주지는 자신의 심心의 성품이 본래 일으킴과 동함이 없어 끝내 변이가 없으나 미혹하여 업을 이끈다. 이 세력의 인연으로 의생신은 변역생사를 일으키고 멸하는 업을 능히 발한다. 그러나 앞에서 설

---

233 원효,《이장의》(한불전, 797下), "無明住地所以能發, 引生死業者, 由此無明, 迷自心性, 本無起動, 終無變異, 緣此勢力, 堪能發起滅意生身, 變易生死業."

한 현료문에서는 사제도리를 지었지만 은밀문에서는 사제도리를 짓지 않는다. 이에 대해 《승만경》에서는 다음과 같이 설한다.

또 취取가 연緣이 되고 유루업이 인因이 되어 삼유三有를 내는 것과 같이, 이 것은 무명주지가 연이 되고 무루업이 인이 되어 아라한과 벽지불, 대력보살 의 세 가지 의생신을 낸다. [234]

현료문과 마찬가지로 은밀문의 능발업能發業에도 2종이 있다. 첫째 는 무명주지의 능발인업能發引業이고, 둘째는 애취습기의 능발생업能發生業이다. 무명주지가 생사의 업業을 능발인하는 까닭은 무명으로 말미암 아 자심自心의 성품에 본래 일어남과 움직임이 없으며 끝내 변이가 없음 에 대하여 미혹하게 되기 때문이다.

보살은 견도에서 능소 분별을 떠나 부분적으로 점차 자기 마음에 일 어남과 움직임이 없음을 깨닫는다. 그러므로 비록 무명이 있다고 해도 생을 초감하는 업을 이루지 않는다. 즉 분별기 무명을 점차 벗어난다. 그렇게 되면 구생기 무명이 남아있어도 인업을 일으키지 않는다. 이것 은 이승이 견도소단의 무명을 제거하고 나면 총보인업을 일으키지 않는 것과 같다. 인업을 일으키는 것은 수도소단의 구생기 번뇌가 아니라 견 도소단의 분별기 번뇌이기 때문이다.

---

234 구나발타라, 《승만경》, 5장(《대정장》 12, 220上), "又如取緣, 有漏業因而生三有 如, 是無明住地緣, 無漏業因, 生阿羅漢辟支佛大力菩薩三種意生身."

무명주지는 무루업에 의하여 제복되거나 없앨 수 없으니, 이 때문에 (무루업을) 일으킬 수 있는 것이다. 이와 같이 무명은 3승의 무루인업을 통틀어 일으킬 수 있기 때문에 오직 이것이 업을 일으킨다고 말하였다.[235]

인집의 습기와 법집의 분별이 이 무루업을 능발하지 못하는 까닭은 삼승이 무루의 인업을 모두 능발시키기 때문이다. 오직 이것을 발업이라 한다. 다만 보살은 방편도 중에서 대치하기 위하여 무루업을 닦을 뿐이며, 장애와 대치가 상위하므로 능히 발하지 않는다. 무명주지는 보살 방편도 선근의 무루업에 의해서도 조복되거나 멸해지지 않기 때문에 보살은 이 근본 무명주지에 근거해서 무루업을 일으켜 의생신을 얻는다.

생업生業이 능발할 때에는 오직 능취의 종자와 함께할 뿐이고, 지금 일어나는 무루의 업을 능발하지는 않는다. 이러한 이치로 말미암아 애취습기와 망상분별이 생업을 능발한다. 무명이 일으키는 무루업은 보(의 생신)를 이끄는 인업이고, 애취습기와 망상 분별이 일으키는 업은 보를 생겨나게 하는 생업이다. 능취종자, 즉 육근의 종자를 윤택하게 하여 '능히 줌'을 일으킨다. 《보성론》에는 무명주지가 미세한 희론의 습기를 연緣해 행行과 유有의 업이 생기는 것에 대해 다음과 같이 언급하고 있다.

《보성론》에서 말하기를, "연상이란 무명주지가 행의 연이 되는 것을 말하니, '무명이 행의 연이 되는 것과 마찬가지로, 이 (무명주지가 무루업의 연이 되

---

235 원효, 《이장의》(한불전, 797下), "無明住地非無漏業所能伏滅, 是故能發, 如是無明通發三乘, 無漏引業故唯說此爲發業也."

는 것도) 또한 이와 같다."고 하였으니 이것은 인업을 일으키는 뜻을 밝힌 것이다. 또 저 논에 이르기를, "저 무명주지의 연에 의하여 미세한 상의 희론의 습기가 있으며, 무루업을 인으로 하여 의음意陰(의생신)을 생기게 한다."고 하였으니, 이 글은 (십이연기의) 두 가지의 지업(무명지·행지)이 함께 나타낸 것이다.[236]

2. 결생-변역생사의 초감

번뇌애의 결생에 대해《이장의》는 다음과 같이 설명하고 있다.

나한과 독각이 저 생을 받을 때 아애의 습기가 이 중에서 생을 맺고 생업을 일으킨다. 이것은 번뇌애의 공능으로써, 이러한 것들은 모두 6염심 중에 있다.[237]

번뇌장은 구생기 아애가 현행하여 결생한다. 그런데 나한과 독각은 이 아애의 습기로 인해 결생하여 생업을 일으킨다. 이것은 번뇌애의 공능으로 모두 6염심 중에 있다. 6염심과는 별도로 무명주지는 지애를 일

---

236 원효,《이장의》(한불전, 797中-下), "《寶性論》云, "緣相者, 謂無明住地, 與行作緣, 如無明緣行, 此亦如是故." 此明發引業義. 又彼論云, 依彼無明住地緣, 有細想戲論習, 因無漏業, 生於意陰." 是文俱顯, 二種支業."

237 원효,《이장의》(한불전, 798上), "羅漢獨覺, 受彼生時我愛習氣, 比中結生及發生業, 是煩惱碍功能, 此等皆在六染中故."

으키는 인업의 작용을 한다.

이 지애는 따로 두 가지 수승한 공능이 있다. 첫째, 무명이 진여를 훈습하여 중생으로 하여금 생사 유전하게 하는 것이 지애의 공능이다. 본래 진여는 그 본성인 자성청정심이 무명풍에 의해 움직여 생사에 유전하게 된다. 둘째, 이 무명은 진여를 훈습하여 일체의 제식諸識 등의 법을 낳게 한다. 부사의 훈습과 부사의 변화가 원인이 되어 오염된 상이 있게 되는 것이다. 본래 진여는 염오가 없지만 무명으로 훈습되었기 때문에 오염된 현식으로 변생하여 일체법이 있게 되는 것이다. 즉 무명이 진여를 훈습하여 일체 모든 식 등의 법으로 변생하는 것이다. 식 등의 법은 곧 중생과 그 중생이 의거하는 세계 등 18계를 의미한다.

이 삼지三地와 저 세 가지 의생신이 생기는 것과 무루업이 생기는 것은 모두 무명주지에 의한 것이니, 연이 있는 것이지 연이 없는 것이 아니다."라고 한 것과 같으니, 무명은 그 힘이 수승하다는 것을 알아야 한다. 이것은 게송 중에서 다음과 같이 말한 것과 같다. "일체 제법 중 반야가 가장 수승하니, 행하는 바가 없으면서 하지 않는 것이 없다. 하지 않는 것이 없기 때문에 일체의 생사 가운데 무명의 힘이 가장 크니, 일법계를 움직여 세 가지 생사(삼계의 생사)를 두루 낸다.**238**

---

238 원효, 《이장의》(한불전, 798上), "此三地彼三種意生身生及無漏業生, 皆依無明住地, 有緣非無緣, 故當知無明其力殊勝, 如偈中說, 一切說諸法中槃若寂爲勝, 能至無所爲, 而無不爲, 而無不爲故. 一切生死中無明力最大, 能動一法界遍生三生死故."

이 같은 두 가지 힘에 의해 두 가지 생사의 의지依止가 지어진다. 무명은 그 세력이 가장 수승하여 못하는 것이 없이 일법계를 움직여 3가지 생사를 두루 내는 작용을 한다. 이와 같이 무명은 그 힘이 매우 수승한 것이다.

V

번뇌의 치단과 소멸

치단의 계위와
근본지·후득지

　불교는 부처의 가르침을 기반으로 깨달음에 이르는 것을 목표로 한다. 그 깨달음이란 아비달마 불교에서는 아공을 증득하여 개인의 열반을 꾀하고 대승 불교에서는 법공을 증득하여 보리를 증득하는 것이다. 곧 법공을 증득하는 것의 여부가 대승과 부파 불교를 나누는 기준이 된다. 아공我空은 수다원과의 견도 뒤에 다시 사다함과 아나함, 그리고 아라한의 과위에서 수혹修惑을 더 닦아야만 아공의 완전함을 성취할 수 있다. 대승의 법공法空 역시 자량과 가행의 삼현위와 사선근위를 거쳐 십지의 초지인 환희지에 이르러서야 비로소 법공의 견도를 이루게 된다. 이후 십지까지 거치면서 보리를 증득하여 법공을 이루게 된다.

　부처의 깨달음을 무상정등정각이라 한다. 정각正覺은 근본지 곧 무분별지로 모든 분별이 끊어진 지혜로 번뇌와 망상을 더 이상 일으키지 않는 지혜를 말한다. 즉 주관과 객관의 대립을 떠나서 있는 그대로 직관하여 판단이나 추리에 의하지 않고 대상을 여실지견如實知見한다. 등각等覺은 후득지를 의미하는데 후득지는 근본지에 이른 후에 다시 차별 현상을 있는 그대로 확연히 아는 지혜를 말한다. 무분별이라는 것은 주관과 객관이 서로 대립되거나 분열되지 않고 양립하는 것을 깨뜨리고서 하나가 되었다는 의미이다. 이 근본지의 상태에 이르게 되면 자연히 후득지를 증득하게 되어 무분별이 아닌 분별지로써 차별을 비추어보고 다른 이들을 인도하게 된다. 만약 승의제의 공성을 체득하는 것이 근본지라면, 이 후득지는 연기와 더불어 일체가 되어서 상대적인 차별이 없는 속제로 이 진속불이의 상태가 되는 상태를 의미한다. 이것이야말로 수행을 통해 최고의 진리인 법의 근원과 일치하는 것이며, 불교의 최종 단계라 할 수 있다. 《대승장엄경론》에서는 다음과 같이 언급한다.

> 모든 보살은 처음에는 출세간지를 말미암아서 제법평등의 진여도리를 안으로 증득하고, 후에 후득지와 세간지에 의해서 제법과 법문의 도리를 바깥으로 깨닫는다.[239]

보살은 먼저 근본지를 증득한 후에 다시 금강유정에 도달하기까지 구생기의 이장종자 및 습기를 후득지에 의해서 점차 단멸하여 마침내 구경각을 성취하게 된다. 원효는 《이장의》의 치단을 밝히는 장에서 다음과 같이 밝히고 있다.

> 해탈도란 바로 견도의 자성을 통달하여 이 견도의 자성으로써 해탈하는 것이니, 번뇌를 끊은 해탈을 증득하는 것이다. 승진도란 후득지로써 명名과 의

---

239 무착, 《대승장엄경론》(《대정장》31, 642中), "由諸菩薩初以出世間智, 內證諸法得平等如解. 後以後得世智, 外覺諸法法門差別."

義를 자세히 알아서 앞의 지혜보다 수승하기 때문에 후위(수도위)로 나아가 가행을 일으키는 것이다.[240]

이와 같은 의미에서 후득지는 근본지를 증득한 뒤에 끊임없이 닦아서 증득하는 것이며, 그것을 근본지에 대응하여 여량지라고 부른다. 이 근본지는 또한 제법의 참된 모습을 보는 지혜이다. 그러나 후득지는 차별성과 연기의 법칙을 아는 지혜이다. 결국 무상정득정각은 근본지와 후득지를 남김없이 성취함으로써 이루는 것이다. 이러한 무상정득정각은 수행을 통한 번뇌의 대치와 단멸을 통한 수행을 통해 이를 수 있다.

《이장의》에서 이장의 대치와 단멸에 대한 논의는 수행론에 해당하는 부분으로 크게 네 부분으로 나누어 논한다. 먼저 치단의 수행도는 세간도와 출세간도로 구분되며 출세간도는 다시 수행의 계위에 따른 견도·수도·구경도의 3도, 수행의 방법에 따른 자량도·방편도·무간도·해탈도·승진도의 5도가 있다. 견도에는 3도가 모두 해당하며, 수도에는 자량도를 제외한 나머지 4도, 구경도에는 자량도와 승진도를 제외한 3도가 해당한다. 두 번째로는 치단의 대상인 번뇌를 결정하는데, 마음의 주체와 그 작용, 생기와 손복, 통상과 별상, 시간과 삼세의 범주로 나누어 고찰된다. 세 번째로는 치단의 양상에 따른 차별이 논의되는데, 먼저 복멸과 단멸을 구분하고, 상응박과 소연박의 차이와 단멸, 그리고 세 번째로는 계박을 여의는 차별에 대해 논한다. 네 번째로는 치단의 계위를 범부와 이승과 보살로 구분하여 논한다. 원효는 《이장의》에서 번뇌를 끊

---

240 원효, 《이장의》(한불전, 802下), "解脫道者, 謂正通達見道自性, 以此見道自性解脫, 證斷煩惱之解脫. 勝進道者, 謂後得智, 具知名義, 勝前智故, 爲進後位起加行故."

는 단계를 세간도와 출세간도로 나누고 있다.

　　다스리는 도는 전체적으로 말하면 두 가지가 있으니, 세간도와 출세간도
이다. 세간도의 의미는 일반적인 것과 같으니 이해할 수 있을 것이다. 출세
간도에는 세 가지가 있으니, 견도와 수도와 구경도를 말한다. 이 세 가지 도
안에 견도 다섯과 수도 넷과 구경도 셋이 있으니, 그 차례대로 차별됨을 알
아야 한다. 견도의 다섯은 자량도, 방편도, 무간도, 해탈도, 승진도이다. 수
도의 넷은 자량도를 제외한 나머지 네 가지니, 앞서 이미 두 가지의 자량을
모아두었기 때문이다. 구경도의 셋은 승진도를 제외한 나머지 세 가지니, 무
상보리는 더 나아갈 곳이 없기 때문이다.[241]

　　견도에는 자량도·방편도·무간도·해탈도·승진도가 있고, 수도에는 방
편도·무간도·해탈도·승진도가 있다. 구경도에는 방편도·무간도·해탈도
가 있다. 견도는 사제의 진리를 관하여 전도된 생각을 끊고 성자에 이르
는 첫 단계이다. 즉 처음으로 성자로 진입하는 단계로 사제를 관하여 일
어나는 인연과 지혜의 2종 무루심으로써 88사使의 견혹을 끊는다. 수도
는 견도에서 끊지 못하고 남은 구생기의 번뇌를 점차 끊는 단계이다. 수
도에서는 사제를 거듭 관하여 견도에서 끊지 못하고 남은 번뇌를 점차

241　원효,《이장의》(한불전 802中-下), “簡能治者, 能治之道, 總說有二, 謂世間道及
　　出世間道,世間道義如常可解. 世間道者, 有其三種, 謂見道修道乃究竟道. 此三
　　道內有五四三, 如其次第差別應知. 見道五者, 一資粮道, 二方便道, 三無間道, 四
　　解脫道, 五勝進道. 修道四者, 除資粮道, 有餘四種, 先己績集二資粮故. 究竟道三
　　者, 除勝進道有餘三種, 無上菩提無所進故.”

끊어 간다. 삼계구지三界九地 가운데 각 지마다 9품品의 번뇌를 끊음으로 써 모두 81품의 수혹을 끊게 된다. 구경도는 금강유정에 의하여 일체의 추중과 종자를 단멸하고 무생지無生智와 진지盡智를 얻는 단계이다. 금강유정에서 마지막 9품의 수혹을 끊고 무루의 진지盡智를 발하는 단계가 무학도이며 이러한 지위에 오른 성자가 아라한이다.

《이장의》에서는 수도위로서 자량도·방편도·견도·수도·구경도의 5도를 세운다. 《성유식론》은 수도의 과정을 자량위·가행위·통달위·수습위·구경위 5위로 나누는데, 명칭은 다르지만 동일한 의미로 해석된다. 원효는 유가설에 따라 견도 이후를 출세간도로 보고 출세간 3도를 능치도로 본다. 그러나 《성유식론》에서는 자량도와 방편도를 그 예비적 단계로써 5위에 포함시키나 원효는 견도·수도·구경도에 배정하고 있다. 이는 자량과 방편에 포함된 보살의 실천행이 구경에 이르도록 계속되어야 한다는 원효의 대승적 시각이 반영된 것이라 본다.

1. 표층적 번뇌의 치단-견도

세간의 견도 5종을 살펴보면 자량도는 염환을 대치할 수 있고, 더 나아가서 번뇌종자의 세력도 손복할 수 있다. 방편도에서는 점차로 번뇌의 추중이 끊어지게 되며, 무간도에서는 영구히 번뇌의 종자를 단멸한다. 이 2종 견도를 단대치라고 한다. 왜냐하면 이 두 가지 도로 말미암아 모든 번뇌를 단멸할 수 있기 때문이다. 해탈도에서는 번뇌를 무루로 전환하여 해탈할 수 있다. 그래서 이 해탈도를 전대치라고도 하고 또 5종 도 가운데서 번뇌를 끊는 공능이 가장 수승하다. 승진도에서는 번뇌를 멀리 여의고 성숙할 수 있으므로 원분대치라고도 한다. 이와 같이 5종 도는 서로 분리되지 않고 상의상관적인 관계를 가지고 있다. 그러므로 수행은 5종 도 가운데 어느 하나의 도에만 국한할 것이 아니라 전체적인 안목을 가지고 실천해야 한다. 그리고 혹이 끊어지는 것과 지혜가 생기는 것은 전후가 있는 것이 아니라 평등하여 마치 밝은 등불이 어두운 방을 밝히는 것과 같다.

출세간도의 자량도에서는 모든 범부들이 계율에 의하여 육근의 문門을 잘 수호하고, 마음을 집중하는 지止와 마음으로 관찰하는 관觀, 인간의 육체는 더럽고 오염된 것이라 관하는 부정관, 사체가 점점 부패하여 마침내 백골로 되기까지의 상태를 마음 속으로 관하는 백골관, 호흡을 조절하여 정신을 한 속에 집중하는 수식관 등을 실천하는 자리이다. 방편도는 존재하는 자량도가 모두 방편이지만 또 방편도가 있어서 자량도와는 다르다. 순해탈분에서는 난煖·정頂·인忍·세제일법世第一法의 4선근위善根位242를 닦아 고·집·멸·도의 4성제를 관해 번뇌를 여의고 무루지를 생하게 하여 견도에 들어간다. 이와 같은 4선근을 닦는 위位를 방편

---

242 사선근은 유식의 수행 5위 가운데 가행위에서 수습하는 것으로써 순결택분이라고도 한다. 왜냐하면 견도에 가깝기 때문이다. 이 4가행위에서 4심사관과 4여실지관지로써 능취와 소취의 2취가 공함을 관한다. 난煖은 명득정으로 하품심사관이다. 정頂은 명증정으로 상품심사관이다. 이 둘은 소취와 명의와 자성차별이 공하다고 관한다. 인忍은 인순정으로 하품 여실관지이며 소취와 명의와 자성 차별이 공하다고 인忍하는 하인下忍과 능취와의 명의의 자성 차별이 공하다고 관하는 중인中忍, 능취의 명의와 자성 차별이 공하다고 인하는 상인上忍으로 나누어진다. 세제일법世第一法은 무간정으로 상여실관지上如實觀地이다. 이는 쌍으로 2취의 명의와 자성차별이 공하다고 인한다.

도라 하고, 《성유식론》의 5도道에 배대하면 가행도가 된다. 무간도라는 것은 방편도의 수행에서 최후 찰나인 세제일법의 무간정위를 말한다. 이 도력으로 말미암아 무간도에서 번뇌의 종자를 반드시 영원히 끊는다. 해탈도라는 것은 견도에서 자성을 바르게 통달하는 것을 말한다. 즉 자성을 통달함으로써 번뇌를 단절하고 증득한 해탈을 해탈도라 한다. 승진도는 후득지가 명의名義를 구족하게 하는 것이 앞의 지혜보다 수승함을 말한다. 여기에서 뒤의 위位에 나아가기 위해서 가행을 일으킨다. 견도에 들어가서는 앞의 무루지에 의지해서 4성제를 거듭 관하고 견소단의 많은 번뇌를 단멸하여 최후의 혹을 끊었을 때 그대로 수도에 진입한다.

번뇌장은 이승의 단계에서 끊을 수 있지만, 소지장은 보살의 계위에서만 끊을 수 있다. 왜냐하면 성문은 아직 모든 법공을 증득하지 못하였기 때문에 수면隨眠의 바다 가운데 제7식의 물결이 유전하기 때문이다. 소지장의 법집은 일체 존재의 실체성에 집착하는 것이기 때문에 쉽게 단절하기 어렵다. 특히 가장 미세한 소지장은 아뢰야식에 있기 때문에 오직 여래만이 끊을 수 있다.

이승인이 견도에 들어갈 때는 16심관을 차례로 닦아 상하의 8제에 있는 하혹下惑을 점차적으로 끊는다. 16심관은 고·집·멸·도의 4제에 각각 법인法忍·법지法智·류인類忍·류지類智의 네 가지 심이 있으므로 16심이 성립된다. 이 가운데서 법인과 법지는 삼계의 사제진리를 반연하므로 소취의 관이 되고, 류인, 류지는 앞의 능연의 바른 지혜를 반연하므로 능취의 관이 된다.

보살이 견도에 들어갈 때에는 3종심이 차례로 일어난다. 처음에는 인공을 관하여 인집을 대치하고, 다음에 법공을 관하여 법집을 대치하고, 마지막에 인공과 법공을 모두 관하여 인법이집을 끊고 인공과 법공

을 증득한다. 《이장의》에서는 이에 대해 《유가사지론》의 다음 내용을
인용하고 있다.

　　순결택분의 마지막 선근으로부터 잇따라 비로소 유정의 가법의 연을 안으
　로 버리는 마음이 생겨서 연품軟品의 견도에서 끊는 번뇌의 추중을 제거할
　수 있고, 이로부터 잇따라 두 번째로 제법의 가법의 연을 안으로 버리는 마
　음이 생겨서 중품의 견도에서 끊는 추중을 제거할 수 있으며, 이로부터 잇따
　라 세 번째로 일체의 유정과 제법의 가법의 연을 두루 버리는 마음이 생겨서
　모든 견도에서 끊는 (번뇌의) 추중을 제거할 수 있다.[243]

　　그러나 성인이 견도에 들어갈 때는 오직 일심으로 진여를 내증함이
있을 뿐 이승의 16심과 보살의 세 가지 차별은 없다. 《현양성교론》에서
는 다음과 같이 말한다.

　　중생의 집착으로 현행하는 전을 제거했기 때문에 법의 참된 성품을 깨닫
게 되고, 법성을 깨닫게 되기 때문에 법집이 영원히 끊어진다. 법집이 끊어
질 때 역시 중생의 집착인 수면도 끊어짐을 알아야 한다.[244]

243　원효, 《이장의》(한불전, 803上), "如瑜伽說, 從順決擇分邊際, 善根無間, 有初內
　　　遣有情假法, 緣心生能除軟品, 見道所斷煩惱麁重, 從此無間, 第二內遣諸法假
　　　法, 緣心生能除中品見斷麁重. 從此無間, 第三遍遣一, 切有情諸法假法, 緣心生
　　　能除一切見斷麁重故."
244　무착, 《현양성교론》16권(《대정장》31, 559下), "除衆生執現起纏故覺法實性, 覺
　　　法性故法執永斷. 法執斷時, 當知亦斷衆生執隨眠."

모든 성문·연각·보살은 하나의 묘한 청정도를 공유하고 있다. 왜냐하면 그 궁극의 청정도는 다 같기 때문이다.[245]

이와 같이 이승과 보살이 진여를 체득하는 것은 같다. 그러나 삼승의 견도에는 차별이 있다. 만약 모두 일심으로 진여를 증득한다면 삼승의 견도에는 어떤 차이가 있는가? 이승은 오직 안립문 안에 나타난 진여를 관찰할 뿐이므로 진여의 차별은 마치 대나무 통으로 하늘을 보는 것과 같고, 보살은 안립제와 비안립제의 2제에 의지하여 진여자성의 차별을 모두 관찰하기 때문에 마치 청정한 천안통이 있는 자가 안과 밖의 공과 색을 모두 관찰하기 때문에 마치 공과 색을 두루 보는 것과 같다. 또 성문승은 차별상으로써 법계를 볼 뿐 자상으로써 법계를 통달하지 못하며, 모든 보살은 차별상과 자상으로써 법계를 통달하여 분별기의 번뇌를 끊고 견도에 들어가 법계에 안주한다. 즉 보살이 열반에 들어가는 것은 보살의 본원과 위배되는 것이며, 또 보살의 죽음을 의미하는 것이기 때문에 보살이 열반에 들지 않고 중생 교화를 위한 이타의 방편으로 번뇌를 끊지 않고 있는 것을 나타낸 말이다.

《이장의》에서는 번뇌를 단절함에 그 양상에 따라 복단伏斷, 영단永斷, 무여멸단無餘滅斷의 3가지 차별을 구분한다. 복단은 이미 애욕을 여윈 사람이 견도에 들어갔을 때 욕계의 수도修道에서 끊을 종자를 끊는 것이다. 영단은 금강 이전의 보살이나 이승이 종자를 끊는 것으로 무명이 사

---

245 현장 역,《해심밀경》2권(《대정장》16, 695上), "一切聲聞獨覺菩薩, 皆共此一妙 淸淨道, 皆同此一究竟淸淨."

230

이에 있기 때문에 이숙식의 모양을 잃지는 않지만, 무루의 세력 때문에 영구히 종자가 되지 못하는 것이다. 무여멸단은 미세한 티끌 하나도 영원히 남김없이 멸하는 것과 같은 것으로 4가지 지혜에 의해 아뢰야식의 큰 바다와 무명의 대지가 다 말라버려 남음이 없으며, 이장의 미세하게 남아 있는 습기까지도 영구히 없어져 남지 않게 된다.

원효에 의하면 성문과 연각은 번뇌장을 절복伏斷시켜 끊어버릴 뿐 영원히 끊어버리는 영단永斷에는 이르지 못한다. 왜냐하면 아공은 깨달았지만 일체 존재의 공성을 통찰하지는 못하였기 때문이다. 보살은 아집과 법집을 모두 끊고 아공과 법공을 증득하였기 때문에 말나식의 아집과 법집이 모두 현행하지 않아서 두 가지 공의 평등지를 갖추게 된다. 보살은 이공二空을 증득하여 이장二障에서 해탈하였다고 하더라도 가장 미세한 무명주지를 아직 여의지 못하였다.

원효는 보살에게 있어 삼계의 자성은 등각에서 없어지고, 삼계의 습기는 최상위 단계인 묘각에서 없어진다 말하고 있다. 왜냐하면 보살은 중생구제를 목적으로 하기 때문에 만약 번뇌를 단절하는 것이 중생구제에 장애가 된다면 보살은 완전한 깨달음에 들어가지 않는다. 그들은 열반에 들어가지 않고 번뇌에 머물면서 중생들을 교화하기 때문이다.

2. 심층적 번뇌의 치단-수도

수도위에서는 욕계·색계·무색계에 속하는 수소단의 번뇌를 색계의 4선정과 무색계의 4무색정에서 몇 번이고 반복하여 끊기 어려운 번뇌를 하나씩 단멸한다. 수도위 가운데 방편도·무간도·해탈도·승진도 등 4

도는 대부분 견도위와 같으나 방편도가 쉽게 성숙되어 정관에 들어가는 점이 서로 다르다. 그 이유는 견도위에서 이미 성도를 얻은 세력을 타고 중품도로 진입하기 때문이다. 또 무간도와 해탈도는 견도의 무간도와 해탈도와 큰 차이가 없다. 즉 제8지의 무상관에 들어가면 견도위의 무간도심을 해탈도라 하지 않는 것과 같고, 10지의 최후심인 금강유정에서 바라보면 해탈도라 할 뿐 무간도라고 하지 않는 것과 같다.

분별기의 현행은 자량위에서 점차 굴복하고, 가행위에서 일시에 굴복한다. 수도위는 견도소단의 남은 장애 즉 구생기의 이장을 끊기 위해 자주 무분별지를 수습하는 초지 이후부터 제10지를 이른다. 《성유식론》에서 구생기와 분별기로 나누어 2장이 끊어지는 지위와 각 식의 상응하는 식을 살펴보면 구생기의 번뇌장은 제6식과 제7식과 상응한다. 제6식에서 현행 장애는 가행위에서 점복漸伏하고, 초지에서 점복漸伏한다. 종자는 금강무간도에서 돈단頓斷하고 습기는 지지마다 점차로 제거하여 불과의 해탈도에서 영원히 버린다. 제7식의 현행은 초지 이후에 점복하여 제8지에서 영복永伏한다. 종자는 금강무간도에서 돈단한다. 습기는 불과의 해탈도에서 영원히 버린다.

구생기의 소지장 또한 제6식과 제7식에 상응한다. 제6식에 상응하는 현행은 지지마다 점단漸斷하여 제8지에서 영복永伏한다. 종자는 지지마다 점단하여 금강무간도에서 버린다. 습기는 지지마다 점차 제거하여 불과의 해탈도에서 영원히 버린다. 제7식의 현행은 지지마다 간혹 다시 일어나지만 금강무간도에서 영원히 굴복한다.

3. 궁극적 번뇌의 치단-구경도

구경도 가운데 방편도는 제10지에서 근본무명을 제거하기 위하여 관에서 나오지 않고 방편을 닦는 것을 말한다. 방편이 원만하게 이루어진 최후의 일념을 무간도라 한다. 다시 말하면 구경도는 금강유정을 말하는 것이며 이 최후의 금강유정은 수도소단의 번뇌에서 바라보면 해탈도가 되고, 만약 수도소단과 견도소단이 아닌 위에서 바라보면 무간도가 된다. 또 금강유정 이전과 초지까지는 모두 구경도의 방편도가 된다. 그리고 십신·십주·십행·십회향에 있는 선근은 모두 구경도의 자량도가 된다. 구경도 가운데서 해탈도는 부처님의 지위에서 증득한 대원경지를 그 체성으로 한다.

구경도에서 부처와 보살의 차이를 보면, 수도소단의 번뇌에서 바라보면 10지의 마지막인 금강심위는 이미 해탈을 얻었지만 이 해탈심은 부처를 능가하지 못한다. 그래서 등각 곧 무구지라 한다. 또 견도소단과 수도소단의 이 소단이 아닌 무명에서 바라보면 이때는 무명을 벗어나지 못했기 때문에 비록 조적照寂[246]을 얻었으나 완전한 조적이 아니므로 보살이라 할 뿐 각자覺者라 하지 않는다. 보살이 성불하지 못했을 때는 오직 제일의제만 조견하기 때문에 무명을 벗어나 진여를 통달하지 못한다. 오직 여래지의 대원경지만이 법계를 바로 통달할 뿐이다.

---

246 진여의 묘용이 시방을 두루 비추는 것을 조照라 하고, 진여의 묘체가 모든 허물을 여읜 것을 적寂이라 한다. 묘용의 당상當相이 적체가 된 것을 조적이라 하고, 적체의 당처當處가 묘용이 된 것을 적조라 한다.

《유가사지론》에서는 구경도의 보살지와 여래지 간의 차이를 다음과 같이 비유한다. 보살지는 눈이 밝은 사람이 엷은 막을 가리고 색깔이나 모양을 보는 것과 같고, 여래지는 눈이 밝은 사람이 장막에 가려짐이 없이 여러 가지 색깔과 모양을 보는 것과 같다고 한다. 보살지는 근본무명과 상응하여 나타난 식이 금강안을 가려 마치 엷은 막을 가린 것과 같고, 또 보살지와 여래지의 수행은 그림을 그림에 있어서 여러 가지 색깔을 칠하나 최후에 묘색으로 마무리하느냐의 차이와 같다. 보살지는 모든 행이 구비되어 성소작지·묘관찰지·평등성지 등 세 가지 지혜는 얻을 수 있지만 오직 대원경지만은 얻지 못한다고 한다. 보살지는 눈이 밝은 사람이 희미한 어둠 가운데에서 보는 것과 같고, 여래지는 어두움을 떠나서 보는 것과 같다. 즉 보살지는 이장을 해탈하여 맑은 눈은 얻었지만 극미의 무명주지를 여의지 못했으므로 희미한 어두움에서 형상을 보는 것과 같다. 또 보살지는 멀리서 형상을 보는 것과 같고, 여래지는 가까이서 형상을 보는 것과 같다. 또 보살지는 눈꼽이 낀 눈으로 형상을 보는 것과 같고, 여래지는 깨끗한 눈으로 형상을 보는 것과 같다. 보살지의 혹장습기는 법공관지를 장애하지 않으므로 멀리서 형상을 보는 것과 같고, 보살지의 지장습기는 미박하므로 가까이서 혜안을 가리더라도 사실은 엷게 눈꼽이 낀 것과 같다고 한다.[247]

---

247 원효,《이장의》(한불전, 805中), "瑜伽論說, 問一切安住到究竟地菩薩智如來智等, 云何差別. 答如明眼人隔於輕縠覩衆色像, 到究竟地菩薩妙智於一切境當知亦爾. 如明眼人, 無所障隔覩衆色像, 如來妙智於一切境當知亦爾, 如盡事業圓布衆采, 唯後妙色未淨修治, 已淨脩治, 菩薩如來二智亦爾如明眼人微闇見色, 離闇見色, 二智亦爾, 如遠見色, 如近見色, 輕翳眼觀, 極淨眼觀, 二智差別當知亦爾."

은밀문의 지애인 주지번뇌는 무명주지로 범위가 방대하고 힘이 커서 작은 지혜로는 없앨 수 없다. 5주지 번뇌는 현료문의 2장일 뿐 은밀문에서는 다 번뇌애로 포섭되고, 은밀문의 지애는 무시무명주지를 바탕으로 한 견일처주지 등 5주지애가 무명주지의 심층에 존재한다. 그래서 근본무명의 밑바탕이 되는 번뇌인 주지번뇌는 붓다의 지혜가 아니고서는 제거가 불가능하다. 이는 부처의 대원경지大圓鏡智만이 제거할 수 있다. 대원경지는 고요히 비추기만 하는 지혜가 아니라 부처와 같이 깨달은 후에 생기는 지혜로서 세간자연업지이며 중생을 구제하는 이타행이다. 즉 이장을 단절하여 깨달음을 얻은 후 세간에 자재한 힘과 행동으로 다른 사람을 이익되게 해야 한다는 것이 이타행의 실천이다.

인간은 본각의 부사의훈不思議薰에 의해 본래의 자기 모습으로 돌아가려고 한다. 본각은 불각의 상태를 반성하는 동시에, 이를 극복하고자 하는 의지를 일깨운다. 이처럼 인간이 부사의훈에 의해 무명이 멸하게 되면 마음이 일어나지 않게 되고, 그에 따라 경계가 다 멸하여 마음에 상相이 없어져 해탈하게 된다.

치단의
계위

치단의 계위에는 총 세 가지 차원이 있다. 범부의 치단과 이승의 치단 그리고 보살의 치단이 있다. 모든 이생위異生位에 있어서 세간의 대치도는 오직 수도 차원에서 단멸되는 번뇌만을 복멸할 수 있을 뿐이다. 그러나 그 추중을 버릴 수는 있으나 종자를 뽑아 없애지는 못하므로 당연히 나머지 일체도 그 단멸의 대상이 되지 못한다. 즉 이생이 욕계욕이나 색계욕을 여의었다면 그것은 단지 도를 닦음으로써 여읜 것이지 견도 차원에서는 불가능하다. 욕계에서 욕을 여의였을 때 탐·치·만 등 근본번뇌와 번뇌애 그 밖에 여러 가지 번뇌와 상응하는 무명이 현행하지 않기 때문에 단절되었다고 말하나 견도에서 살가야견 등이 끊어지는 것과는 같지 않다. 이와 같이 이생위에서는 모든 혹이 몸 가운데 잠복해있기 때문에 선정으로부터 출정한 후에는 때때로 현행한다. 그러나 지상에 생을 받은 자는 다시 그 혹을 일으키려 하지 않는다. 그렇지만 제7말나식과 상응하는 4혹은 수도위에서 단절되는 극히 미세한 번뇌이므로 세간의 수도위에서는 복단되지 않는 번뇌이다. 《유가사지론》에서는 이에 대해 다음과 같이 설한다.

> 만일 모든 이생이 욕계의 욕망 혹은 색계의 욕망을 떠났다면, 다만 수도로
> 말미암은 것이지, 견도로 말미암지 않는다. 이생이 욕계에서 탐욕을 떠나게
> 되었을 때는 탐욕과 진에瞋恚와 그 인근 수번뇌인 교만 및 모든 번뇌와 상응
> 하는 무명이 현행하지 않기 때문에 모두 단斷이라고 이름하지만, 견도에서
> 끊는 살가야견 등과는 같지 않다. 저 모든 혹惑이 이 몸 가운데 머물러 있어
> 서 정定에서 깨어난 다음에는 어떤 때에는 현행하니, 상계上界에 태어나지
> 않으면 저것(혹惑)이 다시 현행하여 일어난다. 이와 같이 이생이 색계의 욕
> 을 떠나고, 그 응하는 바에 따라서 진에를 제거하니 나머지 번뇌도 역시 그
> 러함을 알아야 할 것이다.[248]

만약 말나식과 상응하는 사혹을 논한다면, 비록 이들이 수도에서 단
멸되는 것이기는 하지만 극히 미세하므로 세간의 수도로써는 아직 능히
복단될 것들은 아니다.

성문승과 연각승이 수행하는 대치도는 두 가지 부분으로 나누어 볼
수 있다. 하나는 인집과 법집 등 이집이 본本과 말末에 따라 서로 의지하
여 생기하는 것이다. 이에 의하면 모든 이승은 번뇌장을 오직 발복發伏

---

[248] 미륵,《유가사지론》58권(《대정장》30, 625中), "若諸異生, 離欲界欲, 或色界欲,
但由修道, 無有見道. 彼於欲界得離欲時, 貪欲瞋恚, 及彼隨法, 隣近憍慢, 若諸
煩惱相應無明不現行, 故皆說名斷, 非如見道所斷薩伽耶見等. 由彼諸惑住此身
中, 從定起已, 有時現行, 非生上者, 彼復現起. 如是異生, 離色界欲, 如其所應, 除
瞋恚, 餘煩惱, 當知亦爾."

할 뿐 영원히 단절하지 못한다. 왜냐하면 법공을 증득하지 못하기 때문이다. 이 때문에 번뇌의 근본을 뽑아 없애지 못한다. 또 하나는 인집 내의 전纏과 수면隨眠이 상생하는 부문이다. 이에 의하면 모든 이승은 번뇌장을 복단伏斷한 것이 아니라 영원히 단절한 것이다. 왜냐하면 인공을 증득하고 나타난 진여는 인집 등의 종자를 영원히 상해하기 때문이다. 이러한 내용을 증명해주는 말이 《유가사지론》에 나와 있다.

　　만일 견도에 들어간 불제자가 출세간도로 말미암아 욕계의 욕을 떠나고, 삼계의 욕까지 모두 떠나게 되면, 이때에 모든 염법의 종자가 모두 영구히 제거된다. 〔…〕 이것은 마치 쌀이나 보리 등 모든 밖에 있는 종자를 공중이나 혹은 마른 그릇에 담아두면, 비록 싹은 나지 않지만 종자가 아닌 것은 아니다. 그러나 불에 의하여 손상되면 이때에 필경 종자가 되지 못하는 것과 같다. 손복損伏과 영구히 자르는 도리 역시 그러하다. **249**

영단永斷에 의거하여 그 위계를 보면 견혹을 끊은 세 종류의 수행인은 세 가지 계위의 증과를 얻는다. 첫째, 견도에 들어간 자는 견혹을 끊은 뒤에 예류과를 증득하게 된다. 이때의 예류란 불교의 흐름에 들어간다는 의미로서 불교에 대하여 무너지지 않는 깨끗한 믿음을 얻은 자를 말한다. 예류과는 미리욕未離欲이라고도 한다. 왜냐하면 번뇌를 조금 끊

249　미륵, 《유가사지론》 51권(《대정장》 30, 584上), "若聖弟子由出世道離欲界欲, 乃
　　　至具得離三界欲, 爾時一切三界染汚, 諸法種子皆悉永害. 〔…〕 如穀麥等諸外種
　　　子, 安置空向或於乾器, 雖不生芽非不種子. 若火所損爾時, 畢竟不成種子, 內法
　　　種子損伏永害, 道理亦爾."

기는 했으나 아직 남아있기 때문이다. 또 예류과의 성자는 욕계의 인간과 천상 사이를 일곱 번만 왕래하면서 생을 받으면 깨달음을 얻을 수 있다고 한다. 둘째, 배리욕인背離欲人으로서 견도에 들어간 자는 배리욕을 끊고 일래과를 증득한다. 왜냐하면 욕계의 수품 9품 가운데 전6품을 끊은 것이 예류과에서 끊은 3품에 비해 배가 되기 때문이다. 이때의 일래一來란 이 세상에 단 한 번만 다시 태어나기 때문에 일래라고 한 것이다. 이것은 탐·진·치 등 삼독이 적어진 자를 말한다. 셋째, 이리욕인己離欲人으로서 견도에 들어간 자는 욕계 수혹 9품 모두를 끊고 불환과를 증득하게 된다. 불환과는 9품의 번뇌를 모두 끊었으므로 이리욕이라고도 한다. 이때의 불환이란 죽어서 천상에 태어나 거기에서 생사를 되풀이하는 동안에 열반에 드는 자로서 이 세상에 다시 돌아오지 않는 성자를 말한다. 마지막으로 아라한이란 번뇌가 없어지고 무루의 심해탈과 혜해탈을 얻은 성자를 말한다.

견도는 이미 최초의 무루도이지만 홀연히 제 구품을 대치하는 것은 세 가지로 돈단의 의미를 정리할 수 있다. 첫째는 일심으로써 삼계를 돈단함이다. 이는 삼행三行에는 비록 추세麤細가 있으나 진리에 미혹함의 경중輕重은 계의 차별에 따르지 않으므로 일심으로써 삼계를 돈단할 수 있기 때문이다. 둘째는 일관一觀으로써 네 가지를 돈단함이다. 이는 괴연제壞緣諦의 작의와 상응함으로 말미암아 사제에서의 무아無我의 진리를 통관通觀하기 때문이다. 셋째는 일품으로써 아홉 가지를 돈단함이다. 왜냐하면 견도에서 일심으로 제구품을 대치함에 그 가벼운 것을 단멸할 때에 무거운 것도 따라서 단멸되기 때문이다.

무간도無間道 아래서 이미 팔품八品을 대치하나, 그 품류의 종자를 능히 단멸하지 못하는 것은 아직 인공진여를 증득하지 못했기 때문이다.

그래서 그 품류의 종자를 발제拔除할 수 없다. 이러한 도리로 삼승의 성인이 처음 성도에 들어갈 때에 모두가 구품의 종자를 돈단한다. 하지만 이것은 추중한 품류를 대치하는 도가 아니라 혹 단멸하였다 해도 도의 맹렬하고 날카로운 성격 때문에 오직 하나의 품류가 되지 못한다.

구품을 대치하는 수도위修道位 가운데 점차로 수행해 나가면 곧 증장된 품류의 도에 들게 되니, 이는 앞의 경우와 달리 여러 품류의 가행이 필요하지 않기 때문이다. 견도의 품류는 수혹의 품류를 대치하지 못해 종자를 능히 영단하지 못한다. 다만 앞에서 종자가 이미 손복되어, 견도에 의해 종자의 복단을 얻게 되는 것이다. 이로 말미암아 저 품류의 대치도를 닦아서 욕계의 생을 다시 되돌아 받지 않게 되고, 그럼으로써 그 공로에 대한 보상으로 불환과위를 얻게 된다. 배리욕인의 경우도 이의 해석에 준한다.

수혹은 점출리漸出離와 돈출리頓出離 두 개의 단멸의 계위가 있다. 점출리는 점차로 벗어나는 것이고, 돈출리는 삼계에 존재하는 모든 법을 총체적으로 연하여 무루도에 들어가서, 구품을 닦고, 삼계를 단번에 끊으며, 구품을 점차로 제거한다. 이때에 곧바로 아라한과를 증득한다. 이때 삼계의 혹을 총체적으로 연한다는 것은 품수나 추세나 경중을 따르지 않기 때문이다. 이 돈출리에 의거하여 여래는 예류과에서 바로 아라한이 된 것이다.

위에서 언급한 번뇌의 대치와 단멸은 대개 제6식에서 일어나는 것이다. 말나식과 상응하는 사혹四惑의 경우에는 행상行相과 품류가 가장 미세하고 삼계 가운데 차별이 없으므로 오직 비상비비상처非想非非想處의 욕을 여읠 때만 일시에 돈단된다. 그래서 《유가사지론》에서는 다음과 같이 언급한다.

말나식과 상응하는 임운기의 번뇌는 [···] 오직 비상처의 욕을 여읠 뿐이므로 일시에 돈단된다. 이는 나머지 혹이 점차로 단멸되는 것과는 같지 않다.[250]

소지장 중에는 단멸되는 것이 있고, 단멸되지 않는 것이 있다. 지혜로 해탈한 아라한이 혜해탈을 얻은 경우에는 소지장이 단멸하지 않는다. 정定으로 멸진정에 이른 심해탈자는 소지장이 전혀 없다. 아직 멸수상정에는 이르지 못하였으나 구해탈을 얻은 자에게는 부분적으로 단멸되는 것이 있다. 소지장의 추중에는 3종이 있다.

첫째, 피추중皮麤重은 극환희지에서 모두 끊어진다. 둘째, 부추중膚麤重은 무가행주에서 모두 끊어진다. 셋째 육추중肉麤重은 여래주에서 모두 다 끊어진다. 그리고 가장 청정한 지를 얻게 된다. 이와 같이 초지와 8지에서 번뇌장과 소지장 2장을 모두 끊는다. 그 가운데서도 가장 미세한 소지장은 아뢰야식에 있기 때문에 오직 여래지에서만 단절된다. 그 반면에 가장 미세한 혹장은 전식에 있기 때문에 보살지에서 모두 단멸된다. 그리고 습기는 8지 이상에서 영원히 현행하지 않는다. 이것은 종자습기를 말한 것이며, 잔여의 습기를 가리키는 것은 아니다. 그래서 《성유식론》에는 다음과 같이 언급하고 있다.

소지장 가운데 견도소단의 종자는 극환희지인 견도의 초에 끊어지며, 또 소지장의 현기는 지전에 손복된다. 수도소단의 종자는 십지 가운데서 점차

---

250 미륵, 《유가사지론》 63권(《대정장》 30, 651下), "末那相應俱有遍任運四種煩惱 [···] 當知唯離非想非非想處欲故, 一時頓斷, 非如餘惑慚漸次而斷."

로 단멸되며, 금강유정이 현전할 때 바야흐로 영원히 단진斷盡된다. 8지 이상에서는 제6의식과 함께하는 번뇌는 다시 현행하지 않는다. 왜냐하면 이 지에서는 무루의 관심과 그 과가 상속하여 그 번뇌의 현기를 막아버리기 때문이다. 또 제7말나식과 함께하는 번뇌는 오히려 현행하며 법공지와 그 과가 일어날 때 마침내 손복된다. 그리고 전5식은 설사 아직 전의하지 않았다 하더라도 무루로써 손복되기 때문에 현기하지 않는다. 〔…〕 소지장의 종자는 장차 성불하려고 할 때 나중에 일체 돈단頓斷된다.²⁵¹

번뇌장 가운데 견도소단의 종자는 극환희지인 견도의 초에 단멸되며, 이 번뇌장이 일어나는 것은 지전에 이미 굴복된다. 번뇌장 가운데 수도소단의 종자는 금강유정이 일어날 때 일체가 갑자기 끊어지며, 이 번뇌장이 일어나는 것은 지전에 점차로 굴복된다. 이로 말미암아 7지 이전에는 비록 잠시 일어나지만 완전히 없어지지 않고, 8지 이상이 되어야 필경에 현행하지 않는다.

그다음 5위와 2장이 단절되는 관계를 보면, 첫째 자량위에서는 아집과 법집이 조금도 사라지지 않는다. 둘째 가행위에서는 능취와 소취가 없어지고, 또 분별기의 번뇌만이 정화된다. 셋째 통달위에서는 인식의 대상을 아我로 집착하거나 법으로 집착하는 일이 완전히 없어진 상태이

---

251 현장 譯,《성유식론》10권(《대정장》31, 54上), "所知障中, 見所斷種, 於極喜地, 見道初斷所, 彼障現起地前已伏. 修所斷種, 於十地中漸次斷滅, 金剛喩定現在前時, 方永斷盡. 彼障現起地前漸伏, 乃至十地方永伏盡. 八地以上六識俱者, 不復現行. 無漏觀心及果相續, 能違彼故. 第七俱者猶可現行. 法空智果起位方伏. 前五轉識設, 未轉依無漏伏, 故障不現起. 〔…〕 所知障種將成佛時, 一刹那中, 一切頓斷."

다. 이 위는 견도에 해당한다. 견도는 근본무분별지에 의해 생기며, 이 때 유식의 성性과 이공소현의 진여를 깨닫게 되어, 유식의 상相을 깨닫는 상견도로 나누어진다. 통달위에서는 여래의 집에 태어나 성자의 부류에 들어가며, 제10지 중에는 환희지에 드는 시기이다. 넷째 수습위에서는 번뇌장과 소지장을 끊고 4지를 증득한다. 다섯째 구경위에서는 습기를 끊고 각자覺者가 된다.

10지에서 이장을 돈단하는 경우 각 지지마다 품별로 이장을 끊는다. 《해심밀경》에 아뇩다라삼먁삼보리를 이루는 것은 22종의 우치와 11종의 추중에 의해 모든 지地가 세워지며, 이 우치와 추중을 대치함으로써 가능하다고 언급하고 있다.[252] 이는 초지에서 아·법을 집착하는 우치와 추중이 대치되고, 여래지에서는 모든 소지의 경계에 대하여 미세하게 집착하는 우치와 가장 미세하게 장애하는 우치 2종이 있고, 그 추중이 여래지에서 대치된다는 것이다. 그러나 10지의 수도위 가운데 진여의 자상에 오래 머무는 작의이거나 진여의 차별을 닦지 아니한 작의라고 할지라도 관에 들어갈 때는 아공과 법공 등 이공진여를 같이 증득하므로 2장의 종자를 모두 단절하게 된다. 그러므로 품별로 인집을 대치하지 않는다고 해서 인집의 수면을 끊지 못하는 것은 아니다.

은밀문의 주지번뇌는 모든 이승에게 부분적으로 단멸되는 바가 있

---

252 현장 譯,《해심밀경》4권(《대정장》16, 704中-下), "善男子, 此諸地中有二十二種愚癡十一種麤重, 爲所對治, 謂於初地有二愚癡, 一者執著補特伽羅及法愚癡. 二者惡趣雜染愚癡及彼麤重爲所對治.〔…〕於如來地, 有二愚癡. 一者於一切所知境界極微細著愚癡, 二者極微細礙愚癡及彼麤重爲所對治. 善男子, 由此二十二種愚癡及十一種麤重故. 安立諸地而阿耨多羅三藐三菩提離彼繫縛."

다. 삼계의 주지 및 통상무명주지 등의 이와 같은 유애수 사주지는 견도 위에서 그 일부분만을 단멸한다. 삼계 중에서 사상事想의 경계에 대한 미혹은 이 견도위에서는 아직 능히 단멸하지 못하기 때문이다. 그러므로 여기서는 오직 일부분만을 단멸한다. 아라한위에 이르러서야 유애수 사주지가 끊어져 멸진하게 된다.

이승은 먼저 견도소단의 번뇌를 끊고, 그 후에 수도소단의 번뇌를 점단한다. 이승은 무량세 동안 사바세계에 머물지 않고 무량선근을 닦지도 않는다. 왜냐하면 그들은 번뇌심을 끊는 것에 즐거움을 느끼고, 무량 대치로 밝음을 얻기 때문이며, 또 세간을 두려워하므로 빨리 고통을 여의고 무여의열반에 들어가고 싶어하기 때문이다. 이 때문에 수도 중에 남은 번뇌를 점차 없애는 것이다.

반면에 보살은 모든 중생을 구제하기 위하여 무량한 세월 동안 중생의 이익을 위한 인因을 짓고, 이익한 일을 하는 등 여러 가지 보살행을 멈추지 않는다. 그러므로 보살은 수도 중에 모든 번뇌가 중생을 이익케 하는 행을 방해함을 알기 때문에 견도에서 일시에 견·수의 2혹을 돈단한다.

만일 주지번뇌에 대하여 그 대치하여 끊는 계위를 말한다면, 이승이 끊는 네 가지 주지는 그 응하는 바에 따라 보살도 역시 끊는다. 이외에도 또한 다시 통상의 무명을 약간 끊을 수 있다. 8망상이 반연하는 경계에 미혹한 부분은 망상이 끊어질 때에 또한 끊을 수 있기 때문이다. 《기신론》에서 말하기를, "일법계의 뜻을 깨닫지 못하였다는 것은, 신상응지로부터 관찰하여 배워서 끊고, 정심지에 들어가서 분한에 따라 여의게 되며, 여래지에 이르러 완전히 여의기 때문이다."라고 한 것과 같다. 이것은 통상의 무명주지에 대해서 말한 것이다. 만일 별상의 무명주지를 논한다면, 일체의 보살이 끊을 수 있는 것이 아니며, 오직 부처의 (대원)경지에 의해서만 단박에 끊을 수 있다.[253]

현료문에 의거하여 곧바로 전과 수면이 상생하는 이치를 말하면, 초지에서 시작하여 무구지에 이르기까지 이장의 종자는 모두 영단된다. 왜냐하면 비록 일법계의 이치를 능히 보지는 못하지만, 십중법계를 보아 증득하였기 때문이다. 그러나 은밀문에서 본말本末이 상생하는 이치에 의거하여 말한다면 금강이전의 일체 보살은 모든 번뇌에 대해 다만 복단할 수 있을 뿐 아직 영단하지는 못한다. 왜냐하면 일법계에 대하여 오직 믿기만 할 뿐 아직 보지 못하였기에 모든 혹의 근본을 능히 뽑아 없앨 수 없기 때문이다. 그래서 보살에는 점오보살과 돈오보살 두 종류가 있다.

이승의 무학과로부터 점오보살이 초지에 들어갈 때는 오직 지장만을 단절했을 뿐, 번뇌장을 끊지 않는다. 왜냐하면 번뇌장은 이미 앞에서 단절했기 때문이다. 돈오보살은 3현위에서 다만 이장의 현행을 점차로 손복하고 견도소단의 이장 추중을 점차로 버릴 뿐 그 종자는 단절하지 않는다. 이승의 무학과로부터 점오보살을 성취하여 초지에 들어갈 때에는 오직 지장만을 단멸하고 번뇌장은 단멸하지 않으니, 앞서 이미 단

---

253 원효,《이장의》(한불전, 810下-811上), "若就住地煩惱, 說其治斷位者, 二乘所斷四種住地, 隨其所應, 菩薩亦斷, 除此以外, 亦能更斷通相無明地少分. 迷八妄想所緣境邊, 妄想斷時, 亦能斷故. 如《起信論》云, "不了一法界義者, 從信相應地, 觀察學斷, 入淨心地隨分得離, 乃至如來地究竟離故. 此就通相無明而說. 若論別相無明住地, 一切菩薩所不能斷, 唯佛鏡智之所頓斷."

멸하였기 때문이다. 돈오보살의 경우 삼현위 중에서는 다만 이장의 현행을 점차로 절복시키고, 또한 견도소단의 이장의 추중을 점차로 버릴 뿐 아직 종자를 단멸하지는 못한다.

이승의 치단을 말할 때는 인법이집人法二執이 본말로 서로 의지하여 생하는 문門, 그리고 인집 안의 전과 수면睡眠이 상생하는 문門에 의거하여 그 끊지 못함과 끊어짐을 말한다. 곧 인집의 끊어짐은 있으나 법집의 끊어짐은 족하지 않다는 것이다. 그런데 보살의 경우 은밀문 중 본말이 상생하는 뜻에 의할 때는 끊지 못하고, 현료문에 의거하여 전纏과 수면睡眠이 상생하는 뜻에 의할 때는 이장의 종자는 모두 끊는다고 한다.《이장의》에서는 다음과 같이 설한다.

> 만일 보살이 견도 위에 들어갈 때라면 2장의 분별기 종자를 단번에 끊으니, 이 가운데는 전체적으로 5가지 '단번에 끊는다'는 뜻이 있다. 이 중의 3가지는 이승의 견도 중에서 말한 것과 같다. 4번째는 2장을 단번에 끊는 것이니, 2공을 모두 증득하기 때문이다. 5번째는 번뇌장 안의 견혹·수혹의 두 가지 혹을 단번에 끊는 것이니, 그 까닭은 이 보살이 지전地前에 있을 때는 견도서 끊는 일체 번뇌가 중생을 이익되게 하는 행위를 장애하였지만, 방편도에서 모두 다 조복하여 멸하였으며, 이제 도(견도)를 얻어 다시 그 위에 더하여서 저 종자를 복단하여 증득하기 때문이다. 이러한 도리로 말미암아 '단박에 끊는다'고 이름한 것이지, 수혹에 대해서도 영구히 끊은 것은 아니다.**254**

돈단이라 하는 이유는 보살이 지전에 있을 때 견도소단의 모든 번뇌가 중생을 이익케 하는 행을 장애하지만 방편도에서 모두 복멸되고, 또 득도하여 다시 그 위에 수행을 가행하여 종자를 복단하기 때문에 돈단이라 한다. 이와 같은 도리로 말미암아 돈단이라고는 하지만 수혹까지 영원히 단절한 것은 아니다. 왜냐하면 7지 이전에는 번뇌가 현행하기 때문이며 금강유정에 이르러서야 비로소 미세한 2장까지도 돈단되어 모두 멸진되기 때문이다. 보살은 견도에서 돈단의 의미에 있어서 이승에 비해 두 가지가 더 추가된다. 즉 이공을 증득했기 때문에 이장을 끊는 것과 견수이혹見修二惑을 단번에 끊는다는 것이다. 특히 보살은 지전에 있을 때는 일체의 번뇌가 요익중생을 장애하였지만, 지금은 그렇지 않다는 것이 강조된다.

수도위에서도 이승은 모든 법을 전체적으로 반연하여 무루도에 들어가는 것에 초점이 있다. 그러나 보살의 수도위에서는 이장의 종자를 쌍으로 끊고서 아라한과 여래를 단번에 이루는 데 초점이 있다. 즉 보살은 십지 수도 위에서 이공이 드러내는 진여를 모두 증득하지만, 이승의 수도위는 인공은 드러내어 밝히지만 법공은 드러내어 밝히지 못한다. 그리하여 《화엄경》에서는 다음과 같이 설한다.

생귀주의 참된 불자는 현성賢聖의 정법을 따라 태어난다. 유무의 모든 법에 집착하는 바 없어 생사를 버리고 여의어 삼계를 벗어난다.[255]

---

254 원효, 《이장의》(한불전, 810下-上), "若入菩薩見道位時, 頓斷二障分別起種, 此中總有五種頓義. 三如二乘見道中說. 第四頓斷二障者, 通證二空故. 第五頓斷煩惱障內見修二惑. 所以然者, 由是菩薩在地前時, 見道所斷一切煩惱, 能障利益衆生行者, 於方便道皆悉伏滅, 今得道更加其上故, 於彼種伏斷作證. 由是道理說名頓斷, 非於修惑亦是永斷."

255 불타발타, 《대방광불화엄경》 권 8(《대정장》 9, 44上), "第四生貴眞佛子, 從諸賢聖正法生, 有無諸法無所著, 捨離生死, 出三界."

이것은 업에 계박되는 삼계를 받지 않으므로 벗어난다는 의미이지, 종자를 단멸하므로 벗어난다고 이르는 것은 아니다. 보살이 견도위에 들어갈 때에는 이장의 분별기 종자를 돈단한다. 그리고 삼승인이 견도에 들어갈 때는 식이 변하여 지혜가 됨을 《이장의》에서는 다음과 같이 설명한다.

삼승인이 견도에 들어갈 때 제7말나식과 상응하는 평등성지가 생하며, 아울러 제6의식과 상응하는 묘관찰지도 생한다고 한다. [256]

왜냐하면 무루의 식은 반드시 무루의 불공소의가 있기 때문이다. 제6의식의 소의가 제7말나식이기 때문에 말나식이 정화되면 의식도 따라서 정화된다는 말이다. 또 제6의식은 제7말나식에 전도가 있을 때는 아진을 사량하지만 전도를 여의면 무아를 사량한다. 제6의식은 항상 제7말나식과 경을 함께하여 행상 활동을 하기 때문에 의식의 불공소의가 된다. 제7말나식이 방편을 닦지 않아도 제6의식의 무루도력으로 말미암아 말나식과 상응하는 4혹을 여의는 이유는 의식의 불공소의이기 때문이며, 그리고 말나식의 자성은 청정하지만 상응으로 인하여 염오되어 있을 뿐 전도를 여의면 바른 사량을 하게 된다. 이와 마찬가지로 이숙식도 역시 방편을 닦지 않아도 제6의식의 성도력으로 말미암아 이숙식의 종자를 여의는 이유는 아뢰야식이 칠전식의 공통소의가 되기 때문이다.

---

256 원효, 《이장의》(한불전 1, 803下), "三乘人入見道時, 末那相應, 平等智生, 隨其所應, 緣平等性, 與意識智, 同所緣轉."

전체적으로 보면 삼승인이 견도에 들어갈 때 말나식이 바뀌어 평등성지가 되는 것은 같지만 세밀하게 살펴보면 이승과 보살의 평등지에는 차이가 있다. 즉 성문과 연각의 견도는 오직 인공만을 깨달았을 뿐 제7 말나식의 법집이 여전히 현행하기 때문에 인공의 평등지만을 갖추게 된다. 반면에 보살의 견도는 아공과 법공 등 이공을 통달하기 때문에 말나식의 아집과 법집이 모두 현행하지 않는다. 따라서 보살은 아공과 법공의 평등지를 구족하게 되는 것이다.

금강유정 이전의 모든 보살은 일체의 번뇌를 단지 복단할 뿐 영원히 끊을 수 없다. 왜냐하면 하나의 법계에 대하여 오직 믿기만 할 뿐 통관通觀하지 못하기 때문에 모든 번뇌의 근본을 뽑을 수 없다. 그래서 《인왕반야파라밀경》에 다음과 같이 설한다.

습인習忍으로부터 금강삼매에 이르기까지 모두 일체의 번뇌를 복단한다. 그리고 상이 없는 믿음은 일체번뇌를 멸하고 해탈지를 생한다.[257]

번뇌가 대치되었을 때는 일체 제법을 평등하게 바라보게 된다. 이것이 여실지견이며 여래의 경계에 해당한다. 여래지견에서 보면, 자타가 평등하여 동일체同一體이기 때문에 끊어야 할 대상과 끊는 주체에 분별이 없게 되는 무분별지의 입장에 서게 된다. 이 경지는 장애가 도를 막지 않고 도는 장애에서 벗어나지 않게 되어 장애와 도가 다름이 없게 된다.

---

257 구마라줍 역, 《인왕반야파라밀경》(《대정장》 8, 832中), "善男子, 從習忍至頂三昧, 皆名爲伏一切煩惱, 而無相信, 滅一切煩惱, 生解脫智."

이상에서 말한 장애와 대치의 차별은 염과 정이 '하나가 아닌 의미의 문'(비일의문)에 의한 것이기 때문에, 장애는 도를 막을 수 있고 도는 장애를 제거할 수 있다고 말한 것이다. 만일 염과 정에 장애가 없는 문에 의한다면, 장애는 도를 막지 않고 도는 장애에서 벗어난 것이 아니니, 장애는 도와 다름이 없다.258

원효는 《이장의》에서 장애障碍와 도道를 하나가 아닌 문인 염정무장애문染淨無障碍門으로 번뇌 치단의 장에 별도로 설정하고 있다. 번뇌에 의한 장애와 그 치단의 문제가 유효한 것은 염染과 정淨이 하나가 아닌 때에만 해당한다. 염과 정이 서로 장애가 없는 문에 의한다면, 장애와 대치의 문제는 전혀 다른 의미를 지니게 된다. 즉 장애와 도가 다름이 있을 까닭이 없게 된다. 원효가 부연한 평등평등동일제平等平等同一際의 경계 즉 여래의 경계는 다음과 같다.

여래는 이미 이와 같은 도리를 체득하였기 때문에 일체의 모든 법을 곧 자체自體로 삼는다. 이미 모두 자체自體니, 무슨 끊는 대상이 있겠으며, 무슨 끊는 주체가 있겠으며, 어찌 이제二諦를 벗어난 밖에서 환하게 홀로 머물 수 있겠는가? 이것은 경에서 말하기를 "생사는 도와 합치되니, 도가 곧 생사이기 때문이다."라고 하였으며, 논에서 말하기를, "고苦가 없다고 하는 것도 또한 지극한 고苦이며, 아我가 없다고 하는 것도 또한 아견我見이다."고 한 것과 같다.259

---

258 원효, 《이장의》(한불전, 811上), "上來所說障治差別, 是約染淨非一義門故, 說障能碍道, 道能除障. 若就染淨無障碍門, 障非碍道, 道不出障, 障無異道."

이에 대해 《이장의》에서는 다음과 같이 언급한다.

일체의 법과 모든 종류의 문이 막힘도 없고 막히지 않은 것도 없으며, 모두 그런 것이면서 모두 그런 것이 아님을 알아야 할 것이다. 부처님은 이와 같은 성품을 알아서 모으지도 않고 흩지도 않으니, 얻음도 얻지 아니함도 없기 때문에 끊는 경우도 있고 끊지 않는 경우도 있다. 상을 떠나서 완전히 가기 때문에 '잘 가는 자'라고 부르며, 여여함을 타고서 완전히 돌아오기 때문에 '여래'라고 칭한다. 이것은 경에서 말하기를, "모든 부처님이 도리어 범부가 되기 때문에 공한 것이 아니며, 무라는 것도 없기 때문에 있는 것이 아니다. 법은 법이 아니기 때문에 불이不二이고, 법이 아닌 것도 아니므로 불일不一이다."라고 한 것과 같다. 이런 도리로 말미암아 끊는 것과 끊지 않는 것이 모두 장애됨이 없다.[260]

일一은 상대가 없는 무분별의 관점에서 말해지는 것으로 상대 없는 절대, 상相 없는 성性이다. 상相을 떠났기 때문에 본래 적정인 측면 곧 무분별의 측면과 성性을 떠났기 때문에 연緣을 따라서 움직이는 측면 곧 분별의 측면이 동시에 성립하는 것이 일一이다. 상相을 떠난 측면은 분별

---

259 원효, 《이장의》(한불전, 811上), "如來既體如是道理故, 一切諸法卽爲自體, 旣皆自體, 有何所斷, 有何能斷, 何得有出二諦外, 而灼然獨住者乎, 如經言, "生死與道合, 道卽是生死."故. 又論云, "無苦亦極苦, 無我亦我見."

260 원효, 《이장의》(한불전, 811上), "當知一切法及一切種門, 無障無不碍, 悉然悉不然. 佛會如是性, 不集亦不散, 由無得不得故, 有斷不斷. 離相而窮往, 故號爲善逝, 乘如而盡還, 故稱曰如來.如經言, "諸佛還爲凡夫故不空, 無無故不有, 法非法故不二, 非非法故不一. 由是道理, 斷與不斷, 皆無障碍."

을 여의었기 때문에 정淨인 것이고, 성性을 떠나서 연緣을 떠나서 움직이는 것은 분별을 세우는 것이기 때문에 염染에 해당한다. 이 염과 정의 두 측면이 동시에 성립하는 것이기 때문에 염정이 서로 장애하지 않는 염정장애문에 해당한다. 이 염정장애문에 이르는 자가 여래이며 부처요 끊음과 끊지 않음이 장애가 없는 일심一心에 다다른 자라 할 수 있을 것이다.

유식의 깨달음과
일심

원효는 《이장의》에서 2집二執과 2공二空에 대해 다음의 다섯 가지 문제를 제기한다.

① 만일 번뇌 2집執에 의해 미혹해진 2공空(아공·법공)의 이理가 실재하는 것으로서 없는 것이 아니어서 성인의 지혜가 비추는 것이라면, 마찬가지로 2혹惑이 집착하는 인집·법집의 사事는 허망한 것으로서 실재하는 것이 아니니 성인의 지혜가 비추는 것이 아닐 것이다. 만약 둘 다 인정한다면 곧 속지가 없게 되어 인과를 무시하여 부정하는 것이 되니, 이것은 매우 잘못된 견해다.

② 만일 비록 집착되는 실법은 없더라도 가법이 있어서 여량지가 비추는 것이라고 말한다면, 곧 집착할 만한 실아는 없더라도 가아가 있어서 여량지가 비출 것이다. 만약 둘 다 허용한다면, 성인의 지혜가 비추는 것은 (온·처·계)삼법을 벗어나지 않으니, 온·처·계 내에서 아我는 어떤 법에 있는 것인가?

③ 만일 실제로 가법은 있으나 실제로 가아는 없다고 말한다면, 곧 실제로 아공은 있으나 법공은 없게 되고, 만일 이공이 둘 다 있다면, 곧 인과 법이 똑같이 없게 된다.

④ 만일 집착하는 바의 법이 실제로 있지 않기 때문에 법공이 있기는 하지만 법집의 명언훈습으로 말미암아 일어난 법은 진실하지 않으면서도 있는 것이고 있으면서도 진실하지 않으므로 법공을 폐하지 않는다고 말한다면, 이는 곧 인집의 명언훈습이 일으킨 아가 진실하지 않으면서도 있는 것이고 있으면서도 진실하지 않으므로 인공을 폐하지 않는 것이 된다. 이는 인因은 똑같이 훈습되지만 과果는 똑같이 생기지 않는다면, 도리에 맞지 않기 때문이다.

⑤ 만일 세속제의 인연도리에서 4연이 화합하여 법이 생긴다고 말한다면, 다른 경우에도 역시 세속제의 인연도리에서 5온이 화합하여 곧 인人이 생기한다. 만일 5온이 비록 화합한다고 해도 인人이 생기함이 없다고 한다면, 4연이 비록 화합하더라도 법이 생기함이 없게 될 것이다. 똑같이 훈습된 종자의 인연이 있는데, 과가 생기하기도 하고 생기하지 않기도 한다면, 도리에 맞지 않을 것이다.[261]

---

261 원효, 《이장의》(한불전, 813下-814上), "〈難〉曰 ① 若使二執所迷二空之理, 是實不無, 聖智所照者, 亦可二惑所執人法之事, 是妄非有, 非聖所照, 若齊許者, 卽無俗智, 撥無因果, 是大邪見. ② 若言雖無所執實法而有假法, 量智所照者, 是卽雖無所執實我而有假我, 量智所照. 若齊許者, 聖智所照, 不出三法, 蘊界處內, 我在何法. ③ 若言實有假法, 實無假我者, 是卽實有我空, 而無法空. 若二空齊有卽人法等無. ④ 若言如所執法, 實無所有, 故有法空, 而由法執名言熏習所生之法, 不實而有, 有而不實, 不癈法空者, 是卽人執名言熏習所生之我, 不實而有, 有而不實, 不癈人空. 因是等習, 果非等生, 不應道理故. ⑤ 若言於世俗諦因緣道理, 四

이러한 문제제기에 대해 원효는 회통을 시도한다. 이에는 모두 도리
가 있으므로 서로 통한다고 그는 보았다. 먼저 외도가 일자一者와 상주
성과 자아에 집착하는 것에 대한 해답으로 원효는 오온은 있으나 일아
一我는 없다고 답한다. 그는 《유마경》과 《대지도론》을 경증으로 들고
있다.

아我도 없고 짓는 자도 없고 받는 자도 없으니, 인연으로 인해 제법이 생기
기 때문이다.[262]

3번째 손과 2번째 머리처럼 5온 중의 아我도 역시 이와 같다.[263]

만약 이승이 삼세와 오온에 대해 집착하는 것에 대해서 원효는 하나
의 아我는 있고 5온은 없다고 대치한다. 이때 하나의 아我는 진아眞我를
의미하며 진아를 떠난 외부에 따로 오온이 존재하지 않는다고 언급한
다. 이 아我는 바로 여래장을 의미한다. 만약 보살이 말 그대로의 의미
를 취해 손감損減된 집착을 한다면 아我와 법法이 모두 있다고 주장할 수
있다고 원효는 언급한다. 이때 아와 법은 가假로써 있는 것으로 진짜 있
는 것이 아니라 변할 수 있는 것으로 보살의 집착을 버리게 하기 위함이

緣和合有法生者, 他亦於世俗諦因緣道理, 五蘊和合卽有人生. 若五蘊雖和無人
生者, 四緣雖和亦無法生. 齊有熏習種子因緣, 果有生不生, 不應道理故."

262 원효,《이장의》(한불전, 814上), "若對外道所執是一是常是我, 卽許'有五蘊而無
　　 一我', 離蘊法外無神我故. 如經言, 無我無造無受者, 以因緣故諸法生."

263 원효,《이장의》(한불전, 814上), "如第三手如第二頭, 五陰中我, 亦復如是."

다. 그래서 원효는 《대품반야경》에 나오는 다음의 구절을 언급한다.

오히려 아도 없고 중생 내지 지자 견자도 없는데, 어찌 하물며 색·수·상·행·식이 있겠는가?[264]

이는 인연도리에 따라 인간이든 법이든 있지도 않고 없지도 않기 때문이다. 없지 않기에 인간과 법이 모두 여량지에 의해 비춰지고, 있지 않기 때문에 인공과 법공이 여리지에 의해 증득되는 것이다. 이때 여리지에 의해 증득된다는 것은 2공을 허물지 않는다는 의미가 된다. 따라서 원효는 《중변분별론》의 다음 구절을 언급한다.

아我가 실제로 있다고 한다면 인人을 증익하는 것이고, 아我가 실제로 없다고 한다면 인人을 손감하는 것이다. 법法이 실제로 있다고 한다면 법法을 증익하는 것이고, 법法이 실제로 없다고 한다면 법法을 손감하는 것이다.[265]

결국 궁극적으로는 인과 법의 유와 무는 모두 같으나 편의에 따라 유와 무가 서로 다르다고 할 뿐이다. 여기서 말해지는 아我는 법계 중생의 불성佛性인 아我를 의미하며 온·처·계인 것도 아니고 온·처·계를 떠난 것도 아닌 법처·법계에 소속된 것이라 원효는 언급한다.

---

264 원효, 《이장의》(한불전, 814上), "人法皆無所有, 如經言, 尙無我, 無衆生, 乃至智者見者, 何況當有色受想行識."
265 원효, 《이장의》(한불전, 814中), "謂實有我, 增益人邊, 實無有我, 損減人邊. 謂實有法, 增益法邊, 實無有法, 損減法邊."

여기에서 말한 아는 어떤 법에 속하는가? 만일 법계 중생의 불성의 아를 논한다면, 온·처·계에 즉한 것도 아니고 온·처·계를 떠난 것도 아니지만, 또한 법계·법처에 소속한다고 말할 수 있으니, 〔…〕 가아는 저 모든 법과 자성을 달리한다고도 달리하지 않는다고도 말할 수 없다.[266]

원효의 이 같은 주장은 인·법의 있음과 없음이 똑같이 평등하다는 것이 궁극究竟의 이치이며 있음과 없음은 그 집착 대상의 의미에 따라 해석되어야 한다는 것이다. 법계 중생으로서의 자아는 온·처·계에 있는 것도 아니고 온·처·계를 떠난 것도 아니지만, 법계와 법처에 소섭된다. 만약 아견의 훈습으로 생겨난 가아假我의 경우도 역시 마찬가지다. 원효는 이와 같은 가아假我는 유식의 5법 중 행온 내의 심불상응행법에 소섭으로 보았고, 그중에서도 24 중의 중동분에 속한 중생종류라 이름한다고 말한다.[267]

원효는 치단에 제기되는 물음에 대한 답으로 법계에서는 인과 법, 유와 무는 서로 장애되지 않고 평등하다고 말한다. 인과 법, 유와 무가 평등한 법계는 여량지와 여리지가 모두 비춰진다. 이처럼 이장과 이애를 극복하여 이공을 증득하면 법계가 하나임을 알고 무애하여 번뇌가 곧 보

---

266 원효, 《이장의》(한불전, 814中), "此所說我何法攝者, 若論法界衆生佛性之我, 非卽蘊界處, 不離蘊界處, 而亦得說法界法處所攝, 〔…〕假我, 不可說言, 與彼諸法, 異不異性故."

267 원효, 《이장의》(한불전, 814中), "行蘊之內, 何法攝者, 入於不相應法所攝, 二十四中, 衆同分攝. 此亦名爲衆生種類."

리이고 중생 즉 부처임을 깨닫게 된다. 그것은 또한 존재하는 것은 오직 마음뿐임을 아는 경지이다. 외계가 마음임을 알고 번뇌를 번뇌로 알게 되면 집착과 번뇌에서 벗어나 굳이 외계 자체를 부정할 필요도 번뇌를 없앨 필요도 없는 것이다. 인과 법, 유와 무, 번뇌와 보리, 중생과 부처가 하나임을 알고, 그 하나가 내 마음에서 비롯됨을 아는 것! 이것이 원효의 깨달음이자 원효 대승 사상의 핵심인 일심이라 할 수 있을 것이다.

VI

결론

결론

불교에서는 인생의 본질과 존재를 이루는 가장 근본적인 것을 마음, 즉 일심으로 보았다. 이 일심에 관한 논의는 유식불교에 이르러 정교화되어 색법 및 일체 제법의 근거가 되는 아뢰야식에 대한 논의로 전개되었다. 이 책은 이러한 아뢰야식의 활동에 근거해서 《이장의》에서 논하고 있는 번뇌의 발생과 소멸에 대한 유식적 고찰을 시도한 것이다.

번뇌는 기본적으로 마음에 뿌리내리고 있기 때문에 마음의 활동과 함께한다. 유식에서 마음은 전변활동을 통해 견상으로 이분화되어 존재를 형성한다. 존재를 형성하는 마음의 이분화 활동은 견상으로 드러난 인식 차원의 표층과 드러나지 않은 존재 형성의 심층으로 구분할 수 있다. 유식에서는 마음의 구조와 활동에 대해 관심을 기울여 이처럼 마음을 표층의식과 심층마음으로 구분한다. 표층의식은 심층마음이 이원화하여 대상의식으로 현상화한 것으로, 존재를 인식하고 분별하는 것은 표층적 차원의 식이다. 견상 이원화 이전의 통합적 근거로서의 심층마음은 대상 없이 적적하고 성성하게 근원적으로 깨어있다. 만약 인식의 차원을 분별적 의식 너머 심층적 차원까지 확대하게 되면 우리가 경험하는 자아나 세계는 아뢰야식이 전변한 결과일 뿐 식을 떠난 객관적 실유로서의 자아와 세계가 아니게 된다.

원효는 《이장의》에서 번뇌에 대한 기존 논의를 집대성하여 현료문과 은밀문으로 융합하고 회통하였다. 현료문에는 아공을 모르는 아집의 번뇌인 번뇌장과 법공을 모르고 주와 객, 아는 지혜의 성품과 알려지는 대상의 성품이 가려져 세계에 대해 집착하는 법집의 번뇌인 소지장이 있다. 그러므로 아공을 깨달아 아집을 끊으면 번뇌장을 벗어나고, 법공을 깨달아 법집을 끊으면 소지장을 벗어난다.

아집과 법집의 이집은 호법의 경우 제6의식과 제7말나식에 있다. 안혜는 아집의 경우 제6의식과 제7말나식에 있다고 보았다. 그러나 소지장과 법집의 경우 전5식과 제6의식과 제8아뢰야식에도 존재한다고 보았다. 그렇기 때문에 안혜는 8식에도 법집이 있다고 말한다.

제6의식은 대상을 분별하여 인식하는 식으로 제6의식의 대상인 법경과 안·이·비·설·신의 대상인 색경·성경·향경·미경·촉경을 대상으로 하는 식이다. 감각은 6근의 활동을 통해 이 대상 세계를 인식한다. 아집이 제6의식과 제7말나식에 존재한다는 것은 인식 주관으로의 견분이 대상으로의 자아를 5경의 감각적 대상으로 파악한 후 제6의식은 이 대상을 분별하고 종합할 때 집착한다. 이때 아집이 발생한다. 전5식은 단지 표상을 떠올릴 뿐 외적 사물의 속성으로 인식하는 것은 감각 자체가 아니라 분산된 감각을 하나의 대상에 대한 감각 내용으로 파악할 수 있게 하는 총괄적·종합적 의식 작용이다. 이 의식 작용을 통해 감각이 대상의 요별로 정리 종합되어 세계의 형태로 구조지어진다. 그래서 아집은 제6의식과 제7말나식에 존재하게 된다. 제6의식은 이분화 이전의 전체로서의 일체를 주와 객, 아와 법으로 분별해서 인식하는 대상의식이다.

제6의식과 제7말나식에 아집이 작동하는 이유는 제6의식에 의해 구조화된 대상 인식에 대해 제7말나식이 집착하기 때문이다. 제7말나식은 제6의식에 의해 인식된 대상에 대해 자성을 지닌 항상된 것으로서의 '나'라는 생각과 '나의 것'이라는 집착을 일으키게 한다. 왜냐하면 말나식이 의意에 대해 일으킨 인식에 대해 자기 인식으로 여기기 때문이다.

제6의식이 의意에 근거해서 6경을 인식하는 식인 데 반해 제7말나식은 이처럼 대상을 인식하는 의意 자체의 자기 의식 또는 자기 인식이다. 말나식은 찰나생멸적인 무상한 현상을 고정시켜 자기 자성을 가지는 항상적인 법法으로 실체화함으로써 인간 의식으로 하여금 그것을 그것으로 요별할 수 있게 한다. 이러한 말나식의 작용으로 인하여 내가 있다는 아집과 세계가 존재한다는 법집이 발생하는 것이다.

아뢰야식이 전변하는 가운데 자기 의식으로서의 말나식은 자기 자신을 '의식을 가진 자'로 생각하고 의식의 내용이 바뀌어도 그 의식 안에서 인식된 세계에 대해 자기 자신을 주인인 주재적 존재로 생각한다. 이것이 바로 아집으로 이 아집으로 인하여 중생은 찰나생멸적 현상에 대해 자성을 가진 법을 실체로 여긴다. 이 아집의 작용으로 현상 세계를 요별해 내는 법집이 존재하게 된다. 이처럼 말나식은 세계를 실체화하고 범주화하는 의식 활동 근저에서 작용한다. 이러한 작용은 자기 동일적 자아를 설정하고 이를 기반으로 세계를 해석하고자 하는 자기 자신에 대한 욕망이 함께한다. 이처럼 번뇌장의 아집은 주로 제6의식과 제7말나식에 의해 일어나며 아공의 증득을 방해하여 유정을 윤회하게 한다.

소지장은 우리가 가진 소지의 지혜를 장애해서 나타나지 못하게 한다. 소지장이 가리는 것은 무상의 지혜인 보리와 일체에 대한 참된 앎이다. 이 소지장을 벗어나면 이 세계가 실재한다는 법집에서 벗어나 법공을 깨닫게 되고 일체종지를 알게 된다. 이처럼 법집은 이 세계가 객관적으로 실재한다는 집착으로 말나식과 아뢰야식 차원의 집착으로 인해 생겨난다. 왜냐하면 말나식의 항상성이 존재해야 현상세계에 대한 집착이 일어나기 때문이다.

법집과 관계하는 아뢰야식은 의식이나 말나식의 심층에 존재하면서 그들 식이 남긴 흔적을 종자로서 간직한다. 종자로서의 아뢰야식은 업의 과보이며, 다음 결과를 낳을 현상의 원인이 된다. 전생 유정이 지닌 업종자는 전생 유정이 의식적으로 지은 선업 또는 악업이 남긴 종자로서 다음 생의 아뢰야식을 이룬다.

원효는《이장의》에서 번뇌를 현료문과 은밀문으로 나누어 고찰하였는데, 현료문의 번뇌장은 주로 아집을 일으키는 제6의식과 제7말나식의 집착으로 일어나는 장애로 간주할 수 있다. 소지장은 제7말나식의 집착에도 관여되어 있지만 6염심 가운데 세 가지 불상응염이 가리는 장애로 제8식의 영역까지 영향을 미친다. 현료문에서 소지장의 활동은 번뇌장보다는 미세한 활동이기 때문에 아뢰야식 차원의 번뇌는 번뇌장이 아니라 소지장에 해당한다.

번뇌장의 제7식과 제6식의 세 가지 상응염은 은밀문에서 다 번뇌애로 규정하였다. 즉 현료문의 이장과 은밀문 번뇌애의 6염심에는 모두 아집과 법집이 포함되어 있기 때문에 번뇌애가 현료문의 번뇌장과 소지장을 포섭하게 되는 것이다. 그리고 이 번뇌애는 근본무명인 지애에 근거하기 때문에 은밀문의 지애가 모든 번뇌의 근본무명이라 할 수 있다.

지애는 근본무명으로 번뇌애를 일으키는 6염심의 근거가 된다. 그리고 다시 이 번뇌애는 이장인 번뇌장과 소지장을 포함하기 때문에 지애야말로 모든 번뇌를 일으키는 주지번뇌에 해당한다고 할 수 있다. 이 지애는 가장 단절하기 어려운 번뇌로 이 지애의 단절은 궁극적 해탈이며 불지의 경지라 할 수 있다. 그러므로 모든 번뇌의 근원은 근본무명이다. 이처럼 은밀문의 번뇌론 체계는 기신론계의 여래장 사상의 심식설을 기반으로 하고 있어서 근본무명을 강조한다.

유식 사상은 공空인 제법을 식소변으로 설명하면서 번뇌장보다 더 깊은 차원의 장애인 소지장을 논한다. 소지장은 보살 8지에서 불지에 이르는 과정에서 극복되는 것으로 제법이 식소변이라는 사실을 모르는 것이다. 반면 기신론계의 여래장 사상은 일체번뇌를 근본무명에서 비롯되는 것으로 보고, 이 근본무명인 지애가 근본이 되어 번뇌애를 일으킨다. 따라서 불지에 이르기 위해서는 근본무명인 지애를 단절해야 한다.

이처럼 원효는 현료문의 번뇌장과 소지장을 은밀문의 번뇌애로 포섭하고 이 번뇌애는 다시 지애를 바탕으로 한다. 즉 유가계의 중심적 번뇌설인 이장설과 기신론계의 대표적 번뇌설인 이애설을 취하여 종합적으로 분석·고찰하여 통섭하고 있는 것이다. 번뇌와 그 대치에 대한 이론에 있어서도 원효는 종파의 각기 다른 주장들을 융합 회통하여 화쟁하고 소통시킨다. 제8식의 법집 유무에 대해서도 원효는 안혜와 호법의 주장을 회통시키고, 전과 수면의 관계에 대해서도 종자의 존재를 선천적 본유라고 보는 호월과 후천적 능훈으로 본 난타의 견해를 회통시킨다. 원효는 안혜와 호법의 주장은 통문추상도리와 별문거세도리를 들어 회통하고, 호월과 난타의 주장은 본성계 종자와 습성 종자로 나누어 후천적 아견·신견이 금세의 세계를 이루고, 이 힘으로 법과 계율에 대해 현재의 남은 장애를 현행시킨다고 보았다. 그러나 원효는 다음과 같은 지점에서 유식적 의미를 부각시킨다고 보인다.

첫째, 원효는《대승기신론소》·《별기》를 통해 아뢰야식의 지위를 3세에 배대하였다. 그는 법장이 무명업상만을 아뢰야식에 배대한 것과 달리 무명업상, 능견상, 경계상을 아뢰야식으로 해석하였다. 아뢰야식 차원의 무명은 비록 마음의 움직임이 있을지라도 지극히 미세한 상태로 주관과 객관이 분화되지 않은 상태이다. 근본무명에 의거한 3세상은 세 가지 미세한 상으로 원효는 이 3세상을 심층의 아뢰야식으로 해석하였다. 또한 6염심과 6추의 심식설 또한 유식의 8식설로 해석하였다. 집상응염은 제6의식으로 부단상응염과 분별지상응염은 제7말나식으로 세 가지 불상응염인 현색불상응염, 능견심불상응염, 근본업불상응염은 아뢰야식으로 해석하였다. 이처럼 3세를 아뢰야식으로 해석한 원효의 의도는 무명의 작용이 없이는 진여가 드러나는 것이 불가능하다는 의미를 지닌다. 왜냐하면 진여가 현상으로 드러나는 한 무명은 존재하기 때문이다. 근본무명은 고요한 본래 마음을 움직여서 3세가 성립되는데 이것은 지극히 미세한 작용이기 때문에 아뢰야식에 속하는 것이다. 진망화합식으로서의 아뢰야식이 지닌 이러한 특성으로 인하여 무명상을 생하게 하는 원효의 아뢰야식 해석은 진여의 세계와 생멸의 세계는 둘이 아니라는 현상계의 긍정을 내포한다. 원효의 이러한 해석은 자성청정심을 강조하는 여래장 사상과는 달리 아뢰야식의 진망 화합적 특성을 강조한다고 볼 수 있다. 즉 이공을 증득하는 것은 상을 부정하는 것이 아니라 상을 상으로, 아뢰야식의 식소변을 식소변으로 아는 것이다. 이를 유식의 삼성설과 연결 지어 논하면 의타기를 의타기로 아는 것 자체가 변계소집을 극복하고 원성실성을 회복한다는 유식의 깨달음과 연결된다.

　그러나 원효는 은밀문에서 현료문을 포섭하는 번뇌애와 지애를 설정하였다. 지애의 자성은 근본무명으로 세간업지인 후득지를 장애하는 미세한 불각상이다. 근본무명은 진여에 집착하여 세속에서의 차별적인 지혜를 부정하기 때문에 분별없는 모습을 취하게 되고, 세상의 차별상을 살피어 후득지를 가로막는다. 이 근본무명으로 인하여 진여에 미혹하고 나아가 진여로부터 형성되는 일체 세계의 차별적 상에 대한 세속지를 얻지 못하게 된다. 은밀문의 이러한 체계는 기신론계 번뇌론 체계의 대표적 중심 사상을 담고 있다. 지애인 근본무명은 범위가 방대하고 힘이 커서 작은 지혜로는 없앨 수 없다. 그래서 지애의 근본무명인 주지번뇌를 끊는 것은 보살의 경지에서는 불가능하다. 근본무명의 밑바탕이 되는 번뇌인 주지번뇌는 붓다의 지혜가 아니고서는 불가능하며 부처의 대원경지大圓鏡智만이 제거할 수 있다.

원효는 걸인들과 무애가를 부르며 통일 신라 시대 대승 불교의 길을 개척하였다. 원효의 그러한 행보는 부처이기보다 보살의 모습과 가깝다. 물론 대원경지는 고요히 비추기만 하는 지혜가 아니라 부처와 같이 깨달은 후에 생기는 지혜로서 세간자연업지世間自然業智이며 중생을 구제하는 이타행이다. 즉 이장을 단절하여 깨달음을 얻은 후 세간에 자재한 힘과 행동으로 다른 사람을 이익되게 해야 한다는 것이 이타행의 실천이다. 이때의 이타행은 부사의업상이자 말을 떠난 경지이다. 그러나 이러한 불지佛地는 삼 아승지겁을 수행해도 다다르기 힘든 경지이다.

원효는 비록 번뇌론의 체계를 이문과 이장으로 구조화하여 유식계의 이장설과 기신론계의 이애설을 회통하였지만 원효의 강조점은 현료문에 있다고 할 수 있다. 현료문과 은밀문의 설명 방식에 있어서도 현료문에 대해서는 자세하고 꼼꼼하게 많은 지면을 할애하여 설명하지만, 은밀문에 대해서는 현료문과 비교해 볼 때 차이가 난다. 이런 점에서 원효는 불지의 차원에 대해서 언급은 했지만 그의 대승적 실천 의지로 인하여 현료문을 강조했으며, 이는 유식의 깨달음과 만난다고 할 수 있다.

둘째, 원효는 소지장의 의미를 적극적으로 해석하여 유식의 틀 안에서 번뇌를 해석하였다. 소지장은 유가 학파에 의해서 새롭게 해석된 장애이다. 원효는 번뇌의 한 항목으로 8종 망상을 다루어 소지장의 중요성을 적극적으로 드러낸다. 원효가 다룬 번뇌의 항목들은 대부분 번뇌장과 소지장을 아우르거나 현료문과 은밀문을 포섭한다. 그러나 8종 망상은 소지장의 체성을 다룬 것으로 8종 망상을 번뇌의 한 항목으로 할애하여 번뇌의 종류를 논한 것에서 우리는 원효의 이러한 의도를 읽을 수 있다. 그것은 원효가 의타기를 의타기로 아는 것을 방해하는 소지장의 특성과 작용에 대해 관심을 두었다는 것을 알 수 있다. 그것은 원효가 추구하고자 하는 보살의 실천 수행의 측면과 연결시켜 볼 때 유식에서 추구하는 상相의 중요성과 만난다.

셋째, 원효는 이장의 체성을 5법으로 해석하였다. 5법은 유식에서 일체 존재를 크게 5가지로 분류하는 방식이다. 그는 이장의 체성에 대해 심법, 혹은 심소법, 심불상응행법 등 5법으로 해석한다.

넷째, 원효는 삼종 분별상 중에서 경계의 형성인 무각분별과 경계의 인식인 유각분별은 서로 원인과 결과가 되는 상호작용 관계인 상인 분별상과 전·수면·소지장의 무명이 상호 연관관계에 있다고 보았다. 삼종 분별상은 분별이면서도 소지장으로 연결되어 아뢰야식에 미세한 소지장이 현행한다고 보았다. 이러한 원효의 주장은 현료문 차원의 번뇌에 대해서 아주 세밀한 관점을 유지하고 있음을 보여 줄 뿐만 아니라 습기장이라는 원효 자신만의 독특한 번뇌 체계를 드러낸다. 이는 원효가 은밀문에 비해 현료문에서 자세하고 깊이 있는 통찰과 애정을 보이고 있다고 여겨진다.

이러한 구도에 담긴 원효의 의도는 당시 불교 교리의 화쟁을 통해 대승의 실천적 의미를 강조한다고 볼 수 있다. 서로 다른 불교 교리를 화쟁시키기 위해서는 그 교리들을 하나로 아우르는 지혜를 갖추는 것이 전제조건이라 할 수 있다. 원효는 염과 정, 진여와 생멸, 현상과 본질이 둘이 아니라 하나라는 것을 깨달은 상태이기 때문에 이러한 화쟁이 가능한 것이라 할 수 있다. 이러한 경계는 대자유인의 마음 즉 일체 현상 제법들이 마음의 전변임을 알아 식소변을 식소변으로 보는 식의 전의를 통해서 가능해지는 것이다. 이것이 바로 원효가 나아가고자 했던 대승 수행의 실천적 의미라고 볼 수 있다. 원효가 이러한 유식적 접근 방법을 통해 주장하려는 바는 인식과 존재, 현상과 본질, 생멸과 진여, 진과 속, 염과 정이 하나라는 불이不二정신이다. 그것을 드러내기 위해 그는《이장의》마지막 문제제기 부분에서 궁극적으로 인과 법의 유무, 즉 아와 법의 유무는 모두 있지도 않고 없지도 않은 궁극적 평등의 이치라고 유식의 5법으로 해석한다.

불교에서 자아가 오온의 화합물인 것처럼 번뇌 또한 실체적이고 영구적인 것이 아니라 연기에 의해 먼지처럼 잠시 머물다 가는 것이다. 따라서 수행에 의해 번뇌는 다스리고 끊을 수 있다. 물론 각기 가지고 있는 근기와 번뇌의 두께에 차이가 있기 때문에 거기에 알맞은 수행방법이 필요하다.

수행 계위에 따른 번뇌의 양상을 보면, 표층적 구조의 번뇌장은 128 번뇌와 104혹과 98사 등이고, 심층적 구조의 소지장은 8종 망상이다. 3종 번뇌는 표층적 구조와 심층적 구조에 모두 해당한다. 그리고 2종 번뇌와 2장 및 2애와의 관계에서 기번뇌는 표층적 구조의 이장과 심층적 구조의 번뇌애에 속하고, 주지번뇌는 오직 심층적 구조의 지애에만 포섭된다. 이와 같이 지애를 무시무명에 배당하고 있기 때문에 일체의 모든 번뇌는 이 지애에 포섭된다고 볼 수 있다.

이러한 번뇌는 크게 견도·수도·구경도로 나누어진다. 견도는 사제의 진리를 관하여 전도된 생각을 끊고 성자에 이르는 첫 단계이다. 성문과 이승은 견도에서 다만 인공만을 증득할 뿐 제7말나식의 법집은 여전히 현행한다. 그러나 보살은 아공과 법공을 증득하면 말나식의 아집과 법집 등 이집이 현행하지 않게 되고, 곧바로 아공 법공이 현행하여 평등성지가 일어나게 된다. 그러나 근본무명은 가장 미세한 번뇌로서 이승은 물론이고 보살도 끊을 수 없으며, 오직 불지에 이르러 대원경지가 현현할 때만 비로소 소멸되는 번뇌이다. 이것이 바로 구경도이다. 구경도는 금강유정에 의하여 일체의 추중과 종자를 단멸하고 무생지와 진지를 얻는 단계이다.

번뇌장은 이승의 단계에서 끊을 수 있지만, 소지장은 보살의 계위에서만 끊을 수 있다. 소지장의 법집은 일체 존재의 실체성에 집착하는 것이기 때문에 쉽게 단절하기 어렵다. 특히 가장 미세한 소지장은 아뢰야식에 있기 때문에 오직 여래만이 끊을 수 있다. 원효에 의하면 성문과 연각은 번뇌장을 절복시켜 끊어버릴 뿐 영원히 끊어버리지는 못한다. 왜냐하면 아공我空은 깨달았지만 일체 존재의 공성을 통찰하지는 못하였기 때문이다. 보살은 아집과 법집을 모두 끊고 아공과 법공을 증득하였기 때문에 말나식의 아집과 법집이 모두 현행하지 않아서 두 가지 공의 평등지를 갖추게 된다. 보살은 이공二空을 증득하여 이장二障에서 해탈하였다고 하더라도 가장 미세한 무명주지를 아직 여의지 못하였다.

원효는 보살에게 있어 삼계의 자성은 등각에서 없어지고, 삼계의 습기는 최상위 단계인 묘각서 없어진다 말하고 있다. 왜냐하면 보살은 중생구제를 목적으로 하기 때문에 만약 번뇌를 단절하는 것이 중생구제에 장애가 된다면 보살은 완전한 깨달음에 들어가지 않는다. 그들은 열반에 들어가지 않고 번뇌에 머물면서 중생들을 교화하기 때문이다.

공空은 걸림 없이 사물을 있는 그대로 보는 것이며, 또한 존재하는 일체 사물이 실체적 존재가 아닌 연기적인 것임을 의미한다. 공을 깨닫게 되면 마음의 평정을 얻고 자유의 상태가 된다. 이같이 아공·법공의 깨달음은 자신과 일체 존재를 있는 그대로 보게 하여 모든 집착과 장애로부터 마음을 평온하고 자유롭게 하는 것이다. 즉 공성의 자각은 자신과 자신의 것, 일체 존재의 실체성에 대한 집착에 의해 생겨나는 모든 번뇌와 그로 인한 구속으로부터 벗어나는 해탈을 의미한다.

원효는 당시 대립하던 사상들을 회통 종합하여 열반과 보리를 장애하는 두 가지 장애에 대해 여실지견함으로써 생성과 대치, 소멸에 이르는 방법을 제시하고 있다. 이러한 작업은 삼계가 오직 마음임을 깨닫지 않고는 알 수 없는 경지로, 마음에 대한 자각 없이는 이루어질 수 없다. 유식은 이러한 마음의 활동과 층위에 대해 바른 근거를 제시해 줄 뿐만 아니라, 전식득지로 나아가게 할 수 있는 방향을 제시하고 있다. 이러한 해법은 단순히 오래된 지혜가 아니라 현대인이 처한 마음의 불안과 번뇌에 대한 근본적인 치유의 방법을 제시해 줄 수 있다고 여겨진다.

원효는 유식을 근간으로 번뇌의 생성과 소멸에 대해 해법을 제시하였다. 그것은 이공을 증득하여 열반과 보리로 나아가는 대승 불교의 적극적 실천의 길이다. 대승 불교가 추구하고자 하는 길은 번뇌를 번뇌로 아는 보리의 길이다. 또한 중생구제를 위하여 부처가 아닌 보살로 남는 자비의 길이다. 그 길은 하나의 길이며, 그 하나는 바로 일체 유심의 길임을 원효는 《이장의》에서 제시하고 있는 것이다.

*

참고 문헌
찾아보기

참고 문헌

〈원전 자료〉

求那跋陀羅 譯,《雜阿含經》,《大正新修大藏經》, 卷2.

鳩摩羅什 譯,《仁王般若般若波羅密經》,《大正新修大藏經》, 卷8.

窺基,《成唯識論 述記》,《大正新修大藏經》, 卷 43.

勒那摩提 譯,《究竟一乘寶性論》,《大正新修大藏經》, 卷3.

馬鳴,《大乘起信論》,《大正新修大藏經》, 卷32.

無着 造, 眞諦 譯,《攝大乘論》,《大正新修大藏經》, 卷31.

無着 造, 眞諦 譯,《大乘莊嚴論》,《大正新修大藏經》, 卷31.

無着 造, 眞諦 譯, 玄奘 譯,《顯揚聖敎論》,《大正新修大藏經》, 卷31.

彌勒 說, 玄奘 譯,《瑜伽師地論》,《大正新修大藏經》, 卷30.

法藏,《大乘起信論義記》,《大正新修大藏經》, 卷44.

佛陀跋陀羅譯,《大方廣佛華嚴經》,《大正新修大藏經》, 卷43.

塞建陀羅, 玄奘 譯,《入阿毘達磨論》,《大正新修大藏經》, 卷28.

性聰,《大乘起信論筆削記》,《韓國佛教典書》, 卷8.

世親 造, 玄奘 譯,《唯識二十論》,《大正新修大藏經》, 卷31.

世親 造, 玄奘 譯,《俱舍論》,《大正新修大藏經》, 卷29.

世親 造, 玄奘 譯,《俱舍論記》,《卍續藏經》, 卷84.

世親 造, 眞諦 譯,《攝大乘論釋》, 卷31.

安慧, 玄奘譯, 《大乘阿毘達磨雜集論》, 《大正新修大藏經》, 卷31.

龍樹, 《十住毘波沙論》, 《大正新修大藏經》, 卷26.

元曉, 《大乘起信論疏》, 《韓國佛教典書》, 卷1.

元曉, 《大乘起信論 別記》, 《韓國佛教典書 1》, 卷1.

元曉, 《金剛三昧經論》, 《韓國佛教典書 1》, 卷1.

元曉, 《二障義》, 《韓國佛教典書1》, 卷1.

玄奘 譯, 《解心密經》, 《大正新修大藏經》, 卷16.

玄奘 譯, 《阿毘達磨俱舍論》, 《大正新修大藏經》, 卷29.

護法 等 造, 玄奘 譯, 《性唯識論》, 《大正新修大藏經》, 卷31.

〈단행본 연구서적〉

각묵·대림 譯, 《아비담마 길라잡이 1·2》, 초기불전연구원, 2016.

각묵, 《초기불교의 이해》, 초기불전연구원, 2010.

각묵, 《초기불교입문》, 초기불전연구원, 2016.

각묵 譯, 《담마 상가니》, 초기불전연구원, 2016.

감산 著, 오진탁 譯, 《감산의 기신론 풀이》, 서광사, 2008.

감산 著, 송찬우 譯, 《대승기신론직해》, 세계사, 1991.

桂 紹隆, 김성철 역, 《유식과 유가행》, 씨아이알, 2014.

고영섭, 《원효탐색》, 연기사, 2005.

高岐直道, 《如來藏思想の形成》, 春秋社, 1982.

高振農, 《大乘起信論校釋》, 中華書局出版發行, 1992.

권오민 역주, 《아비달마 구사론》, 동국역경원, 2007.

김명우, 《유식삼십송과 유식불교》, 예문서원, 2009.

김명우, 《유식이십론 유식불교를 읽다》, 예문서원, 2011.

김묘주, 《유식철학》, 경서원, 1997.

김성철, 《중론, 논리로부터의 해탈, 논리에 의한 해탈》, 불교시대사, 2006.

김영태, 《원효 연구 사료 총록》, 장경각, 1996.

김영필, 《한국불교와 서양철학》, 한국학술정보, 2010.

김원명, 《원효의 열반론》, 한국학술정보, 2008.

김종욱, 존 스태프니 外, 《서양철학과 禪》, 민족사, 1993.

김종욱,《원효와 하이데거의 대화》, 동국대 출판부, 2014.

김종욱,《불교에서 보는 철학 철학에서 보는 불교》, 불교시대사, 2002.

김형효,《원효의 대승철학》, 소나무, 2014.

김형효,《하이데거와 화엄의 사유》, 청계, 2004.

목경찬,《유식불교의 이해》, 불광출판사, 2012.

박인성,《법상종 논사들의 유식사분의 해석》, 도서출판 b, 2015.

박찬국,《원효와 하이데거의 비교 연구》, 서강대 출판부, 2010.

박태원,《대승기신론사상 연구 1》, 민족사, 1994.

박태원,《원효사상연구》, 울산대 출판부, 2011.

박태원,《원효의 십문화쟁론》, 세창출판사, 2013.

붓다고사, 대림스님 譯,《청정도론》, 초기불전연구원, 2009.

司馬春英, 박인성 譯,《유식사상과 현상학》, 도서출판 b, 2014.

송석구,《송석구 교수의 불교와 유교 강의》, 예문서원, 2015.

신규탁,《화엄과 선》, 정우서적, 2010.

신옥희,《일심과 실존》, 이화여대 출판부, 2000.

深浦正文,《唯識學 研究 1·2》, 永田文昌堂, 1982.

深浦正文, 박인성 譯,《유식삼십송 풀이》, 운주사, 2012.

에드워드 콘즈, 김종욱 譯,《불교사상과 서양철학》, 민족사, 1994.

宇井伯壽,《佛教思想研究》, 岩波書店, 2005.

이만,《성유식론주해》, 씨아이알, 2017.

이기영,《원효사상연구》, 한국불교연구원, 2001.

이기영,《원효사상》, 한국불교연구원, 2002.

이기영,《대승기신론강의》, 한국불교연구원, 2004.

이종철,《중국불경의 탄생》, 창비, 2008.

이종철,《구사론》, 한국학중앙연구원출판부, 2016.

오형근,《유식과 심식사상연구》, 불교사상사, 1989.

요코야마 코이치, 장순용 역,《유식이란 무엇인가》, 세계사, 1996.

은정희,《대승기신론 소· 별기》, 일지사, 2003.

은정희,《이장의》, 소명출판사, 2005.

이평래,《新羅佛教如來藏思想研究》, 민족사, 1996.

이평래,《대승기신론 강설》, 민족사, 2013.

長尾雅人,《中觀と唯識》, 岩波書店, 1978.

쟈크메, 김형희 역, 《중관학 연구》, 경서원, 2006.

전재성 譯, 《맛지마 니까야》, 빠알리성전협회, 2009.

전재성 譯, 《쌍윳따니까야》, 빠알리성전협회, 2010.

전종식, 《원효·법장의 주역 비교》, 예학, 2006.

정은해, 《마음과 시간》, 서울대학교 출판문화원, 2016.

早島理 外, 《講座 大乘佛敎6-如來藏思想》, 春秋社, 1981.

早島理 外, 《講座 大乘佛敎7-中觀思想》, 春秋社, 1981.

早島理 外, 《講座 大乘佛敎8-唯識哲學》, 春秋社, 1982.

早島理 外, 《講座 大乘佛敎9-認識論·論理學》, 春秋社, 1982.

舟橋一哉, 《業の硏究》, 法藏館, 東京, 1981.

舟橋一哉, 《原始佛敎思想の硏究》, 法藏社, 1983.

竹村牧男, 정승석 역, 《인식의 구조》, 민족사, 2006.

佐佐木現順 編著, 《煩惱の硏究》, 淸水弘文堂, 1950.

佐佐木現順 編著, 《阿毘達磨思想硏究》, 1951.

크리스 거드문센, 윤홍철 역, 《비트겐수타인과 불교》, 고려원, 1991.

平川彰, 《元始佛敎の硏究》, 春秋社, 1946.

한자경 외, 《괴로움-어디서 오는가》, 운주사, 2013.

한자경 외, 《대승기신론 강해》, 불광출판사, 2013.

한자경 외, 《불교철학의 전개》, 예문서원, 2005.

한자경 외, 《불교의 무아론》, 이화여대출판부, 2004.

한자경 외, 《유식무경》, 예문서원, 2000.

한자경 외, 《심층마음의 연구》, 서광사, 2016.

荒木見悟, 《불교와 유교》, 예문서원, 2007.

핫토리 마사아키, 이 만 역, 《인식과 초월》, 민족사, 2004.

해공 유진, 《번뇌장·소지장의 연구》, 경서원, 2002.

戶岐宏正, 《佛敎認識論の硏究》, 大東出版社, 1979.

橫超慧日·松村法文, 《新羅 元曉撰 二障義》, 京都:平樂寺書店, 1979.

Kakmuk, 《Introduction to Early Buddhism》, Center of Early Buddhist Studies, 2017.

Dan Lusthaus, 《Buddhist Phenomenology》, Routledge Curzon new york, 2006.

〈연구 논문〉

계환, 〈법장 교학과《기신론》〉,《불교 연구》16, 한국불교연구원, 1999.

계환, 〈법장의《대승기신론의기》찬술에 대한 고찰〉,《한국불교학》26, 한국불교학회, 2000.

고영섭, 〈동아시아 불교에서 유식 법상의 지형도〉,《불교학보》61, 동국대학교 불교문화연구원, 2012.

고영섭, 〈원효의 여래장 인식과 불성 사상〉,《분황 원효와 세계 불교학》, 동국대불교학연구소 학술대회, 2016.

고영섭, 〈원효의 화엄학〉,《원효》, 예문서원, 예문동양사상연구원, 2006.

고익진, 〈원효의《기신론·별기》를 통해 본 진속원융무애관과 그 성립 이론〉,《원효》, 예문서원, 예문동양사상연구원, 2006.

기덕철, 〈煩惱障과 所知障에 對한 小考〉,《석림》21, 동국대학교 석림회, 1987.

김도공, 〈법장의 교판에 대한 문제 제기〉,《범한철학》43, 범한철학회, 2006.

김도공, 〈원효 일심사상의 체계화 과정 고찰〉,《원불교학》4, 한국원불교학회, 1999.

김명숙, 〈元曉大師의 二障說과 治斷論 연구〉, 동국대학교 석사 학위 논문, 1996.

김성철, 〈원효속의 유식〉, 불교학 연구회 2014 추계 자료집, 불교학 연구회, 2014.

김성철, 〈원효의 논리사상〉,《보조사상》26집, 보조사상연구원, 2006.

김성철, 〈원효의 제7말나식관〉,《불교학연구》42호, 불교학 연구회, 2015.

김수정, 〈원효의《이장의》성립 배경에 대한 일 고찰〉,《불교연구》39집, 한국불교연구원, 2013.

김수정, 〈二障 煩惱에 대한 硏究〉, 동국대 석사 학위 논문, 1996.

김수정, 〈원효의 번뇌론 체계와 일승적 해명〉, 동국대학교 박사 학위 논문, 2016.

김용환, 〈초기불교에 있어 지혜와 번뇌〉,《철학논총》57집, 새한철학회, 2009.

김원명, 〈원효《기신론해동소》에 나타난 圓융의 현대적 이해에 관한 연구〉,《불교학연구》19집, 불교학연구회, 2008.

김원명, 〈원효의 아려야식설〉, 불교학연구회 춘계학술대회 자료집, 불교학연구회, 2010.

김원명, 〈원효 일심의 정의와 의미〉,《한국 불교사 연구》, 한국불교사연구회, 2012.

김치온, 〈유식학의 연구 현황과 연구과제〉,《한국불교학》68집, 한국불교학회, 2013.

박태원, 〈원효의 불이사상〉,《철학논총》46, 새한철학회, 2006.

박태원, 〈《대승기신론》사상에 평가에 대한 연구〉, 고려대 박사 학위 논문, 1990.

박태원, 〈원효 화쟁 논법과 쟁론 치유〉, 《불교학 연구》 35, 불교학연구회, 2013.

박성배, 〈원효 사상 전제의 문제점〉, 《원효》, 예문서원, 예문동양사상연구회, 2006.

박해당, 〈元曉의 障碍 理論〉, 《태동고전연구》 8, 태동고전연구소, 1992.

백진순, 〈아뢰야식의 지평에서 본 타인의 마음〉, 《불교학 연구》 26, 불교학연구회, 2010.

백진순, 〈《성유식론》의 가설에 대한 연구〉, 연세대 박사 학위 논문, 2004.

백진순, 〈원측 교학에 대한 비판과 연구 과제〉, 《불교학연구》 38, 불교학연구회, 2014.

福士慈稔, 〈원효와 화쟁〉, 《원효학 연구》 9집, 원효학연구회, 2004.

석길암, 〈법장 교학의 사상적 전개와 원효의 영향〉, 《보조사상》 24, 보조사상연구회, 2005.

석길암, 〈원효 《이장의》의 사상사적 제고〉, 《한국불교학》 28, 한국불교학회, 2001.

석길암, 〈일심의 해석에 나타난 원효의 화엄적 관점〉, 《불교학보》 49, 동국대학교 불교문화연구원, 2008.

石吉岩, 〈元曉《二障義》における隠密門の形成に関する再検討〉, 《印度學佛教研究》 59, 印度佛教學研究會, 平成 22.

송진현, 〈원효의 심식설 연구〉, 《동양철학》 1권, 동양철학연구회, 1990.

신규탁, 〈圭峰宗密の〈本覺眞心〉思想研究〉, 동경대 박사 학위 논문, 1993.

신규탁, 〈현상학적 환원과 화엄의 관법〉, 한국현상학회, 2006.

신규탁, 〈《금강삼매경론》의 학파 소속성에 관한 시론〉, 《원효학 연구》 9, 원효학연구회, 2004.

안성두, 〈원효의 《이장의》 현료문에 나타난 해석상의 특징〉, 《불교연구》 47, 불교학회, 2017.

안성두, 〈심층적인 마음의 발견〉, 《마음과 철학》, 서울대 철학사상연구소, 서울대출판문화원, 2015.

오형근, 〈元曉思想에 대한 唯識學的 研究〉, 《불교학보》 17, 동국대 불교문화연구원, 1980.

오형근, 〈元曉의 二障義에 대한 考察〉, 《신라문화》 5, 동국대 신라문화연구소, 1988.

유승주, 〈元曉의 唯識思想 研究〉, 동국대 박사 학위 논문, 2002.

유승주, 〈원효 저술의 서지학적 검토〉, 한국불교사 연구소, 2012.

유승주, 〈삼세상과 제팔식에 대한 원효의 해석〉, 《한국불교학》 33, 한국불교학회, 2003.

유승주, 〈원효의 마음의 철학〉, 《한국철학논집》 27, 한국철학사연구회, 2009.

유승주, 〈일심·여래장·아리야식에 대한 원효의 해석〉, 《불교학보》 39, 동국대 불교문화연구원, 2002.

은정희, 〈원효의 중관·유식설-대승기신론의 경우〉, 서울교육대학교 논문집, 1985.

은정희, 〈원효의 이장의 연구〉, 《원효학 연구》 8, 원효학연구회, 2003.

은정희, 〈원효의 생애와 사상〉, 《철학윤리교육연구》, 한국철학윤리교육연구회, 1988.

은정희, 〈원효의 삼세·아리야식설의 창안〉, 《원효》, 예문서원, 예문동양사상연구, 2006.

이평래, 〈煩惱所知二障과 人法二無我의 基礎的 硏究〉, 《철학연구》 34호, 1982.

이평래, 〈여래장사상 형성의 역사적 고찰〉, 《불교학보》 29, 동국대학교 불교문화연구
　　원, 1992.

이정희, 〈元曉가 본 二障 體性에 관한 硏究〉, 동국대 석사 학위 논문, 1991.

이정희, 〈원효의 수행 실천관 연구〉, 동국대 박사 학위 논문, 2006.

이지수, 〈안혜의 〈釋〉에 따른 唯識三十頌의 이해〉, 《불교학보》 35, 동국대학교 불교문
　　화연구원, 1998.

이혜경, 〈유식사상에서 의식의 구조와 전환에 관한 연구〉, 이화여대 박사 학위 논문, 2009.

전종식, 〈원효·법장의 주석 비교〉, 《원효·법장의비교 연구》, 예학, 2006.

정영근, 〈각의 두 가지 장애〉, 한국정신문화연구원 석사 학위 논문, 1981.

정영근, 〈원효의 사상과 실천의 통일적 이해〉, 《원효》, 예문서원, 예문동양사상연구원,
　　2006.

정준영, 〈초기 불교에서의 괴로움〉, 《괴로움, 어디서 오는가》, 운주사, 2013.

조수동, 〈원효의 열반사상〉, 《철학논총》 21, 새한철학회, 2000.

조수동, 〈번뇌 소지 이장과 팔식설〉, 《철학논총》 71, 새한철학회, 2013.

竹村牧男, 〈《成唯識論》の緣起思想〉, 《불교학보》 53, 동국대 불교문화연구원, 2005.

최연식, 〈元曉《二障義》隱密門의 사상적 특징〉, 《東岳美術史學》 19권, 동악 미술사학
　　회, 2016.

최유진, 〈원효와 노자〉, 《원효학 연구》 9, 원효학연구회, 2004.

최유진, 〈원효의 화쟁사상 연구〉, 서울대 박사 학위 논문, 1988.

平川彰, 〈地の思想のと三乘共通の十地〉, 《印度學佛敎學硏究》 13, 印度佛敎學硏究會,
　　1965.

한자경, 〈고통은 어디에서 오는가?〉, 《괴로움, 어디서 오는가》, 운주사, 2005.

한자경, 〈눈이 눈을 볼 수 있는가〉, 《불교학보》 62, 동국대 불교문화연구원, 2012.

한자경, 〈삼성의 이해〉, 《동양철학》 7, 한국동양철학회, 1996.

한자경, 〈불교의 수행: 간화선의 원리〉, 《한국교수불자연합회지》 17, 교수불자연합회,
　　2011.

한자경, 〈유식불교의 실천론: 이장의 극복으로서의 해탈과 실천론〉,《동서문화》29, 계명대동서문화연구소, 1997.

황욱, 〈第8阿賴耶識의 緣起論에 대한 小考〉,《한국사상》17집, 1984.

허인섭, 〈대승기신론 별기에 나타난 원효의 '여래장'개념 이해〉,《철학사상》9, 서울대학교 철학사상연구소, 1999.

橫超慧日, 〈元曉の二障義にフぃて〉,《東方學報》第11輯, 東京, 1949.

Charles Muller, 〈On Wonhyo's Ijangui〉,《한국불교학 SEMINAR》8, 동경: 한국유학생인도학불교학연구회, 2000.

Charles Muller, 〈起信論の二障に於ける慧遠と元曉〉,《印度學佛敎學》55, 印度佛敎學研究會, 2006.

찾아보기

292